税务公务员会计知识学习手册

（第2版·上册）

《税务公务员会计知识学习手册》编写组　编

中国税务出版社

图书在版编目（CIP）数据

税务公务员会计知识学习手册 /《税务公务员会计知识学习手册》编写组编 . -- 2 版 . -- 北京 ：中国税务出版社，2024. 7. -- ISBN 978 - 7 - 5678 - 1510 - 0

Ⅰ. F810. 62

中国国家版本馆 CIP 数据核字第 2024DQ0487 号

书　　名：税务公务员会计知识学习手册（上册）
　　　　　SHUIWU GONGWUYUAN KUAIJI ZHISHI XUEXI SIIOUCE（SHANGCE）
作　　者：《税务公务员会计知识学习手册》编写组　编
责任编辑：赵泽蕙
责任校对：姚浩晴
技术设计：林立志
出版发行：中国税务出版社
　　　　　北京市丰台区广安路 9 号国投财富广场 1 号楼 11 层
　　　　　邮政编码：100055
　　　　　网址：https：// www. taxation. cn
　　　　　投稿：https：// www. taxation. cn/qt/zztg
　　　　　发行中心电话：（010）83362083/85/86
　　　　　传真：（010）83362047/49
经　　销：各地新华书店
印　　刷：北京天宇星印刷厂
规　　格：787 毫米 ×1092 毫米　1/16
总 印 张：48. 25
字　　数：814000 字
版　　次：2024 年 7 月第 2 版　2024 年 7 月第 1 次印刷
书　　号：ISBN 978 - 7 - 5678 - 1510 - 0
定　　价：145. 00 元（上、下册）

编者说明

中共中央印发的《全国干部教育培训规划（2023—2027 年）》要求“坚持干什么学什么、缺什么补什么，加强与岗位职责相匹配的通识教育培训”。国家税务总局在《关于推进税务干部高质量发展的指导意见》中提出，要“每年针对非财经专业新进人员加强税费、会计、法律等基础知识培训，不断提升岗位履职能力”。会计信息是税务人员获取涉税信息的主要来源，税务人员要不断提升税费征管、便民服务、风险防范的能力和水平，除具备税收专业知识外，还必须具备会计专业知识。只有具备了扎实的会计功底，才能读懂会计信息，并从中发现涉税问题，不断增强职业敏感性和洞察力。为此，我们编写了《税务公务员会计知识学习手册》。

本书以税务干部应知应会的会计、财务知识为基础，分为上、下两册。上册全面介绍会计基础知识，包括会计基本假设、会计要素、会计记账法、会计基本业务核算、会计凭证、会计账簿、财产清查等内容；下册以企业会计准则为主线，系统介绍货币资金及应收款项、存货、固定资产、无形资产、资产减值、流动负债、非流动负债、所有者权益、产品成本等内容。本书突出实用性和系统性，紧密结合最新会计、税收政策，详解税会差异处理，以税收工作视角观察、应用、审核会计数据，在案例后列明税务处理及涉税提示，是税务系统开展初任培训、税务干部学习会计知识的必备教材。

由于时间及能力所限，书中疏漏在所难免，不妥之处恳请读者批评指正。具体修改意见和建议，请与编辑联系（邮箱：ywnlcs@163. com，QQ：1050456451），以便修订时更正。

编　者

目　录

上　册

下　册

第一章　会计基本理论概述

【本章提要】本章主要介绍会计概念、会计职能、会计对象、会计法规、会计基本假设、会计信息质量要求、会计基础、会计核算方法等会计基本理论，以及会计与税收的关系。本章是对本书的全部内容作总体性、概括性说明。

会计是随着人类社会生产的发展和经济管理的需要而产生、发展并不断完善起来的。在生产活动中，人们一方面关心劳动成果的多少，另一方面也注重劳动耗费的高低，于是就出现了会计。

税务人员只有掌握了会计的基本理论，才能够理解会计工作，理解纳税人申报的数据是基于什么样的前提、遵循什么样的原则、按照什么样的标准、采用什么样的方法和依据什么样的法律规范提供的，从而判断所取得的纳税数据是否完整和正确，是否与税法存在差异，是否需要进行纳税调整等。

第一节　会计概念、职能和对象

一、会计概念

会计是以货币为主要计量单位，以凭证为依据，通过一系列专门的技术方法，对一定主体的经济活动进行全面、综合、连续、系统的核算和监督，并向有关方面提供会计信息的一种经济管理活动。

在我国，“会计”一词产生于西周，主要指对收支活动的记录、计算、考察和监督。清代学者焦循在《孟子正义》一书中，对“会”和“计”做过概括性的解释：“零星算为之计，总合算为之会。”这说明会计既要进行连续的个别核算，又要把个别核算加以综合，进行系统、综合、全面的核算。

目前，会计界主要从3个角度理解会计：①会计是一种管理活动；②会计是一个信息系统；③会计是一种管理工具。无论从哪个角度理解会计，会计都是一项综合性和专业性很强的工作。

二、会计职能与目标

（一）会计职能

会计职能，是指会计在提供信息过程中客观上所具备的内在功能。随着经济社会的发展，会计的职能在不断地扩展。

1. 会计的基本职能

（1）会计核算。

会计核算是会计的首要、基本的职能，它是以货币为主要计量单位，通过确认、记录、计量和报告等环节，将特定主体的经济活动进行记账、算账、报账，为各有关方面提供会计信息的功能。

（2）会计监督。

会计监督，是指会计人员根据国家的财经政策、会计法规和企业的管理制度，利用会计信息，对会计主体经济活动进行的控制活动，目的是确保经济活动的真实性、合法性和效益性。会计监督基于会计核算，一般分为事前、事中和事后监督。

会计核算与会计监督是会计的两个基本职能，两者相辅相成、不可分割。会计核算是会计监督的基础，没有会计核算提供的信息，会计监督就失去存在的根基；会计监督是会计核算质量的保证，没有会计监督对经济活动过程的控制，会计核算就不可能提供真实可靠的会计信息，更无法发挥会计的决策支持作用，会计核算也就失去了存在的意义。

2. 会计的拓展职能

会计的拓展职能主要有预测经济前景、参与经济决策、评价经营业绩等。

（二）会计目标

会计以提高经济效益为总目标。会计的具体目标是满足会计信息使用者对会计信息的需要。具体来说，财务会计报告的目标是向财务会计报告使用者提供与企业财务状况、经营成果和现金流量等有关的会计信息，反映企业管理层受托责任的履行情况。

财务会计报告使用者包括投资者、债权人、政府及其有关部门和社会公众等。会计信息的使用者与作用见表 1－1。

表 1－1　　会计信息的使用者与作用

<table>
<tr><td rowspan="10">会计信息</td><td colspan="3">信息使用者</td><td>作用</td></tr>
<tr><td rowspan="7">外部使用者</td><td rowspan="3">政府部门</td><td>税务机关</td><td>税收征收与管理</td></tr>
<tr><td>主管部门</td><td>经济管理与决策</td></tr>
<tr><td>其他部门</td><td>相关管理与决策</td></tr>
<tr><td colspan="2">投资人</td><td>投资决策等</td></tr>
<tr><td colspan="2">债权人</td><td>借款决策等</td></tr>
<tr><td colspan="2">商业伙伴</td><td>商业决策等</td></tr>
<tr><td colspan="2">社会公众</td><td>投资理财活动等</td></tr>
<tr><td colspan="3">内部管理层</td><td>经营决策与评价等</td></tr>
</table>

三、会计对象

会计对象，是指会计核算和监督的内容，即企业和行政事业单位等能够以货币表现的全部经济活动，通常又称资金运动。资金运动包括资金的投入、运用、退出三个阶段，具体可分为筹资和投资（又称为理财）、购买和支付、销售和收款、利润计算和分配等环节，制造企业还包括产品生产环节。资金运动过程如图 1－1 所示。

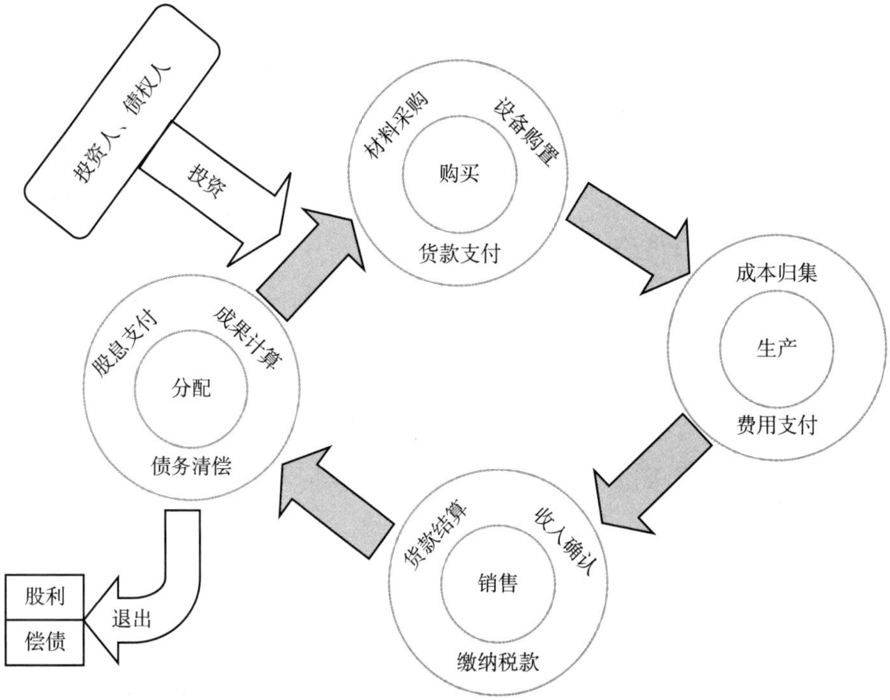

图1－1　资金运动过程

第二节　会计基本假设和会计信息质量要求

组织会计核算工作，需要具备一定的前提条件和规则标准。在组织核算工作之前，首先要解决与确立核算主体有关的一系列重要问题，需对某些无法正面加以论证的事物，根据客观的、正常的情况和趋势经过逐步认识作出合理的判断。在组织会计核算时，需按照规定的规则标准提供相关会计信息。这些前提条件和规则是全部会计工作的基础，是会计的基石。

一、会计基本假设

会计基本假设是企业会计准则和会计制度中规定的各项会计要素确认、

计量和报告适用的前提条件，通常也叫会计假设，是会计人员对会计核算所处的时间、空间环境等的合理假定，是会计核算的基本前提，是对会计对象和方法在空间范围、时间界限、计量方式上所做的限制和选择，无须证明即为人们所接受。会计基本假设包括：会计主体、持续经营、会计分期和货币计量。

（一）会计主体

会计主体，是指会计工作服务的特定对象。典型的会计主体是企业。会计所提供的信息，特别是财务报表，反映的是特定会计主体的财务状况、经营成果和现金流量，不允许含混其他会计主体的会计要素，并且不能遗漏会计主体的任何会计要素。会计主体是一个独立的经济实体，它只能独立地记录和核算与本身有关的经济业务，而不能核算、反映企业投资者或者其他经济主体的经济活动。会计主体是会计核算和监督的空间范围。

会计主体不同于法律主体。一般说来，法律主体必然是一个会计主体，但会计主体不一定是法律主体。任何企业，无论是独资企业、合资企业，还是合伙企业，都是会计主体。在企业规模较大的情况下，为了便于掌握其分支机构的生产经营活动和收支情况，可以将分支机构作为一个会计主体，要求其定期编制会计报表。也就是说，会计主体可以是独立法人，也可以是非法人；可以是一个企业，也可以是企业内部某一单位或企业中的一个特定的部分；可以是单一企业，也可以是由几个企业组成的企业集团。

【涉税提示】

根据《中华人民共和国税收征收管理法》（以下简称《税收征管法》）规定，纳税人是法律、行政法规规定负有纳税义务的单位和个人（法人和自然人）。不同的税种对纳税人分别有不同的具体规定。

纳税主体与会计主体确定的标准不同，所以，一般情况下，一个会计主体同时也是纳税主体，如一家公司是会计主体的同时也是纳税主体。但是在特定情况下，一个会计主体不一定是一个纳税主体，如每只证券投资基金是会计主体但不是纳税主体；一个集团公司是一个会计主体，但是，其是多个纳税主体。一个纳税主体也不一定是一个会计主体，如根据《中华人民共和国个人所得税法》规定，取得工资、薪金收入的个人是纳税人，但是个人不是会计主体。

（二）持续经营

持续经营，是指在可预见的未来，会计主体的生产经营活动将无限期地延续下去，不会因破产清算、解散、倒闭而不复存在。它要求会计人员以企业持续、正常的生产经营活动为前提，不考虑破产、清算的因素。

企业是否持续经营，在会计原则、会计方法的选择上有很大差别。一般情况下，应当假设企业将按照当前的规模和状态继续经营下去，不会停业，也不会大规模削减业务。明确这个基本假设，就意味着会计主体将按照既定用途使用资产，按照既定的合约条件清偿债务，会计人员就可以在此基础上选择会计原则和会计方法。如果判断企业会持续经营，就可以将资产划分为流动资产和非流动资产，将负债划分为流动负债和非流动负债；就可以假定企业的固定资产会在持续经营的生产经营过程中长期发挥作用，并服务于生产经营过程；就可以对固定资产按历史成本计价，分期计提折旧费用。如果判断企业不会持续经营，固定资产就不应该按期计提折旧。

当然，在市场经济环境下，任何企业都存在破产、清算的风险，也就是说，企业不能持续经营的可能性总是存在的。因此，需要企业定期对其持续经营的基本前提作出分析和判断。如果判断企业不能持续经营，就意味着其将进入清算期，等待解散、破产或者倒闭，就应当改变会计核算的原则和方法，并在企业财务会计报告中作相应披露。如果一个企业在不能持续经营时还按照持续经营的基本假设选择会计确认、计量和报告原则与方法，就不能客观地反映企业的真实情况，会误导会计信息使用者的经济决策。

【涉税提示】

不同税种纳税义务的设定标准不同，所以“持续经营”条件的存在对纳税义务产生的影响在不同税种中体现得不一样。影响最大的是企业所得税，企业所得税应纳税所得额的计算应以企业持续经营为前提，如各种跨期确认的费用，各项长期资产的管理等，如果企业不再持续经营而是进入清算阶段，所得税纳税义务则有相应的特殊规定，财政部、国家税务总局发布了《企业清算业务企业所得税处理若干问题》（财税〔2009〕60号），专门规定了企业清算的所得税处理问题区别于持续经营情况下的处理方法。

（三）会计分期

会计分期，是指将一个企业持续经营的生产经营活动期间划分为若干连续的、长短相同的期间。在会计分期假设下，企业应当划分会计期间，分期结算账目，计算损益，编制财务会计报告。

会计期间通常分为年度和中期。年度，是指报告期间为 1 年，即会计年度，它可以是公历年度制，也可以是营业年度制。在我国会计年度自公历每年的 1 月 1 日起至 12 月 31 日止，采用的是公历年度制。按年度编制的财务会计报告也称为年报。中期，是指短于一个完整的会计年度的报告期间，半年度、季度和月度均称为会计中期，此期间的财务报告称为中期财务报告。会计分期界定了会计核算的时间范围。

由于存在会计分期假设，于是产生了期末结账的会计核算需求，产生了期末经营成果的计算问题，产生了本期与非本期区分的要求，产生了当期与以前期间差别的比较，出现了权责发生制和收付实现制的选择，出现了应收、应付、折旧、摊销等会计处理方法。

【涉税提示】

我国现行的每一个具体税种均规定了相应的纳税期限，包括纳税义务计算的周期和税款实际缴纳的限期。根据《中华人民共和国企业所得税法》（以下简称《企业所得税法》）规定，企业所得税按纳税年度（自公历 1 月 1 日起至 12 月 31 日止）计算，分月或者分季预缴，年终汇算清缴，次年 5 月 31 日前汇算清缴完成；根据《中华人民共和国增值税暂行条例》（以下简称《增值税暂行条例》）规定，增值税的纳税期限分别为 1 日、3 日、5 日、10 日、15 日、1 个月或者 1 个季度，按月计算的应于次月 15 日内解缴税款。

会计分期的目的是更好地实现会计核算与监督职能，及时发现问题，及时调整，便于比较和评价。税法规定纳税期限，目的是便于征收管理，明确履行纳税义务的期限要求，降低征税成本，保证税款入库的及时性与均衡性（企业所得税分期预缴）。

有些税种的纳税期限与会计分期重叠，如按月计算的增值税、消费税等，按年计算的房产税、车船税、企业所得税等。有些则不重叠，如按次纳税的印花税等。但不管纳税期限如何，会计主体均要在财务会计报告中确认属于当期的各项税费，披露当期应缴纳的税款和已缴纳的税款情况。

（四）货币计量

货币计量，是指会计主体在进行会计确认、计量和报告时以货币为计量单位，反映会计主体的财务状况、经营成果和现金流量。以货币为计量单位通常包含以下两层含义：

1. 在诸多计量单位中，假设货币是经济活动计量的最好单位。经济活动的计量事实上存在多种计量单位，如货币、实物数量、工时、重量、长度、面积等。会计使用货币作为统一的计量单位，一是因为货币具有广泛的适用性，是商品的一般等价物，是衡量一般商品价值的共同尺度，而其他计量单位，如重量、长度、容积、台、件等，只能从一个侧面反映企业的生产经营情况，无法在量上进行汇总和比较，不便于会计计量和经营管理，因此，选择货币尺度进行计量，能全面反映企业的生产经营情况，满足会计核算的多种需求。二是货币的价值保持不变。

2. 货币作为一种计量单位，它应当是稳定的，这样才能使不同时点的资产的价值具有可比性，才能使不同时间的收入和费用进行比较，计算其经营成果。但由于通货膨胀普遍存在，货币的实际价值有所改变。为了解决这个问题，会计假设币值是稳定的，忽略这种变化。会计核算以货币计量，可以使企业的生产经营活动统一地表现为货币运动，能全面地反映企业的财务状况、经营成果和现金流量。

我国《企业会计准则》规定："会计核算以人民币为记账本位币。业务收支以外币为主的企业，也可以选定某种外币作为记账本位币，但编制的会计报表应当折算为人民币反映。"

【涉税提示】

我国现行的每一个具体税种均规定了纳税人的应纳税额以人民币计算。根据《企业所得税法》规定，缴纳的企业所得税，以人民币计算。所得以人民币以外的货币计算的，应当折合成人民币计算并缴纳税款。根据《增值税暂行条例》第六条规定，销售额为纳税人发生应税销售行为收取的全部价款和价外费用，但是不包括收取的销项税额。销售额以人民币计算。纳税人以人民币以外的货币结算销售额的，应当折合成人民币计算。

二、会计信息质量要求

组织会计核算需要遵循一定的规则标准，从而使提供的会计信息符合一定的质量标准，这是进行会计核算的指导思想和衡量会计工作成败的标准。

会计信息质量要求是对企业财务会计报告中所提供会计信息质量的基本要求，是使财务会计报告信息对投资者、债权人等使用者决策有用应具备的基本特征，它包括可靠性、相关性、可理解性、可比性、实质重于形式、重要性、谨慎性和及时性等。其中，可靠性、相关性、可理解性和可比性是会计信息的首要质量要求，是企业财务会计报告中所提供会计信息应具备的基本质量特征；实质重于形式、重要性、谨慎性和及时性是会计信息的次级质量要求，是对可靠性、相关性、可理解性和可比性等首要质量要求的补充和完善，尤其是在对某些特殊交易或者事项进行会计处理时，需要根据这些质量要求来把握其会计处理原则。另外，及时性还是会计信息相关性和可靠性的制约因素，企业需要在相关性和可靠性之间寻求一种平衡，以确定信息及时披露的时间。

（一）可靠性

可靠性要求企业应当以实际发生的交易或者事项为依据进行会计确认、计量和报告，如实反映符合确认和计量要求的各项会计要素及其他相关信息，保证会计信息真实可靠、内容完整。

会计信息要有用，必须以可靠为基础，如果财务会计报告所提供的会计信息是不可靠的，就会对投资者等使用者的决策产生误导导致其产生损失。为了贯彻可靠性要求，企业应当做到以下三点：

1. 以实际发生的交易或者事项为依据进行会计确认、计量和报告，将符合会计要素定义及其确认条件的资产、负债、所有者权益、收入、费用和利润等如实反映在财务报表中，刻画出企业生产经营及财务活动的真实面貌，不得根据虚构的、没有发生的或者尚未发生的交易或者事项进行会计确认、计量和报告。

2. 在符合重要性和成本效益原则的前提下，保证会计信息的完整性，其中包括应当编报的报表及其附注内容等应当保持完整，不能随意遗漏或者减少应予披露的信息，与使用者决策相关的有用信息都应当充分披露。

3. 财务会计报告中的会计信息应当是中立的、无偏的。如果企业在财务会计报告中为了达到事先设定的结果或效果，通过选择或列示有关会计信息以影响决策和判断的，这样的财务会计报告信息就不是中立的。

【例 1－1】2022 年年末 N 公司发现公司销售情况欠佳，无法实现年初确定的销售收入目标，但考虑到在 2023 年春节前后，该公司销售可能会出现较大幅度的增长，该公司为此提前预计库存商品销售，在 2022 年年末确认了销售收入实现。

N 公司的这种处理不是以其实际发生的交易事项为依据，而是虚构交易事项，违背了会计信息质量要求的可靠性原则，也违背了《会计法》的规定。

【涉税提示】

可靠性虽然体现了真实性、可验证性的要求，也是税法规定计算税款时应该遵循的原则之一，但是并不能因此直接将满足可靠性的会计信息作为计算税额的依据。因税收法定原则的规范，有些客观发生的交易或者事项在涉税处理中会有调整，并不能直接确认。

【例 1－2】2023 年，繁荣公司取得国债利息收入 3 万元。

繁荣公司取得的国债利息收入应增加企业的利润，但根据《企业所得税法》的规定，国债利息收入属于免税收入，不计入应纳税所得额，不需要缴纳企业所得税，如果不考虑其他因素的影响，当年会计利润比应纳税所得额多 3 万元。

税法在遵循可靠性的同时还要求会计信息具有合理性，根据《企业所得税法》第八条规定，与取得收入有关的、合理的支出可以税前扣除。所以对于满足可靠性要求的会计信息，在进行涉税分析时还要结合税法的相关规定进行分析，判断其是否符合合理性的要求。根据《税收征管法》第三十五条规定，纳税人申报的计税依据明显偏低，又无正当理由的，税务机关有权核定其应纳税额。如果只符合可靠性而违背了税法规定的合理性要求，也不会被税法所接受。

【例 1－3】2023 年，富强公司全年实际发生业务招待费 40 万元，全年实现的销售（营业）收入为 1 亿元。

根据可靠性原则要求，会计核算应确认管理费用 40 万元。按照税法要求，业务招待费按照实际发生额的 60% 扣除，且最高不得超过当年销售（营业）收入的5‰，该公司当年在计算所得税时可以扣除的业务招待费为24万元，超过这个标准的部分不能税前扣除。如果不考虑其他因素的影响，会计利润会比应纳税所得额（税法利润）少16万元。

（二）相关性

相关性要求企业提供的会计信息应当与投资者等财务会计报告使用者的经济决策需要相关，有助于投资者等财务会计报告使用者对企业过去、现在或者未来的情况作出评价或者预测。

会计信息是否有用、是否具有价值，关键是看其与使用者的决策需要是否相关，是否有助于决策或者提高决策水平。相关的会计信息应当能够有助于使用者评价企业过去的决策，证实或者修正过去的有关预测，因而具有反馈价值。相关的会计信息还应当具有预测价值，有助于使用者根据财务会计报告所提供的会计信息预测企业未来的财务状况、经营成果和现金流量。

【例1－4】某上市公司根据《企业会计准则》的要求，在其财务会计报告中区分收入和利得、费用和损失，区分流动资产和非流动资产、流动负债和非流动负债以及适当引入公允价值等。所有这些都有助于提高会计信息的预测价值，进而提升会计信息的相关性。

会计信息质量的相关性要求，需要企业在确认、计量和报告会计信息的过程中，充分考虑使用者的决策模式和信息需要。但是，相关性是以可靠性为基础的，两者并不矛盾，不应将两者对立起来。在可靠性的前提下，会计信息应尽可能做到相关性，以满足财务会计报告使用者的决策需要。

【涉税提示】

因为存在会计分期，许多业务的发生可能会存在跨期现象，这些跨期业务所涉及的纳税义务的发生时间并不一定与业务进展的节奏相一致，也不一定与会计确认损益的时间相吻合，这就要求提供会计信息时应该考虑这些特殊业务与税法需求之间的衔接，提供更详细的信息，以满足进行涉税分析的相关性要求，为正确计算应纳税额提供依据。

税务人员在运用会计信息时，一方面可以要求企业提供完整的涉税会计信息，另一方面要注意搜集有关跨期问题的会计信息，为税收管理工作找到原始依据。

【例1－5】2023年1月，甲企业出租闲置厂房，合同约定租金总额为390万元（不含增值税），租赁期限为3年，租赁开始日承租人需一次性支付全部租金的50%，其余部分于1年后支付。2023年该企业会计核算应确认收入130万元。根据《企业所得税法》规定，这种情况下应根据合同约定的应付租金日期确认收入的实现时间，2023年企业所得税汇算清缴时应确认租金收入195万元。税务人员应根据租赁合同确定该企业纳税义务发生的时间，对该企业完成的纳税调整是否正确进行判断。

（三）可理解性

可理解性要求企业提供的会计信息应当清晰明了，便于投资者等财务会计报告使用者理解和使用。

企业编制财务会计报告、提供会计信息的目的在于使用，而要使使用者有效使用会计信息，应当能让其了解会计信息的内涵，弄懂会计信息的内容，这就要求财务会计报告所提供的会计信息应当清晰明了、易于理解。只有这样才能提高会计信息的有用性，实现财务会计报告的目标，满足向投资者等财务会计报告使用者提供决策有用信息的要求。

由于会计信息是一种专业性较强的信息产品，因此，在强调会计信息的可理解性要求的同时，还应假定使用者具有一定的有关企业经营活动和会计方面的知识。对于某些复杂的信息，如交易本身较为复杂或者会计处理较为复杂，但其与使用者的经济决策相关的信息，企业就应当在财务会计报告中予以充分披露，企业不能仅因该信息会使某些使用者难以理解而将其排除在财务会计报告所应披露的信息之外。

【涉税提示】

会计信息的可理解性不能等同于通俗性和浅显性，它是一种专业语言，税务人员只有在掌握这种专业语言之后，才能够理解这些信息所要表达和揭示的内容，才能够从中找到解决涉税问题的有用信息。就像税收政策的可理解性一样，这种理解是建立在一定专业基础之上的理解。

（四）可比性

可比性要求企业提供的会计信息应当相互可比，主要包括以下两层含义。

1. 同一企业不同时期可比

为了便于投资者等财务会计报告使用者了解企业财务状况、经营成果和现金流量的变化趋势，比较企业在不同时期的财务会计报告信息，全面、客观地评价过去、预测未来，从而作出决策，会计信息质量的可比性要求同一企业不同时期发生的相同或者相似的交易或者事项，应当采用一致的会计政策，不得随意变更。但是，满足会计信息可比性要求，并非表明企业不得变更会计政策，如果按照规定或者在会计政策变更后可以提供更可靠、更相关的会计信息的，就有必要变更会计政策，以向使用者提供更为有用的信息，但是有关会计政策变更的情况，应当在附注中予以说明。

2. 不同企业相同会计期间可比

为了便于投资者等财务会计报告使用者评价不同企业的财务状况、经营成果和现金流量及其变动情况，从而有助于使用者作出科学合理的决策，会计信息质量的可比性要求不同企业同一会计期间发生的相同或者相似的交易或者事项，应当采用规定的会计政策，确保会计信息口径一致、相互可比，以使不同企业按照规定的会计确认、计量和报告要求提供有关会计信息。

【涉税提示】

会计信息可比性的贯彻执行，既保证会计信息“纵向”比较的稳定性，也满足“横向”评价的需求。税务人员利用符合可比性要求的会计信息，在税收实务中能够完成多项工作，比如，税收收入预测、税收预警分析、纳税评估、税务稽查等。

【例 1－6】假设某酒精生产企业 2023 年提供的全年产品成本为 3 000 万元。

这个数字是否真实、准确？初步判断时既可以与去年、前年的数字进行比较，也可以与同类企业同期资料进行比较，如果有异常，再进一步采用其他方法进行验证，这种比较就是应用了可比性原则。因为会计核算应遵循可比性原则，纳税人提供的信息应满足这一要求，税务工作则可以利用这一信息质量要求发现问题、实现对相关信息真实性的判断。

（五）实质重于形式

实质重于形式要求企业应当按照交易或者事项的经济实质进行会计确认、

计量和报告，不应仅以交易或者事项的法律形式为依据。在实务中，交易或者事项的法律形式并不总能完全真实地反映其实质内容。所以，会计信息要想反映其所应反映的交易或事项，就必须根据交易或事项的实质和经济现实来进行判断，而不能仅仅根据它们的法律形式。

【涉税提示】

实质重于形式的要求在税法中也有运用，但是需要根据税法的特别规定进行确认。税务人员在运用满足实质重于形式要求的会计信息时，要注意税法的规定，并根据税法规定作出相应的税务处理。

【例 1－7】 2023 年 4 月，M 公司与 N 公司签订了销售合同，销售自产产品一批，产品成本 160 万元。合同约定交易价格 200 万元，增值税税额 26 万元，同时约定 3 个月后，M 公司应将该批商品从 N 公司无条件回购，回购价格为 206 万元（不含增值税）。该项合同为不可撤销合同。M 公司根据合同要求向 N 公司发出商品并同时开具增值税专用发票，N 公司收到货物后按合同约定支付货款及增值税税款 226 万元。

M 公司对该项业务进行会计核算时，根据实质重于形式的要求，不确认销售收入的实现，而是将实际收到的 200 万元货款确认为一项负债。根据《增值税暂行条例》第十九条和《中华人民共和国增值税暂行条例实施细则》（以下简称《增值税暂行条例实施细则》）第三十八条规定，其增值税纳税义务已发生，应按规定计算销项税额。根据《确认企业所得税收入若干问题》（国税函〔2008〕875 号）规定，采用售后回购方式销售商品的，销售的商品按售价确认收入，回购的商品作为购进商品处理。有证据表明不符合销售收入确认条件的，如以销售商品方式进行融资，收到的款项应确认为负债，回购价格大于原售价的，差额应在回购期间确认为利息费用。在进行税务处理时 M 公司签订的售后回购合同属于不可撤销合同，属于以销售商品方式进行融资的情况，所以 M 公司在计算企业所得税时不需要确认该项收入。但是，如果 M 公司不能证明不符合销售收入确认条件，该项收入则应按规定计入当期收入总额，计算缴纳企业所得税。

（六）重要性

重要性要求企业提供的会计信息应当反映与企业财务状况、经营成果和现金流量等有关的所有重要交易或者事项。

企业财务会计报告中提供的某项会计信息，如果被省略或者错报会影响使用者据此作出经济决策，那么该信息就具有重要性。重要性的应用需要依赖职业判断，企业应当根据其所处环境和实际情况，从项目的性质和金额大小两方面来判断其重要性。例如，企业发生的某些支出金额较小，虽然从支出受益期来看，可能需要在若干会计期间进行分摊，但根据重要性要求，可以一次性计入当期损益。

【例 1－8】根据企业会计准则的要求，上市公司应该提供季度财务会计报告。考虑到季度财务会计报告披露的时间较短，从成本效益原则的角度考虑，季度财务会计报告没有必要像年度财务会计报告那样披露详细的附注信息。因此，根据《企业会计准则第 32 号——中期财务报告》规定，公司季度财务会计报告附注应当以年初至本中期末为基础编制，披露自上年度资产负债表日之后发生的、有助于理解企业财务状况、经营成果和现金流量变化情况的重要交易或者事项。对于与理解本中期财务状况、经营成果和现金流量有关的重要交易或者事项，也应当在附注中作相应披露。这一附注披露的要求，就体现了会计信息质量的重要性要求。

【涉税提示】

税法严格遵循税收法定原则，不允许在没有税法明确规定的情况下做出自由判断，不会因为某项业务对当期损益产生影响程度的大小而改变纳税义务的确定方法，或者改变纳税义务确认的时间与应纳税额。如果税法有特别规定，可以依据规定进行处理，如根据《国家税务总局关于 1 元以下应纳税额和滞纳金处理问题的公告》（国家税务总局公告 2012 年第 25 号）规定，自 2012 年 8 月 1 日起，为了提高征收效率，降低征收成本和纳税人负担，主管税务机关开具的缴税凭证上的应纳税额和滞纳金为 1 元以下的，应纳税额和滞纳金为零。

（七）谨慎性

谨慎性要求企业对交易或者事项进行会计确认、计量和报告时应当保持应有的谨慎，不应高估资产或者收益、低估负债或者费用。

在市场经济环境下，企业的生产经营活动面临着许多风险和不确定性，如应收款项的可收回性、固定资产的使用寿命、无形资产的使用寿命、售出存货可能发生的退货或者返修等。会计信息质量的谨慎性要求，是指企业在面临不确定性因素的情况下，作出职业判断时应当保持应有的谨慎，充分估计到各种风险和损失，既不高估资产或者收益，也不低估负债或者费用。

【例1－9】2023年4月，甲企业销售一批商品价款2万元，增值税税额2 600元，按照合同约定，保修期3个月，货款尚未收回。该企业发出商品确认销售时应确认应收账款22 600元，同时根据销售经验对售出商品可能发生的保修义务要确认预计负债，比如，预计保修费与收入比率为1%，则确认200元的预计负债。如果货款迟迟不能收回，该企业还应该根据发生坏账损失的风险高低计提坏账准备，确认坏账损失，这些做法体现了会计信息质量的谨慎性要求。

谨慎性的应用并不允许企业设置秘密准备，如果企业故意低估资产或者收益，或者故意高估负债或者费用，将不符合会计信息的可靠性和相关性要求，损害会计信息质量，扭曲企业实际的财务状况和经营成果，从而对使用者的决策产生误导，这也是企业会计准则所不允许的。

【涉税提示】

税法基于公平原则的需要，对于纳税人基于风险防范而确认的，具有预见性质的费用或者损失一般情况下不予接受，除税法另有规定外。根据《企业所得税法》第十条规定，未经核定的准备金支出在计算应纳税所得额时，不得扣除。税法强调各种费用或损失只有在实际发生时才会被确认，所以会计信息中满足谨慎性要求的内容，在进行涉税分析时通常都需要纳税调整，应该引起足够的重视。

（八）及时性

及时性要求企业对于已经发生的交易或者事项，应当及时进行会计确认、计量和报告，不得提前或者延后。

会计信息的价值在于帮助使用者作出经济决策，具有时效性。即使是可靠、相关的会计信息，如果不及时提供就失去了时效性，对于使用者的效用就大大降低，甚至不再具有实际意义。在会计确认、计量和报告过程中贯彻及时性，一是要求及时收集会计信息，即在经济交易或者事项发生后，及时收集整理各种原始单据或者凭证；二是要求及时处理会计信息，即按照会计准则的规定，及时对经济交易或者事项进行确认或者计量，并编制财务会计报告；三是要求及时传递会计信息，即按照国家规定的有关时限，及时地将编制的财务会计报告传递给财务会计报告使用者，便于其及时使用和决策。

【涉税提示】

根据《税收征管法》第二十五条规定，纳税人必须依照法律、行政法规规定或者税务机关依照法律、行政法规的规定确定的申报期限、申报内容如实办理纳税申报，报送纳税申报表、财务会计报表以及税务机关根据实际需要要求纳税人报送的其他纳税资料。

综合上述分析，会计信息质量要求是对企业财务会计报告中所提供会计信息质量的基本要求，是会计信息质量的保证。

税法除遵循税收法定原则、税法公平原则等基本原则和税法优位原则，实体从旧、程序从新原则等适用性原则外，在应纳税额的计算过程中还涉及许多具体原则，如企业所得税应纳税额的计算应遵循真实性原则、相关性原则、实质重于形式原则、确定性原则、及时性原则、历史成本原则等。这些原则与会计信息质量要求有相似性，但是实质内容存在差异。其简要比较见表 1 –2。

表 1 –2　　会计信息质量要求与课税原则对比

序号	会计信息质量要求	课税原则
1	**可靠性** 要求企业应当以实际发生的交易或者事项为依据进行会计确认、计量和报告，如实反映符合确认和计量要求的各项会计要素及其他相关信息，保证会计信息真实可靠、内容完整	**真实合理性** 要求企业应纳税额的计算必须以真实的交易为基础，各项会计记录必须完整准确，有合法凭证作为依据。受法定性原则修正，真实性原则在税收中未能完全贯彻，如企业财产发生非常损失未经税务机关审批不得扣除；企业实际发生的捐赠支出，要区分是否公益救济性质，并有扣除比例的限制
2	**相关性** 要求企业提供的会计信息应当与财务会计报告使用者的经济决策需要相关，有助于财务会计报告使用者对企业过去、现在或者未来的情况作出评价或者预测	**相关性** 要求纳税人申报扣除的费用从性质和根源上必须与取得应税收入相关，与不征税收入直接相关的费用不得申报扣除。同时与生产经营无关的支出和属于个人消费性质的支出不允许在税前扣除

续表

序号	会计信息质量要求	课税原则
3	**可理解性** 要求企业提供的会计信息应当清晰明了，便于财务会计报告使用者理解和使用	**可理解性** 税法条款对纳税人和税务机关来讲都应是可理解的
4	**可比性** 要求企业提供的会计信息应当具有可比性，包括不同企业相同会计期间可比，即不同企业同一会计期间发生的相同或者相似的交易或者事项，应当采用统一规定的会计政策，确保会计信息口径一致、相互可比；同一企业不同时期可比，即企业不同时期发生的相同或者相似的交易或者事项，应当采用一致的会计政策，不得随意变更，确需变更的，应当在附注中说明	**稳定性（可比性）** 要求企业采用的税收政策前后一致，包括不同企业发生的相同或相似业务适用的税收政策、同一企业不同时期适用的税收政策都应当前后一致并保持不变，以便于管理，特别是纳税评估。 但根据社会经济情况的变化以及征管过程中出现的问题，对税收政策进行修订，会影响税收政策的稳定性。同样，出于税收调节社会经济的需要，税法可能对特定地区、特定企业、特定事项给予税收优惠而与公平性原则相背离
5	**实质重于形式** 要求企业应当按照交易或者事项的经济实质进行会计确认、计量和报告，不应仅以交易或者事项的法律形式为依据。在实务中，交易或者事项的法律形式并不总能完全真实地反映其实质内容。所以，会计信息要想反映其所反映的交易或者事项，就必须根据交易或者事项的实质和经济现实来进行判断，而不能仅仅根据它们的法律形式	**实质重于形式** 在法定性前提下，税法也适当运用了实质重于形式原则，特别是反避税条款和企业改组等业务都很好地体现了实质至上原则，以体现公平性。 会计应用实质重于形式原则，主要靠财务人员依据职业判断，但税法主要是根据此原则制定特殊的规定，而不能由税务人员根据此原则对经济业务进行判断，以防止权力滥用
6	**重要性** 要求企业提供的会计信息应当反映与企业财务状况、经营成果和现金流量有关的所有重要交易或者事项	**法定性** 税法没有重要性要求，纳税人在记录、计算和缴纳税款时，必须以法律为准绳，税款计算正确与否、纳税期限正确与否、纳税行为正确与否，均应以税法为判断标准，即不区分项目的性质和金额的大小，税法规定征税的一律征税，税法规定不征税或者免税的一律不征税或免税
7	**谨慎性** 要求企业对交易或者事项进行会计确认、计量和报告时应当保持应有的谨慎，不应高估资产或者收益、低估负债或者费用。 谨慎性的应用并不允许企业设置秘密准备	**确定性** 税法通常情况下不承认谨慎性，要求纳税人申报的各项扣除必须是真实发生的，且其金额必须能够准确确定。纳税人按谨慎性要求计提的各项资产减值准备和预计负债，除税法另有规定外，在计提当期进行纳税调整，在实际发生当期进行纳税处理并予以扣除

续表

序号	会计信息质量要求	课税原则
8	**及时性** 要求企业对于已经发生的交易或者事项，应当及时进行会计确认、计量和报告，不得提前或者延后。在会计确认、计量和报告过程中贯彻及时性，一是要求及时收集会计信息；二是要求及时处理会计信息；三是要求及时传递会计信息	**及时性** 税法中的及时性原则表现在两方面：一是对企业发生的涉税事项必须及时确认（即收入必须及时确认，成本、费用和损失必须及时扣除），不得提前或滞后；二是应纳税额必须及时申报、缴纳，逾期会加收滞纳金，并处以罚款。 及时性原则的作用主要是强化征管和反避税

第三节　会计基础和会计核算方法

一、会计基础——权责发生制

企业资产的流动会引起相应的现金流动，由于存在会计分期这一前提假设，常常会出现资产流动的发生时间与现金实际收付的时间不属于同一会计期间的情况。如企业销售商品，当月根据合同约定发出货物并开具发票，但当月并未实际收到货款，次月才收到该笔货款。会计在确认资产、负债、收入和费用时，应该以什么样的基础为标准进行确认，是权责发生制还是收付实现制，是进行会计核算时首先要明确的重要问题之一，选择不同的确认基础，会得到不同的确认结果。

根据《企业会计准则——基本准则》第九条规定，企业应当以权责发生制为基础进行会计确认、计量和报告。

权责发生制也称应计制或应收应付制，是指以权利取得和责任完成为标准确定资产、负债、收入和费用的归属期。权责发生制要求，凡是当期已经实现的收入和已经发生或应当负担的费用，无论款项是否收付，都应当作为当期的收入和费用进行确认和计量，并计入利润表；凡是不属于当期的收入和费用，即使款项已在当期收付，也不应当作为当期的收入和费用予以确认。

【例1－10】2023年7月1日，新荣公司从银行取得借款1 000万元，期限3年，年利率为6%，每季度结算一次利息。对此项借款业务，虽然利息要等到2023年9月末才支付给银行，但是按照权责发生制要求，新荣公司应于2023年7月末和8月末分别确认财务费用5万元。

【例1－11】2023年4月2日，昌盛公司与繁荣公司签订购货合同，向繁荣公司购进原材料一批，价税合计113万元，繁荣公司于4月20日将货物运至昌盛公司并向昌盛公司开具增值税专用发票，昌盛公司于5月5日向繁荣公司一次性支付货款100万元及增值税税款13万元。对此购销业务，虽然繁荣公司和昌盛公司在4月30日前尚未收、付货款，但按照权责发生制要求，繁荣公司、昌盛公司都应该在4月30日结账前进行相应账务处理。昌盛公司确认原材料（资产）增加和应付账款（负债）增加，繁荣公司确认主营业务收入（收入）增加和应收账款（资产）增加。

按照权责发生制要求，对于收入的确认应以实现为原则，判断收入是否实现，主要看商品是否已经完成销售过程，劳务是否已经提供，如果商品已经完成销售过程，劳务已经提供，相关的风险和报酬已经转移给购买方，相关的经济利益能够流入销售方，相关的收入和成本能够可靠地计量，就确认收入的实现，而不论是否已经收到货款；对费用的确认应以发生为原则，判断费用是否发生，主要看与其相关的收入是否已经实现，或者与其相关的义务是否已经发生，而不论支付行为是否已经发生。

收付实现制也称现金制或现收现付制，是与权责发生制相对应的一种会计基础，它是以实际收到或支付现金作为确认收入和费用等的依据。收付实现制要求，凡是当期实际收到的款项，不论其是否应该属于当期的收入，均作为当期收入进行确认；凡是当期实际支付的款项，不论其是否应该属于当期的费用，均作为当期费用进行确认。例如，对于预收货款，收到现金时就确认为当期收入；预付下一年度的报刊费用，支付现金时就确认为当年的费用。

【涉税提示】

1. 企业所得税法中权责发生制的应用

《中华人民共和国企业所得税法实施条例》（以下简称《企业所得税法实施条例》）第九条规定："企业应纳税所得额的计算，以权责发生制为原则，属于当期的收入和费用，不论款项是否收付，均作为当期的收入和费用；不属于当期的收入和费用，即使款项已经在当期收付，均不作为当期的收入和费用。本条例和国务院财政、税务主管部门另有规定的除外。”此条规定，可以从以下三个方面理解：

（1）应纳税所得额的计算依据是权责发生制原则，其基本要求与会计上的权责发生制基础相同。

（2）应纳税所得额的计算以权责发生制为原则，一是基于缴纳税款存在纳税期限的划分；二是基于不同时期企业享受的税收政策可能不同。因此，企业收入和费用的确认不能提前或滞后。

（3）国务院财政、税务主管部门有权规定具体的不按权责发生制确认收入与费用的情形，例如，根据《企业所得税法实施条例》第二十三条规定，采用分期收款方式销售商品时，应按照合同约定的收款日期确认收入的实现，而不按照权责发生制进行确认。

2. 增值税中权责发生制的应用

《增值税暂行条例》及其实施细则规定了纳税义务发生时间，采取托收承付和委托银行收款方式销售货物的，为发出货物并办妥托收手续的当天，这体现了权责发生制要求。

二、会计核算方法

会计方法是反映和监督会计对象，完成会计任务的手段。研究和运用会计方法，是为了更好地完成会计任务。会计方法包括会计核算方法、会计分析方法和会计检查方法。会计核算方法是对会计主体已经发生的经济业务进行完整、连续和系统的记录和计算，为经营管理提供必要的会计信息所采用的方法，一般包括设置会计科目和账户、复式记账、填制和审核会计凭证、登记账簿、成本计算、财产清查和编制财务会计报表 7 种方法。本节只简要介绍 7 种方法的概念，每种方法的具体内容和应用将在本书后面各章节中详细介绍。

（一）设置会计科目和账户

设置会计科目和账户是对会计对象的具体内容进行归类、反映和监督所采用的一种专门方法。通过设置会计科目和账户，可以对各种经济业务所引起的资金变动及其结果进行分类记录，以便取得各种核算数据，并对其进行分析、检查和监督。具体内容详见本书上册“第二章第二节　会计科目”和“第二章第三节　会计账户”。

会计科目是对会计内容的科学分类，会计账户分类记载着这些内容的增减变动信息。税务人员只有明确会计科目的设置情况，熟悉各个账户记录的内容，才能够看懂纳税人的会计原始数据，了解纳税人的基本信息，掌握纳税人的实际经营情况。

（二）复式记账

复式记账是对发生的每笔经济业务均以相等的金额在相关的两个或两个以上相互联系的账户中登记的专门方法。复式记账能够反映每项经济业务的来龙去脉，可以相互联系地反映出经济业务的全貌，也便于核对账簿记录是否正确。其中，借贷记账法是被广泛使用的复式记账法。

根据《企业会计准则——基本准则》第十一条规定，企业应当采用借贷记账法记账。

记账方法是反映经济业务的手段，是财务信息生成和表达的方式，税务人员只有掌握了这些方法，才能够理解会计报告中每个数字的含义，才能够明白各个账户之间的勾稽关系，从而发现会计信息中所包含的涉税问题。复式记账法的内容详见本书上册“第三章第二节　借贷记账法”。

（三）填制和审核会计凭证

会计凭证是记录经济业务、明确经济责任、作为记账依据的书面证明。

填制和审核会计凭证是为了保证会计记录完整、真实、可靠，确定经济活动合理、合法而采用的一种专门方法，是会计核算的基础工作。每一项经济业务的发生都必须有合法有效的原始凭证作为证明，原始凭证经财务人员审核后，才能作为记账依据。具体内容详见本书上册“第五章　会计凭证”。

会计凭证能够证明业务发生的真实性，能够明确经济责任转移的路径，能够说明会计确认与计量的结果。税务人员通过审核和检查会计凭证，可以判断业务发生的真实性与合理性，为纳税义务与纳税责任的界定提供依据和帮助，也可以更好地降低执法风险，履行岗位职责。

（四）登记账簿

登记账簿是以会计凭证为依据，将经济业务全面、系统、连续地记录到具有账户基本结构的账簿中的一种专门方法。账簿是账户的具体存在形式，是会计资料的载体。登记账簿是对会计信息的使用者所需要的会计指标进行归类，采取一定的记账方法把所发生的经济业务按其发生的顺序分门别类地进行登记。登记后还要定期进行结账和对账，使账簿记录与实际情况保持一致，为编制会计报表提供依据。具体内容详见本书上册“第六章　会计账簿”。

账簿是会计账户的集合，能够综合反映全部的会计信息，通过翻阅账簿可以方便了解某一类业务一段时期的发展变化情况，可以了解相关账户之间的对应关系。会计凭证记录的是单笔业务，账户记录的是某一类业务，而账簿则是多种业务综合集中的反映。税务人员掌握了账户的登记方法，可以更好地解读这些复杂综合的信息，明白其来龙去脉，方便查找问题，满足工作需要。

（五）成本计算

成本计算是将产品生产、劳务提供过程中发生的各种耗费进行归集，再按照不同的成本计算对象进行分配，从而确定每一个成本计算对象的总成本和单位成本的一种专门方法。

生产企业的基本经济活动是生产产品和销售产品。产品的生产过程，同时也是资源耗费过程，这些耗费主要包括劳动对象的耗费、劳动手段的耗费以及劳动力的耗费。企业为生产一定种类、一定数量的产品所发生的直接材料费用、直接人工费用和制造费用的总和构成这些产品的生产成本。企业对日常所发生的各项生产成本进行审核、控制、核算，并将已发生的生产成本进行归集、分配，计算出每一种产品的成本。

成本计算属于企业内部的商业秘密，其灵活性和复杂性决定了监管这个问题的难度，模糊成本计算也是企业隐藏问题、化解问题的常用手段。税务人员通过学习成本计算的一般方法，可以初步判断成本计算的合理性，根据行业特点或者是国家规定的技术标准，针对企业的成本信息，可以发现疑问，找到解决问题的突破口。

（六）财产清查

财产清查，是指通过盘点实物、核对账目，来查明各项财产物资、货币资金、往来款项的实际结存数和账面数是否相符的一种会计核算的专门办法。通过财产清查可以查明各项财产物资、债权债务的情况，监督各类财产物资的安全完整与合理使用，并为损益的计算提供正确的资料。具体内容详见本书上册“第八章　财产清查”。

通过财产清查可以了解企业财产的真实状况。比如，根据税法的规定，企业实际发生的符合条件的财产损失，可以在计算企业所得税时税前扣除。税务人员通过掌握财产清查的方法，分析企业提供的财产清查相关证明，可以正确计算财产损失。

（七）编制财务会计报表

编制财务会计报表是按照国家统一会计制度规定的财务报表格式和内容，根据登记完整、核对无误的会计账簿记录和其他有关资料定期总括地反映企业经济活动过程和结果的一种专门方法。企业编制财务会计报表必须以账簿记录为依据，经过整理而产生的一套完整的指标体系应做到内容完整、数字真实、计算准确，不得漏报或者任意取舍，应满足会计信息的使用者了解会计主体的财务状况和经营结果需要，为经营者进行决策提供依据。具体内容详见本书上册“第九章第一节　财务会计报告概述”。

财务会计报表是会计信息高度概括后的载体，每一项报表数字都有严格的编报方法，税务人员掌握了这些方法，才能够理解这些信息的含义。报表的编报需要具有一定的专业水平，而报表的阅读更需要较高的解读能力。在税收实务中，无论是税收征管还是税务稽查工作，都离不开对会计报表的阅读，这是税务人员需要具备的一项专业技能。

以上各种会计核算方法相互联系、紧密结合，构成了一个完整的会计核算方法体系。在会计核算中，必须正确地运用这些会计核算方法。财务人员日常的会计核算程序为：经济业务发生后，首先按照已设置的会计科目和账户填制和审核会计凭证，采用复式记账的方法登记到有关的账簿中。对于生产经营过程中所发生的各项耗费，应当进行成本计算。对于账簿记录要通过财产清查加以核实，保证账实相符。利用正确无误的账簿记录，定期编制会计报表。

会计核算方法之间的关系如图 1－2 所示。

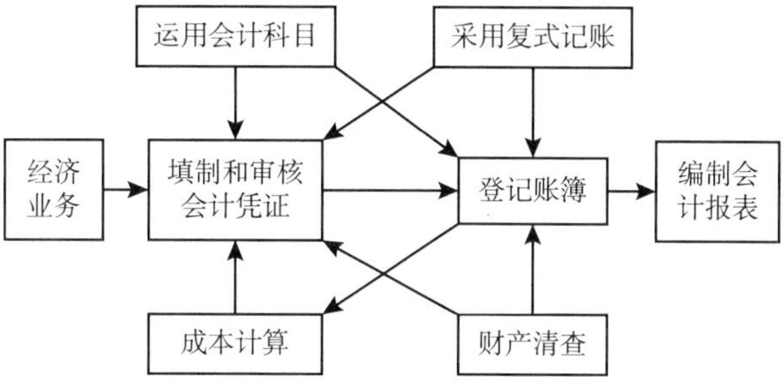

图 1－2　会计核算方法之间的关系

第四节　会计与税收

会计与税收是经济领域中既紧密相关又存在区别的两大分支，税收工作与会计密不可分。一方面，国家在制定税法和具体税收政策时，要根据会计所提供的纳税信息确定企业依法应缴多少税、是否依法纳税、未来税收前景如何，从而确定企业合理的税负水平和适当的减免税优惠；另一方面，税务机关作为代表国家依法行使税收征管权的职能部门，根据国家税法的规定，对纳税人会计核算的真实性、合法性进行监督检查。

一、会计与税收的联系

1. 会计工作是税收工作的基础

会计对企业收益确认与计量的结果，是国家税收征管的依据。会计账簿报表系统记录的会计信息，为税款征收提供了翔实的征税信息。税务机关各项具体工作的开展和完成，包括税款征收、纳税评估、税务稽查等，都需要以纳税人提供的会计信息为依据，根据其所反映的经营活动情况，对纳税人报送的涉税数据进行审核、评估，以确保其真实、合法。没有真实完整的会计信息，各项税收工作的开展将难以更好地完成。

2. 税收促进会计的发展

税收从法律与制度层面促进会计发展，并影响会计信息的提供。纳税人承担纳税义务，履行纳税职责，其税款的计算和缴纳是日常经营活动的一项重要内容。纳税人只有在准确提供完整会计信息的前提下，才能够享受各项税收优惠政策，并按照实际经营情况计算税款，否则很多税收优惠政策不能享受。根据《税收征管法》规定，税务机关有权检查纳税人的会计账簿、记账凭证、会计报表和有关资料，有权检查扣缴义务人代扣代缴、代收代缴税款的账簿、记账凭证和有关资料。税法在实体方面和程序方面有很多关于企业会计方面的规定。税务机关监督是对会计工作进行社会监督的重要方面，促进了会计的发展。会计与税收的关系如图 1－3 所示。

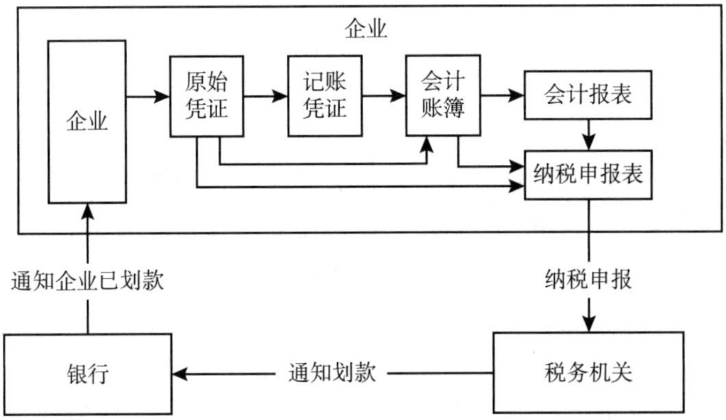

图 1－3　会计与税收的关系

二、会计与税收的区别

税收是国家参与国民收入分配的手段，目的是提供公共产品和服务。会计是企业内部管理的一部分，它从企业利益出发，根本目标是企业利益最大化。

会计法规与税收法规目标不同，税收法规的目的之一是保证财政收入的实现，保证征纳双方及时足额地征纳税款；会计法规的目的之一是真实、完整地反映企业的财务状况和经营成果，为各方信息使用者提供财务信息和决策依据。在对经济活动进行确认与计量的过程中，税收法规与会计法规选择的标准存在差异，这些差异导致针对同一项业务，按照会计标准计算的结果与按照税法标准计算的结果存在不一致，但两种计算结果都正确的现象。

会计核算过程中要严格遵循会计法规，强调会计信息要符合质量要求，财务状况、经营成果和现金流量等信息的提供方式要规范、时间要及时，以满足会计信息使用者的决策需求，反映受托责任的履行情况。

在税款征收过程中应严格依据税收法规的规定执行。税收法规是用来规范征税机关征税行为和纳税人纳税行为的法律规范，税法明确了双方的权利与义务，遵循合理负担、公平税负的原则，监督执行结果，惩处违法行为，实现国家财政收入的取得与国民经济平稳发展的和谐统一。

【涉税提示】

《税收征管法》第二十条及《中华人民共和国税收征收管理法实施细则》（以下简称《税收征管法实施细则》）第二十四条的规定，从事生产、经营的纳税人应当自领取税务登记证件之日起15日内，将其财务、会计制度或者财务、会计处理办法和会计核算软件、使用说明书及有关资料报送主管税务机关备案。

《企业所得税法》第二十一条规定："在计算应纳税所得额时，企业财务、会计处理办法与税收法律、行政法规的规定不一致的，应当依照税收法律、行政法规的规定计算。"但是，"税法优先原则"限于计算企业纳税义务时遵循，在编制财务会计报告时，必须严格按照会计法规规定的标准和方法执行。

第二章　会计要素、会计科目和账户

【本章提要】本章主要介绍会计要素、会计等式、会计要素计量属性及其应用原则、会计科目、会计账户等内容。其中重点内容是会计要素、会计等式、会计科目与账户的关系。

会计的目标是提供会计信息。要清晰、准确地提供会计信息，首要的基础工作就是对会计主体的经济活动进行科学的分类。对会计核算内容进行分类的具体做法是正确划分会计要素、确定会计科目。会计账户则是为记录各种会计信息设置的记载工具。

由于企业的纳税义务总是伴随着经济业务的发生而发生，因此，应纳税额的计算依据与各个账户发生额的增减变化密切相关。税务人员要读懂企业的会计信息、正确获取计算应纳税额的数据，必须首先了解会计要素、会计科目、会计账户等基本的会计概念。

第一节　会计要素与会计等式

组织会计核算工作，需要对会计的对象，即会计核算和监督的内容具体化，确定会计要素及各要素之间的关系，这是会计工作的核心。

一、会计要素

会计要素是对会计对象的具体分类，是构成会计报表的基本项目。《企业会计准则——基本准则》将会计要素分为资产、负债、所有者权益、收入、费用和利润 6 个会计要素。会计要素是会计核算对象的具体化，是确定会计科目、设置会计账户的依据，也是确定财务报表结构和内容的基础。

会计要素中资产、负债和所有者权益要素反映企业在某一特定时点（如月末、季末、半年末、年末）的财务状况，称为静态会计要素，构成资产负债表的基本框架；收入、费用和利润要素反映企业在一定时期（如月度、季度、半年度、年度）形成的经营成果，称为动态会计要素，构成利润表的基本框架。会计要素的界定和分类可以使财务会计系统更加科学严密，并可以为使用者提供更加有用的信息。会计要素如图 2－1 所示。

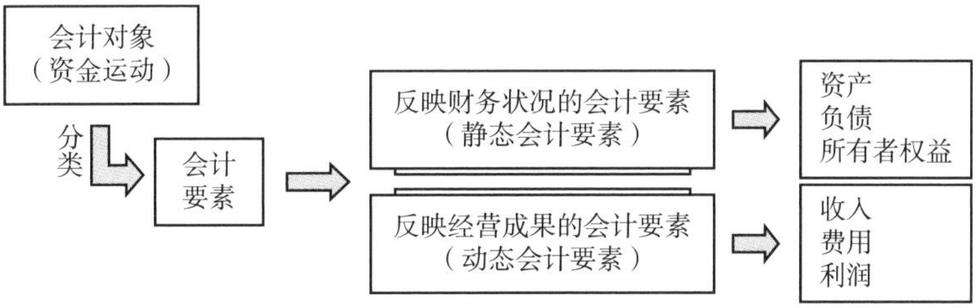

图 2－1　会计要素

（一）资产

资产，是指企业过去的交易或者事项形成的、由企业拥有或者控制的、预期会给企业带来经济利益的资源。

1. 资产的特征

（1）资产预期会给企业带来经济利益。

资产预期会给企业带来经济利益，是指资产具有直接或者间接导致现金和现金等价物流入企业的潜力。这种潜力可以来自企业日常的生产经营活动，也可以是非日常生产经营活动；带来的经济利益可以是现金或者现金等价物，或者是可以转化为现金或者现金等价物的其他资产，或者是可以减少现金或者现金等价物流出企业的形式。

资产预期能够为企业带来经济利益是资产的重要特征。例如，企业采购的原材料、购置的固定资产等可以用于生产经营过程，制造商品或者提供劳务，对外出售后收回货款，货款即为企业所获得的经济利益。如果某一项目预期不能给企业带来经济利益，那么就不能将其确认为企业的资产。前期已经确认为资产的项目，如果不能再为企业带来经济利益，也不能再继续确认为企业的资产。

【例2-1】 M公司2023年4月末盘点一批原材料时，发现该批材料已经毁损不再具备使用价值，该批材料成本160万元。M公司以该批材料管理责任不清为由，将毁损的材料继续挂账，并在资产负债表中作为流动资产反映。这种会计处理是错误的，因为该批材料已经毁损，预期不能为企业带来经济利益，不符合资产的定义，不应继续在资产负债表中被确认为一项资产。

（2）资产是由企业过去的交易或者事项形成的。

资产应当由企业过去的交易或者事项形成，过去的交易或者事项包括购买、生产、建造行为或者其他交易或事项。即只有过去发生的交易或者事项才能产生资产，企业预期在未来发生的交易或者事项不形成资产。

【例2-2】 昌隆公司和兴盛公司签订了一份购买原材料的合同，该合同尚未履行，即购买行为尚未发生，因此，该合同约定的这批原材料不符合资产的定义，昌隆公司不能将原材料确认为企业的资产。

（3）资产是企业拥有或者控制的资源。

资产作为一项资源，应当由企业拥有或控制，具体是指企业享有某项资源的所有权，或者虽然不享有某项资源的所有权，但该资源能够被企业所控制。

企业享有资产的所有权，通常表明企业能够排他性地从资产中获取经济利益。当然，在有些情况下，资产虽然不被企业所拥有，即企业并不拥有其所有权，但由于企业控制了这些资产，同样表明企业能够从该资产中获取经济利益，符合资产的定义。

【例2-3】 新新公司以融资租赁方式租入3台生产设备，尽管该公司在租赁期限内并不享有该设备的所有权，但是如果租赁合同规定的租赁期相当长，接近于该设备的预计使用寿命，则表明该公司控制了该设备的使用及其所能带来的经济利益，因此，应当将其作为该公司的资产予以确认、计量和报告。

2. 资产的确认条件

符合资产定义的资源，在同时满足以下条件时，确认为资产：

（1）与该资源有关的经济利益很可能流入企业。

根据资产的定义，能够带来经济利益是资产的一个本质特征，但是由于经济环境瞬息万变，与资源有关的经济利益能否流入企业或者能够流入多少，客观上具有不确定性。因此，资产的确认应当与经济利益流入的不确定性程度的判断结合起来，编制财务报表时，如果所取得的证据能够证明，与该资源有关的经济利益很可能流入企业，那么就应当将其作为资产予以确认。

【例2－4】A企业销售一批商品给B客户，双方约定货款延迟3个月支付。商品发出后，根据权责发生制原则，A企业确认收入实现，同时确认应收账款。如果在等待付款的期间，B客户发生重大损失，A企业判断部分或者全部应收账款很可能无法收回，则表明该部分或者全部应收账款已经不符合资产的确认条件，A企业应当对该应收账款计提坏账准备，减少资产的价值。

（2）该资源的成本或者价值能够可靠计量。

可计量性是所有会计要素确认的重要前提，资产的确认同样需要符合这一要求。只有当有关资源的成本或者价值能够可靠计量时，资产才能予以确认。

一般情况下，企业取得资产都会付出对价，比如，企业购买或者生产的存货，企业购置的厂房或者设备等，对于这些资产，只要实际发生的购买价款或者生产成本能够可靠地计量，就应视为符合资产的可计量性确认条件。在某些情况下，企业取得的资产没有付出对价，没有发生成本，例如，企业接受捐赠获得的资产，如果其公允价值能够确定，说明其价值能够可靠计量，也符合资产可计量性的确认条件。

在企业控制的资源中，还有人力资源，而且这些人力资源都很可能为企业带来经济利益，但在现行会计系统中，人力资源不被确认为企业的一类资产，这是因为人力资源的成本或者价值无法可靠地计量。

因此，关于资产的确认，除了应当符合资产的定义外，上述两个条件缺一不可，只有在同时满足这两个条件的情况下，才能将其确认为一项资产，列入资产负债表。

【例2－5】昌盛公司为一家高科技企业，2023年，其计划研发一项新技术，项目立项前进行了相关调研活动，发生支出2万元。虽然2万元支出是为了研发而发生的，但是由于该项目还处于研究阶段，还不能肯定该项新技术能否开始研发，能否研发成功，很难判断该研发支出能否为企业带来经济利益，有关经济利益能否流入企业有很大的不确定性，所以即使该研发支出能够可靠计量，也不能将其作为资产予以确认，只能将其确认为当期的一项费用。

3. 资产的分类

根据《企业会计准则》规定，企业的资产按流动性分类，分为流动资产和非流动资产。

资产满足下列条件之一的，应当归类为流动资产：

（1）预计在一个正常营业周期中变现、出售或耗用；

（2）主要为交易目的而持有；

（3）预计在资产负债表日起1年内（含1年，下同）变现；

（4）自资产负债表日起1年内，交换其他资产或清偿负债的能力不受限制的现金或现金等价物。

流动资产主要包括货币资金、应收及预付款项、以公允价值计量且其变动计入当期损益的金融资产和存货等。

流动资产以外的资产应当归类为非流动资产，包括债权投资、长期股权投资、投资性房地产、以公允价值计量且其变动计入其他综合收益的金融资产、固定资产、生产性生物资产、递延所得税资产、无形资产等。

【涉税提示】

根据《企业所得税法实施条例》第五十六条规定，企业的各项资产，包括固定资产、生物资产、无形资产、长期待摊费用、投资资产、存货等，以历史成本为计税基础。这里的历史成本，是指企业取得该项资产时实际发生的支出。企业持有各项资产期间资产增值或者减值，除国务院财政、税务主管部门规定可以确认损益外，不得调整该资产的计税基础。

税法中关于资产包括的内容与会计内容一致，但是在确认和计量问题中存在差别。税法没有规定资产确认时必须符合“与该资源有关的经济利益很可能流入企业”这一条件；税法强调以历史成本计量，不采用其他计量属性。例如，对企业长期闲置不用的生产设备，在会计上因其不能给企业带来经济利益而不能作为资产继续反映在资产负债表中，会计处理会全额计提减值准备并相应确认减值损失；但是根据《企业所得税法》规定，资产尚未处置，没有真正发生损失，不能减少资产的价值，因此会计确认的损失也不能在税前扣除。

（二）负债

负债，是指企业过去的交易或者事项形成的、预期会导致经济利益流出企业的现时义务。

1. 负债的特征

（1）负债是企业承担的现时义务。

负债必须是企业承担的现时义务，这是负债的一个基本特征。现时义务，是指企业在现行条件下已承担的义务。未来发生的交易或者事项形成的义务，不属于现时义务，不应当确认为负债。

现时义务可以是法定义务，也可以是推定义务。其中，法定义务，是指具有约束力的合同或者法律、法规规定的义务，通常在法律意义上需要强制执行。推定义务，是指根据企业多年来的习惯做法、公开的承诺或者公开宣布的政策而导致企业将承担的责任，这些责任也使有关各方形成了企业将履行义务解脱责任的合理预期。

【例2-6】甲企业发生如下业务：购买原材料尚未支付500万元的购货款，形成应付账款；向银行借入构建厂房的专项借款5 000万元，形成长期借款；按照税法规定应当缴纳税款100万元，尚未缴纳，形成应缴税费。这些均属于甲公司承担的法定义务，需要依法予以偿还。

【例2-7】乙企业制定了一项销售政策，对于售出商品提供3年期的售后保修服务。商品销售后，乙企业预期为售出商品提供的保修服务属于推定义务，应当将其确认为一项预计负债。

（2）负债的清偿预期会导致经济利益流出企业。

负债的清偿会导致经济利益流出企业，这是负债的又一重要特征。企业在履行义务时会导致经济利益流出的，才符合负债的定义；如果不会导致企业经济利益流出的，则不符合负债的定义。在履行现时义务清偿负债时，导致经济利益流出企业的形式多种多样。例如，用现金偿还或实物资产偿还债务，以提供劳务偿还债务，或者一部分以资产偿还、一部分以提供劳务偿还。

（3）负债是由企业过去的交易或者事项形成的。

负债应当由企业过去的交易或者事项所形成，过去的交易或者事项包括购买货物、接受劳务、取得银行贷款等。即只有过去发生的交易或者事项才形成负债，企业在未来发生的承诺、签订的合同等，不形成负债。

【例2-8】兴盛公司根据与银行签订的借款合同向某银行借入款项500万元，这属于过去的交易或者事项所形成的，兴盛公司应当确认500万元的负债。如果兴盛公司在签订合同的同时还与该银行达成了6个月后再借入300万元的借款意向书，300万元的借款意向属于未来可能发生的交易，不属于过去的交易或者事项，所以300万元不应确认为兴盛公司的负债。

2. 负债的确认条件

符合负债定义的义务，在同时满足以下条件时，确认为负债：

（1）与该义务有关的经济利益很可能流出企业。

根据负债的定义，预期会导致经济利益流出企业是负债的一个本质特征。鉴于履行义务所需流出的经济利益带有不确定性，尤其是与推定义务相关的经济利益通常需要依赖于大量的估计，因此，负债的确认应当与经济利益流出的不确定性程度的判断结合起来。如果根据编制财务报表时所取得的证据，判断与现时义务有关的经济利益很可能流出企业，那么就应当将其作为负债予以确认。

【例2－9】昌隆公司为所销售商品提供免费产品保修。保修期内，如果昌隆公司判断该事项很可能会导致其经济利益流出，就应该将可能发生的保修费用确认为一项负债。相反，如果昌隆公司虽然在销售时承担了保修的现时义务，但是该义务会导致昌隆公司经济利益流出的可能性很小，则昌隆公司不应当将保修费用作为负债予以确认。

（2）未来流出的经济利益的金额能够可靠地计量。

负债的确认也需要符合可计量性的要求，即对于未来流出的经济利益的金额应当能够可靠地计量。对于与法定义务有关的经济利益流出金额，通常可以根据合同或者法律规定的金额予以确定。对于与推定义务有关的经济利益流出金额，通常需要较大程度地估计。为此，企业应当根据履行相关业务所需支出的最佳估计数进行估计，只有在最佳估计数能够可靠取得时才能确认。

因此，关于负债的确认，除了应当符合定义外，上述两个条件缺一不可，只有在同时满足的情况下，才能将其确认为一项负债，列入资产负债表。

3. 负债的分类

根据《企业会计准则》规定，在资产负债表中，企业的负债应按其流动性，分为流动负债和非流动负债。

负债满足下列条件之一的，应当归类为流动负债：

（1）预计在一个正常营业周期中清偿；

（2）主要为交易目的而持有；

（3）自资产负债表日起1年内到期应予以清偿；

（4）企业无权自主地将清偿推迟至资产负债表日后1年以上。

流动负债主要包括短期借款、应付及预收款项、应付职工薪酬、应交税费等。

流动负债以外的负债应当归类为非流动负债，包括长期借款、应付债券、长期应付款、递延所得税负债等。

【涉税提示】

《企业所得税法》关于负债的规定与会计确认的负债存在差别。

《企业所得税法》承认因法定义务产生的负债，如应交税费、短期借款等，不承认因推定义务产生的负债，如预计负债。因推定义务确认的负债如果影响当期的损益，需要做纳税调整。

（三）所有者权益

所有者权益，是指企业资产扣除负债后，由所有者享有的剩余权益。公司的所有者权益又称为股东权益。所有者权益反映了所有者对企业资产的剩余索取权，是企业资产中扣除债权人权益后应由所有者享有的部分，既反映了所有者投入资本的保值增值情况，又体现了保护债权人权益的理念。

1. 所有者权益的来源构成

所有者权益按其来源主要包括所有者投入的资本、直接计入所有者权益的利得和损失、留存收益等。

（1）所有者投入的资本，是指所有者投入企业的资本部分，它既包括构成企业注册资本或者股本部分的金额，也包括投入资本超过注册资本或者股本部分的金额，即资本溢价或者股本溢价。

【例 2－10】新新公司注册资本为 1 亿元，新荣公司拥有其 10% 的股权，但按照投资协议约定，新荣公司应投入资本 1 200 万元，其中 1 000 万元为股本，200 万元为股本溢价。

（2）直接计入所得者权益的利得和损失，是指不应计入当期损益、会导致所有者权益发生增减变动的、与所有者投入资本或者向所有者分配利润无关的利得或者损失，如资产负债表日以公允价值计量且其变动计入其他综合收益的金融资产的公允价值高于或者低于其账面价值之间的差额。

（3）留存收益，是指企业历年实现的净利润留存于企业的部分，主要包括计提的盈余公积和未分配利润。

【例2-11】 M公司2021年度实现净利润2 000万元，按10%的比例提取盈余公积200万元，向投资者分配利润600万元。200万元的盈余公积和1 200万元的未分配利润构成了公司的留存收益。

2. 所有者权益的特征

（1）所有者权益一般不要求企业直接偿还，除非发生法定行为的减资、清算等事项。从法律角度看，负债对企业资产的要求权优先于所有者权益，当企业进行清算时，资产在扣除了破产清算费用后将优先用于偿还负债，剩余的资产才能在投资者之间按出资比例进行分配。所有者权益从数量上表现为企业的全部资产减去全部负债后的余额，因此被称为净资产。

（2）所有者权益表明投资者与企业之间的投资与被投资关系。企业的投资者可以凭借对企业的所有权，参与企业的经营管理，而债权人通常无权参与企业的经营管理。

（3）投资者通常以股利或利润的形式参与企业的利润分配，而债权人不能参与企业的利润分配，只能按预先约定的条件取得利息收入。

3. 所有者权益的分类

所有者权益包括实收资本（或股本）、其他权益工具、资本公积、其他综合收益、盈余公积和未分配利润。

（四）收入

收入，是指企业在日常活动中形成的、会导致所有者权益增加的、与所有者投入资本无关的经济利益的总流入。

1. 收入的特征

（1）收入是企业在日常活动中形成的。

日常活动，是指企业为完成其经营目标所从事的经常性活动以及与之相关的活动。例如，工业企业制造并销售产品、商业企业销售商品、保险公司签发保单、咨询公司提供咨询服务、软件企业为客户开发软件等，均属于企业的日常活动。明确界定日常活动是为了将收入与利得相区分，因为企业非日常活动所形成的经济利益的流入不能确认为收入，而应当计入利得。利得通常不经过经营过程就能取得或属于企业不曾期望获得的收益，如企业因其他企业违约收取的违约金、接受捐赠等。

（2）收入会导致经济利益的流入，该流入不包括所有者投入的资本。

收入会导致经济利益的流入，并表现为资产的增加或者负债的减少。例如，企业销售商品，要收到现金或者有权利将来收到现金，或者有对应的债务可以抵减应当将其确认为收入。企业经济利益的流入有时是由所有者投入资本的增加所导致的，所有者投入资本的增加不应当确认为收入，应当将其直接确认为所有者权益。

收入不包括为第三方或客户代收的款项，如增值税销项税额、代收利息等。因为代收款项在增加资产的同时也增加了负债，而不可能最终增加所有者权益。

（3）收入最终会导致所有者权益的增加。

与收入相关的经济利益的流入经过利润的核算最终会导致所有者权益的增加，不会导致所有者权益增加的经济利益的流入不符合收入的定义，不应确认为收入。

【例 2－12】 昌裕公司向银行借款 1 000 万元，尽管该借款导致了昌裕公司经济利益的流入，使资产增加，但是该流入并不会导致所有者权益的增加，而是使昌裕公司承担了一项现时义务。因此，对于昌裕公司因借入款项所导致的经济利益的增加，不应将其确认为收入，而应当确认为一项负债。

2. 收入的确认条件

收入的确认除了应当符合收入的定义外，还应当满足严格的确认条件。收入只有在经济利益很可能流入，且经济利益的流入额能够可靠计量时才能予以确认。因此，收入的确认至少应当同时符合下列两个条件：

（1）与收入相关的经济利益很可能流入企业；

（2）经济利益的流入额能够可靠地计量。

符合收入定义和确认条件的项目，应当列入利润表。当然由于收入的来源渠道多种多样，不同来源的收入性质也有所不同，其确认的具体条件也往往存在差别，如销售商品、提供劳务等，这些具体问题详见本书下册“第二十一章第一节　收入”。

3. 收入的分类

根据《企业会计准则》规定，收入可以按企业经营业务的主次划分，如主营业务收入、其他业务收入等；也可以按企业日常活动的业务类型划分，如销售货物收入、提供劳务或服务收入等。

【涉税提示】

根据《企业所得税法》第六条规定，企业以货币形式和非货币形式从各种来源中取得的收入，为收入总额。包括：①销售货物收入；②提供劳务收入；③转让财产收入；④股息、红利等权益性投资收益；⑤利息收入；⑥租金收入；⑦特许权使用费收入；⑧接受捐赠收入；⑨其他收入。

《企业所得税法》中“收入”的范围比会计要素“收入”的范围大，除了会计的“收入”之外还包括非日常活动中形成的“利得”。比如，接受捐赠收入、确实无法偿付的应付款项等。税法除了按照收入的来源（如销售货物收入、提供劳务收入等）和表现形式（货币形式和非货币形式）分类之外，还按照是否具有纳税义务将收入分为应税收入、免税收入和不征税收入。

（五）费用

费用，是指企业在日常活动中发生的、会导致所有者权益减少的、与向所有者分配利润无关的经济利益的总流出。

1. 费用的特征

（1）费用是企业在日常活动中发生的。

费用应当是企业在其日常活动中所发生的，这些日常活动的界定与收入定义中涉及的日常活动一致。日常活动中所产生的费用通常包括销售成本、财务费用、管理费用等。非日常活动所形成的经济利益的流出与实现收入无关，不能确认为费用，应当计入损失，如企业因违约支付罚款、对外捐赠支出等。

（2）费用会导致经济利益的流出。

费用的发生会导致经济利益的流出，通常表现为资产的消耗，有时候也表现为负债的增加，但是负债的偿还最终还是表现为经济利益的流出。

（3）费用最终会导致所有者权益的减少。

与费用相关的经济利益的流出，表现为资产的减少或者是负债的增加，或者是二者兼有，这样最终会导致所有者权益的减少。需要注意的是，企业向所有者分配利润虽然也会导致所有者权益减少，但是该种减少属于经营成果向投资人分配，不属于费用范畴。

【例2-13】甲企业用银行存款700万元购买工程用物资，该购买行为尽管使该企业的经济利益流出了700万元，但是并不会导致该企业所有者权益的减少，而是使该企业增加了另一项资产。所以，不能将该经济利益的流出确认为费用。

【例 2 – 14】 兴隆公司用银行存款偿还了一笔短期借款 800 万元，该偿付行为尽管导致兴隆公司经济利益流出 800 万元，但是该流出并没有导致兴隆公司所有者权益的减少，而是使兴隆公司的负债减少了。所以，不能将该经济利益的流出确认为费用。

2. 费用的确认条件

费用的确认除了应当符合定义外，还应当满足严格的确认条件，即费用只有在经济利益很可能流出，并表现为企业资产减少或者负债增加，且经济利益的流出额能够可靠地计量时才能予以确认。因此，费用的确认至少应当符合以下两个条件：

（1）与费用相关的经济利益很可能流出企业；

（2）经济利益的流出额能够可靠计量。

【例 2 – 15】 甲企业发生的研究费用，尽管将来有可能会带来经济利益，但是能否带来或者能够带来多少经济利益有很大的不确定性。因此，不符合资产的确认条件，应当在发生时将其确认为费用，计入当期损益，而不计入资产价值。

符合费用定义和确认条件的项目，应当列入利润表。

3. 费用的分类

按费用发生的原因不同，企业的费用可分为营业成本、税金及附加、销售费用、管理费用、财务费用等。

【涉税提示】

《企业所得税法》中“费用”的概念与会计“费用”要素存在差异。根据《企业所得税法》第八条规定，企业实际发生的与取得收入有关的、合理的支出，包括成本、费用、税金、损失和其他支出，可以在计算应纳税所得额时扣除。

税法中能够税前扣除的项目比会计“费用”要素的范围大，除了会计中“费用”要素的内容之外，还包括损失，即“非日常活动”发生的净支出。会计遵循客观性原则，根据实际发生的金额确认“费用”，而税法基于公平原则和税收法定原则，规定了税前可以扣除的标准，包括定性的标准与定量的标准。不符合这些标准的，即使实际发生也不能税前扣除。在相关税收法规中，针对不同的业务内容分别进行了具体、明确的规定，如《企业所得税法实施条例》。

（六）利润

利润，是指企业在一定会计期间取得的经营成果。利润反映了企业一段时期内经营的效果，通过对利润结构的分析可以评价经营活动的效率。因此，利润通常是评价企业管理层业绩的一项重要指标，也是投资者、债权人等作出投资决策、信贷决策的重要参考指标。

根据《企业会计准则——基本准则》规定，利润包括收入减去费用后的净额、直接计入当期利润的利得和损失等。其中，收入减去费用后的净额反映的是企业日常活动的业绩，直接计入当期利润的利得和损失反映的是企业非日常活动的结果。直接计入当期利润的利得和损失，是指应当计入当期损益、最终会引起所有者权益发生增减变动的、与所有者投入资本或者向所有者分配利润无关的利得或者损失，如接受捐赠实现的收益、自然灾害导致的损失等。企业应当严格区分收入和利得、费用和损失，更加准确地反映企业的经营业绩。

利润按构成内容的不同可分为营业利润、利润总额和净利润。“利润”要素在利润表中反映。为了便于管理和评价，通常分步计算：

营业利润 = 收入 - 费用（不包括所得税费用）

利润总额 = 营业利润 + 利得 - 损失

净利润 = 利润总额 - 所得税费用

净利润是会计主体最终实现的经营成果，是“利润”要素包含的内容之一。

【例 2－16】 2023 年 M 公司共取得收入 2 000 万元，发生各项费用 1 700 万元（其中，所得税费用 70 万元），实现利得 80 万元，发生损失 40 万元。根据现行法律法规，M 公司 2023 年实现的利润总额为 410 万元［2 000 -（1 700 -70）+80 -40］，M 公司 2023 年实现的净利润为 340 万元（410 -70）。

【涉税提示】

按照《企业所得税法》计算的企业最终实现的经营成果被称为“应纳税所得额”。

根据《企业所得税法》第五条规定，企业每一纳税年度的收入总额，减除不征税收入、免税收入、各项扣除以及允许弥补的以前年度亏损后的余额，为应纳税所得额。

虽然会计要素的“利润总额”与《企业所得税法》的“应纳税所得额”都是对企业经营成果的计算，但是由于会计与税法确认的标准和依据不同，导致最终计算的结果会存在差异。

采用间接计算法计算企业所得税时，应纳税所得额的计算以会计利润为基础，通过调整境外所得、纳税调整事项（会计与税法差异问题）、税收优惠事项以及可以弥补的以前年度的亏损等项目之后计算得出。会计利润与应纳税所得额包含的内容不完全相同，相同项目确认的金额也存在差异。

二、会计等式

会计等式，是指表明各会计要素之间基本数量关系的恒等式，会计等式也称为会计平衡公式。

（一）会计基本等式

企业为了开展生产经营活动，首先必须拥有或控制一定数量的、能满足其生产经营需要的资产，如货币资金和实物资产等。企业拥有的这些资产必有其来源，在会计上将企业资产的提供者对资产所具有的要求权称为权益。资产与权益是同一经济活动的两个方面，二者相互依存、互为条件。没有权益的存在，就不会有资产。同样，没有资产的存在，就不会产生有效的权益。从数量关系看，一定量的资产必然有与其等量的权益；反之，一定量的权益也必然有与其等量的资产。每个企业的资产总量与权益总量必然相等，资产与权益之间这种客观存在的数量上的平衡关系，可以用公式表示：

资产 = 权益

根据企业资产的提供者对企业要求权的不同，可以将其分为两部分：一是债权人，二是投资者。债权人对企业的要求权是到期偿还本金和利息，表现为企业承担的债务，如应付账款、短期借款等，企业须以资产或劳务进行偿还。投资人对企业的要求权是资本的保值和增值，表现为对企业净资产的所有权，如实收资本、盈余公积等。因此，企业的权益由负债和所有者权益两部分组成，会计等式可以进一步表示为：

资产 = 负债 + 所有者权益

上述公式在会计上称为会计基本等式，也是国际上通用的会计等式。这一等式反映了资产、负债和所有者权益三个会计要素之间的联系和基本数量关系。这种数量关系表明了企业在一定时点上的财务状况，所以这一等式也称为静态会计等式，它是编制资产负债表的理论基础。

（二）会计基本等式的扩展

企业的目标就是从生产经营过程中获取收入，实现盈利。企业在取得收入的同时，也必然会发生相应的费用。收入和费用配比，其差额是企业的经营成果。根据收入、费用和利润三个会计要素的定义，三者之间的数量关系表示为：

利润 = 收入 - 费用 + 利得 - 损失

如果将“收入 + 利得”称为广义的“收入”，“费用 + 损失”称为广义的“费用”，则广义而言，收入、费用和利润的关系用公式表示为：

利润 = 收入 - 费用

这一公式反映了一定时期内收入、费用和利润三个会计要素之间的关系及在一定时期内的企业经营成果的形成过程，因此也称为动态会计等式。它是编制利润表的理论依据。

企业在一定时期内取得的经营成果能够对资产和所有者权益产生影响。如果企业的收入大于费用，企业就可获得利润，所有者权益将增加；如果企业的费用大于收入，企业就会亏损，所有者权益会减少。收入可以导致企业资产的增加或负债的减少，最终导致所有者权益的增加；费用可以导致企业资产的减少或负债的增加，最终导致所有者权益的减少。所以，一定时期的经营成果必然影响一定时点的财务状况。因此，在一定会计期间将六个会计要素联系起来，就可得到以下公式：

资产 = 负债 + 所有者权益 + 利润

= 负债 + 所有者权益 + （收入 - 费用）

上述公式是会计基本公式的扩展形式，它将会计六个要素有机地结合起来，完整地反映了企业的资金运动过程，揭示了资产负债表要素和利润表要素内部及其相互之间的联系和依存关系。

会计等式完整地表现了企业财务状况和经营成果及其形成过程，它是设置账户、复式记账、编制会计报表的理论基础。

（三）经济业务对会计等式的影响

企业经济业务的发生，必然会引起有关会计要素的增减变动。但是，不论企业的经济业务引起有关的会计要素发生怎样的变动，都不会破坏会计等式的平衡关系。

【例 2－17】2023 年 3 月，N 公司月初资产、负债和所有者权益的有关账户的余额及平衡关系见表 2－1。

表 2－1　　**账户的期初余额及平衡关系**　　单位：元

资产	金额	负债	金额	所有者权益	金额
银行存款	200 000	短期借款	150 000	实收资本	600 000
原材料	300 000	应付账款	350 000		
固定资产	600 000				
合计	1 100 000	=	500 000	+	600 000

2023 年 3 月，N 公司发生下列经济业务：

（1）3 日，以银行存款购进原材料 10 000 元。

这项经济业务的发生，使 N 公司的银行存款减少了 10 000 元，即由原来的 200 000 元减少到 190 000 元，同时使 N 公司的原材料增加了 10 000 元，即由原来的 300 000 元增加到 310 000 元。这项经济业务使 N 公司的一项资产（原材料）增加，另一项资产（银行存款）减少，增减金额相等，因此，N 公司总资产金额未发生变化。另外，这项经济业务没有涉及负债和所有者权益项目，不会引起权益总额发生变化。所以，这项经济业务的发生不会改变会计恒等式的平衡关系（见表 2－2）。

表 2－2　　**账户金额及平衡关系（一）**　　单位：元

资产	金额	负债	金额	所有者权益	金额
银行存款	190 000	短期借款	150 000	实收资本	600 000
原材料	310 000	应付账款	350 000		
固定资产	600 000				
合计	1 100 000	=	500 000	+	600 000

（2）10 日，以银行存款归还银行短期借款 100 000 元。

这项经济业务的发生，使 N 公司的银行存款减少了 100 000 元，即由原来的 190 000 元减少到 90 000 元，同时使 N 公司的短期借款减少了 100 000 元，即由原来的 150 000 元减少到 50 000 元。这项经济业务使 N 公司的资产（银行存款）和负债（短期借款）同时减少，双方减少金额相等。因此，会计恒等式平衡关系没有改变（见表 2 -3）。

表 2 -3　　账户金额及平衡关系（二）　　单位：元

资产	金额	负债	金额	所有者权益	金额
银行存款	90 000	短期借款	50 000	实收资本	600 000
原材料	310 000	应付账款	350 000		
固定资产	600 000				
合计	1 000 000	=	400 000	+	600 000

（3）15 日，投资人又向 N 公司投入资本 50 000 元，存入银行。

这项经济业务的发生，使 N 公司银行存款增加了 50 000 元，即由原来的 90 000 元增加到 140 000 元，同时使 N 公司的实收资本增加了 50 000 元，即由原来的 600 000 元增加到 650 000 元。这项经济业务使 N 公司的资产（银行存款）和所有者权益（实收资本）同时增加，双方增加金额相等。因此，会计恒等式的平衡关系没有改变（见表 2 -4）。

表 2 -4　　账户金额及平衡关系（三）　　单位：元

资产	金额	负债	金额	所有者权益	金额
银行存款	140 000	短期借款	50 000	实收资本	650 000
原材料	310 000	应付账款	350 000		
固定资产	600 000				
合计	1 050 000	=	400 000	+	650 000

一个企业在经营过程中所发生的经济业务是多种多样的，但从其对企业会计要素的影响来看，可以概括为 4 大类，并可细分为 9 小类。

1. 一项资产增加，另一项资产减少，增减金额相等。

2. 一项权益增加，另一项权益减少，增减金额相等。这一类又可细分为4小类：一项负债增加，另一项负债减少；一项所有者权益增加，另一项所有者权益减少；一项负债增加，一项所有者权益减少；一项所有者权益增加，一项负债减少。

3. 资产与权益同时增加，双方增加金额相等。这一类又可细分为2小类：一项资产增加，一项负债增加；一项资产增加，一项所有者权益增加。

4. 资产与权益同时减少，双方减少金额相等。这一类又可细分为2小类：一项资产减少，一项负债减少；一项资产减少，一项所有者权益减少。

通过以上举例说明，企业每发生一项经济业务都会使某一具体的会计要素发生增减变动，并同时引起相关的会计要素发生等量增减变动。经济业务的发生对会计恒等式的影响不外乎两种情况：一是引起会计恒等式一边内部项目有增有减，增减金额相等，相互抵销后，其总额保持原来的不变（如第1大类和第2大类经济业务）。二是引起会计恒等式两边对应项目同增同减，增减金额相等，双方以变动后的总额保持相等关系（如第3大类和第4大类经济业务）。因此，任何一项经济业务的发生，无论使各项会计要素发生什么样的增减变动，都不会改变会计恒等式的平衡关系。

通过会计等式的学习，税务人员可以对会计信息的正确性进行初步的判断，如果会计要素之间的平衡关系被打破了，就可以直接得出记账有误的结论。但是需要注意的是，如果等式平衡了，也不能说明记账肯定是正确的，因为有些错误的发生不会影响这种平衡关系。

三、会计要素计量属性及其应用原则

（一）会计要素计量属性

会计计量是在一定的计量尺度下，运用特定的计量单位，选择合理的计量属性，确定应予记录的经济事项金额的会计记录过程。会计计量包括计量尺度、计量单位、计量对象和计量属性。属性，是指对某一事物特性方面的表达，如桌子的长度、铁矿的重量、楼房的高度等。不同的计量属性，会使相同的会计要素表现为不同的货币数量，从而使会计信息反映的财务状况和经营成果建立在不同的计量基础上。

根据《企业会计准则——基本准则》的规定，会计要素的计量属性主要包括历史成本、重置成本、可变现净值、现值和公允价值等。

1. 历史成本

在历史成本计量下，资产按照购置时支付的现金或者现金等价物的金额，或者按照购置资产时所付出的对价的公允价值计量。负债按照因承担现时义务而实际收到的款项或者资产的金额，或者承担现时义务的合同金额，或者按照日常活动中为偿还负债预期需要支付的现金或者现金等价物的金额计量。

【例2－18】2023年2月1日，M公司以银行存款2 000万元购入房产一幢，作为办公楼投入使用，该项房产的入账价值（即历史成本）为2 000万元。

历史成本计量属性的优点是有合法的原始凭证，具有可验证性，同时减少了人为的判断，具有可靠性，并且其计量的实践经验和理论比较丰富。目前，在会计计量中，历史成本仍占据主导地位。

根据《企业所得税法实施条例》的规定，企业资产的计税基础应该以其历史成本确认。

2. 重置成本

在重置成本计量下，资产按照现在购买相同或者相似资产所需支付的现金或者现金等价物的金额计量，负债按照现在偿付该项债务所需支付的现金或者现金等价物的金额计量。

【例2－19】M公司财产清查盘盈设备1台，经专业技术人员评估该设备有八成新。市场上相同全新设备的购买价为20万元，则根据重置成本法，该设备入账价值为16万元（20×80%）。

在《企业所得税法》中，也采用重置成本确定盘盈资产的计税基础。

3. 可变现净值

在可变现净值计量下，资产按照其正常对外销售所能收到现金或者现金等价物的金额扣减该资产至完工时估计将要发生的成本、估计的销售费用以及相关税费后的金额计量。

【例2－20】2023年7月31日，甲公司库存商品账面价值（历史成本）为10万元，当前的市场价格为9.2万元，估计销售费用及税金为5 000元。

则库存商品的可变现净值为 87 000 元（92 000 - 5 000）。甲公司期末编制资产负债表时应该以 87 000 元列报该项资产。

税法不承认可变现净值这种计量属性，当企业采用这种计量属性计价时，如果对当期损益造成影响，则要进行相应的纳税调整。

4. 现值

在现值计量下，资产按照预计从其持续使用和最终处置中所产生的未来净现金流入量的折现金额计量，负债按照预计期限内需要偿还的未来净现金流出量的折现金额计量。

《企业所得税法》在确认资产和负债的计税基础时，按照历史成本计量，不考虑资金时间价值因素。在确认收入和税前扣除项目的金额时，按照合同或协议约定的金额确认，不进行折现处理，所以税法不采用现值进行计量。

5. 公允价值

在公允价值计量下，资产和负债按照市场参与者在计量日发生的有序交易中，出售资产所能收到或者转移负债所需支付的价格计量。

根据企业所得税法规定，收入的实现可以是非货币形式的，取得非货币性资产收入时，应按照非货币性资产的公允价值确认收入金额。企业通过债务重组、非货币性资产交换、接受捐赠等方式获得的资产，其计税基础按照该资产的公允价值确定。可见，采用公允价值计量在税法中也被运用到特殊的交易或事项之中。

（二）各种计量属性之间的关系

在各种会计要素计量属性中，历史成本通常反映的是资产或者负债过去的价值，而重置成本、可变现净值、现值以及公允价值通常反映的是资产或者负债的现时成本或者现时价值，是与历史成本相对应的计量属性。历史成本与现时成本是相互转化的，比如，公允价值相对于历史成本而言，具有很强的时间概念，当前环境下某项资产或负债的历史成本可能是过去环境下该项资产或负债的公允价值，而当前环境下某项资产或负债的公允价值就是未来环境下该项资产或负债的历史成本。

（三）计量属性的应用原则

企业在对会计要素进行计量时，一般应当采用历史成本。采用重置成本、可变现净值、现值、公允价值计量的，应当保证所确定的会计要素金额能够取得并能可靠计量。

【涉税提示】

企业所得税法在确认资产和负债的计税基础时，均要求按照历史成本进行计量，没有特殊规定不得调整资产或负债的计税基础。会计采用不同的计量属性，目的是准确计量各会计要素，向信息使用者提供更加相关可靠的会计信息。当会计核算采用除历史成本之外的其他计量属性进行计量时，因调整会计要素金额而对当期损益产生的影响，在计算企业所得税时，一定要进行相应的纳税调整。

第二节　会计科目

一、会计科目的含义

会计要素是对会计核算内容进行的总括性分类，包括资产、负债、所有者权益、收入、费用、利润六个要素，但是这种分类难以满足各有关方面对会计信息的具体需求。为了全面、系统、连续、分类地记录、反映和监督各项经济业务的发生情况，以及由此而引起的各项会计要素的具体增减变动情况，有必要对各项会计要素作进一步的明细分类。对会计要素的具体内容进行分类核算的科目，称为会计科目。

设置会计科目是复式记账的基础，它使编制、整理会计凭证和设置账簿记录有了依据、编制会计报表有了基础，并能提供全面、统一的会计信息，便于投资人、债权人以及其他会计信息使用者掌握和分析企业财务情况和经营成果。

二、会计科目的设置

会计科目必须根据会计准则和国家统一会计核算制度的规定设置和使用。设置会计科目应遵循下列基本原则：

1. 会计科目的设置要保持会计指标体系的完整和统一，做到既能全面概括反映企业资金的运动情况，以满足国家宏观经济管理的要求和有关各方了解企业财务状况和经营成果的需要，又能适合企业经营活动的特点，满足企业内部经营管理的需要。

2. 会计科目的设置要讲究实用，以便清晰地提供企业管理所需要的资料。

3. 会计科目名称要力求简明扼要，内容确切。每一科目，原则上反映一项经济内容，各科目之间不能互相混淆，以保证核算指标口径一致。

企业在不违反会计准则中确认、计量和报告规定的前提下，可以根据本单位的实际情况自行增设、分拆、合并会计科目。会计科目编号供企业填制会计凭证、登记会计账簿、查阅会计账目、采用会计软件系统参考，企业可结合实际情况自行确定会计科目编号。企业会计准则应用指南所列会计科目表如表 2－5 所示。

表 2－5　　会计科目表

序号	编号	会计科目名称	序号	编号	会计科目名称
一、资产类			13	1131	应收股利
1	1001	库存现金	14	1132	应收利息
2	1002	银行存款	15	1201	应收代位追偿款
3	1003	存放中央银行款项	16	1211	应收分保账款
4	1011	存放同业	17	1212	应收分保合同准备金
5	1015	其他货币资金	18	1231	其他应收款
6	1021	结算备付金	19	1241	坏账准备
7	1031	存出保证金	20	1301	贴现资产
8	1101	交易性金融资产	21	1302	拆出资金
9	1111	买入返售金融资产	22	1303	贷款
10	1121	应收票据	23	1304	贷款损失准备
11	1122	应收账款	24	1311	代理兑付证券
12	1123	预付账款	25	1321	代理业务资产

续表

序号	编号	会计科目名称	序号	编号	会计科目名称
26	1401	材料采购	55	1604	在建工程
27	1402	在途物资	56	1605	工程物资
28	1403	原材料	57	1606	固定资产清理
29	1404	材料成本差异	58	1611	未担保余值
30	1405	库存商品	59	1621	生产性生物资产
31	1406	发出商品	60	1622	生产性生物资产累计折旧
32	1407	商品进销差价	61	1631	油气资产
33	1408	委托加工物资	62	1632	累计折耗
34	1411	周转材料	63	1701	无形资产
35	1421	消耗性生物资产	64	1702	累计摊销
36	1431	贵金属	65	1703	无形资产减值准备
37	1441	抵债资产	66	1711	商誉
38	1451	损余物资	67	1801	长期待摊费用
39	1461	融资租赁资产	68	1811	递延所得税资产
40	1471	存货跌价准备	69	1901	待处理财产损溢
41	1475	合同资产	二、负债类		
42	1481	持有待售资产	70	2001	短期借款
43	1501	持有至到期投资	71	2002	存入保证金
44	1502	持有至到期投资减值准备	72	2003	拆入资金
45	1503	可供出售金融资产	73	2004	向中央银行借款
46	1511	长期股权投资	74	2011	吸收存款
47	1512	长期股权投资减值准备	75	2012	同业存放
48	1521	投资性房地产	76	2021	贴现负债
49	1531	长期应收款	77	2101	交易性金融负债
50	1532	未实现融资收益	78	2201	应付票据
51	1541	存出资本保证金	79	2202	应付账款
52	1601	固定资产	80	2203	预收账款
53	1602	累计折旧	81	2204	合同负债
54	1603	固定资产减值准备	82	2211	应付职工薪酬

续表

序号	编号	会计科目名称	序号	编号	会计科目名称
83	2221	应交税费	109	4002	资本公积
84	2231	应付利息	110	4003	其他综合收益
85	2232	应付股利	111	4101	盈余公积
86	2241	其他应付款	112	4103	本年利润
87	2251	应付保单红利	113	4104	利润分配
88	2261	应付分保账款	114	4201	库存股
89	2311	代理买卖证券款	115	4301	专项储备
90	2312	代理承销证券款	116	4401	其他权益工具
91	2313	代理兑付证券款	五、成本类		
92	2314	代理业务负债	117	5001	生产成本
93	2401	递延收益	118	5002	开发成本
94	2501	长期借款	119	5104	制造费用
95	2502	应付债券	120	5201	劳务成本
96	2601	未到期责任准备金	121	5301	研发支出
97	2602	保险责任准备金	122	5401	工程施工
98	2611	保户储金	123	5402	工程结算
99	2621	独立账户负债	124	5403	机械作业
100	2701	长期应付款	125	5405	合同履约成本
101	2702	未确认融资费用	126	5407	合同结算
102	2711	专项应付款	127	5408	合同取得成本
103	2801	预计负债	六、损益类		
104	2901	递延所得税负债	128	6001	主营业务收入
三、共同类			129	6011	利息收入
105	3101	衍生工具	130	6021	手续费及佣金收入
106	3201	套期工具	131	6031	保费收入
107	3202	被套期项目	132	6041	租赁收入
四、所有者权益类			133	6051	其他业务收入
108	4001	实收资本	134	6061	汇兑损益

续表

序号	编号	会计科目名称	序号	编号	会计科目名称
135	6101	公允价值变动损益	144	6421	手续费及佣金支出
136	6111	投资收益	145	6601	销售费用
137	6115	资产处置损益	146	6602	管理费用
138	6121	其他收益	147	6603	财务费用
139	6301	营业外收入	148	6604	勘探费用
140	6401	主营业务成本	149	6701	资产减值损失
141	6402	其他业务支出	150	6711	营业外支出
142	6403	税金及附加	151	6801	所得税费用
143	6411	利息支出	152	6901	以前年度损益调整

注：表2－5中的会计科目是企业会计准则应用指南中所列示的科目，财政部2006年发布企业会计准则后，于2014年、2017年、2018年、2019年又新颁布了几个具体准则而且又修订了几个具体准则，同时对原企业会计准则应用指南中所列示的一些会计科目进行了修订，具体表现为新增了一些会计科目，如“合同资产”“合同负债”“资产处置收益”“其他收益”等，更改了一些会计科目的名称，如“持有至到期投资”改为“债权投资”；“持有至到期投资减值准备”改为“债权投资减值准备”；“可供出售金融资产”改为“其他债权投资”和“其他权益工具投资”等。

三、会计科目的具体类型

（一）按反映的经济内容分类

会计科目按其反映的经济内容不同，可分为资产类、负债类、共同类、所有者权益类、成本类和损益类。每一类包括的会计科目名称见表2－5。

（二）按反映资料的详细程度分类

会计科目按其反映资料的详细程度分类，可分为总账科目、明细科目。总账科目又称一级科目，它反映各种经济业务的总括情况。明细科目又可分为二级明细科目和三级明细科目。二级明细科目是对总账科目所作的进一步分类，三级明细科目是对二级明细科目的分类。如工业企业中的“原材料”科目属于总账科目，可在该科目下设置“原料及主要材料”“辅助材料”“外购半成品”“修理用备件”“包装材料”“燃料”等二级明细科目，在二级明细科目下可再根据材料的品种、规格、型号分设三级明细科目。

通常，总账科目（即一级科目）的设置由国家会计法规规定，企业可根据法规要求，结合企业的具体实际，设置二级、三级明细科目。

第三节 会计账户

为了系统地核算和监督各项经济业务发生引起的各项会计要素明细项目增减变动的过程和结余情况，为日常的经营管理提供必要的信息，会计核算要求设置账户，通过账户对企业发生的经济业务进行系统的归类和记录，为编制会计报表提供依据。

一、会计账户的含义

会计账户是用以记录经济业务，整理、汇集会计数据资料，提供会计核算具体信息的工具。它是根据会计科目开设的，具有一定结构，在会计账簿中具有一定格式的记账实体。

会计账户与会计科目是既有联系又有区别的两个概念。二者的联系表现在它们都是分类反映会计要素具体内容的，会计科目是设置账户的依据，是会计账户的名称；会计账户是会计科目的具体运用，会计科目所反映的经济内容，就是会计账户所要登记的内容。二者的区别在于：一是概念不同。会计科目只是对会计要素具体内容分类的结果，而会计账户是记录发生经济业务而引起的会计要素具体内容增减变化的场所。二是表现形态不同。会计科目仅是一种分类的标志，本身没有结构，不能记录和反映经济业务的内容；而会计账户则有相应的结构，能够记录和反映经济业务的增减变化情况及结果。

二、会计账户的设置

设置并运用账户，是会计核算方法体系中的重要环节，也是应用复式记账的前提条件，因此，各企业在会计核算中必须依据会计科目开设账户。一方面，应当根据会计科目按经济内容分类开设账户；另一方面，应当根据会计科目所提供核算指标的详细程度分别开设总分类账户和明细分类账户，以全面反映会计要素的具体内容，为企业管理提供各种各样的核算资料。

三、会计账户的基本结构

会计账户具有一定的结构，账户的结构，是指账户的格式。账户的基本格式一般应包括以下内容：账户的名称（会计科目）、日期和凭证号数（用以说明账户记录的日期及来源）、摘要（概括说明经济业务的内容）、增加和减少的金额、借贷方向余额。

账户的一般格式见表2-6。

表2-6　　借贷记账法下账户的一般格式

账户名称（会计科目）　　　　第　页

日期	凭证号数	摘要	借方（金额）	贷方（金额）	借或贷（方向）	余额

上列账户借、贷方金额栏，根据该账户所记录的经济内容，一方记录增加额，另一方记录减少额，增减金额相抵后的差额，称为账户余额。通过账户记录的金额可以提供期初余额、本期增加额、本期减少额和期末余额四个核算指标。

期初余额，是指上期期末余额转入本期的金额。

本期增加额，也称本期增加发生额，是指一定时期（如月度、季度或年度）内账户所登记的增加金额的合计数。

本期减少额，也称本期减少发生额，是指一定时期（如月度、季度或年度）内账户所登记的减少金额的合计数。

期末余额，在没有期初余额的情况下，是指本期增加发生额和本期减少发生额相抵后的差额。在有期初余额的情况下，期末余额应为期初余额加上本期增加发生额之和，与本期减少发生额相抵后的差额。它反映了四个核算指标之间的数量关系，可以用下列等式表示：

期末余额=期初余额+本期增加发生额-本期减少发生额

为了研究方便，常常使用一种简化的账户格式，该格式只突出账户基本结构：左方、右方，其他部分略去。该简化格式形似英文字母T，所以被称为

“T”字形账户，如图 2－2 所示。

图 2－2　简化账户格式示意

每个账户的本期增加发生额和本期减少发生额都应分别计入该账户左右两方的金额栏。至于如何标记账户左方与右方的名称，用哪一方登记增加金额，用哪一方登记减少金额，则取决于所采用的记账方法和该账户所记录的经济内容。

第三章　会计记账方法

【本章提要】本章主要介绍借贷记账法的原理及其具体运用，是会计理论的重点内容。

确定了会计科目、设置了会计账户之后，还需要选择和运用一定的方法，将各项经济业务的发生情况登记到相关会计账户中。税务人员通过掌握会计记账方法，可以从多个角度对纳税人提供的数据进行检查和验证，更全面地了解企业的经营活动，加强涉税方面的监管。

第一节　复式记账原理

一、记账方法

记账方法，是指根据一定的原理、记账符号、记账规则，采用一定的计量单位，利用文字和数字记录经济业务的方法。

记账方法按记账方式的不同，可分为单式记账法和复式记账法两大类。

单式记账法是对每笔经济业务只在一个账户中进行记录的方法，一般只记录现金和银行存款的收付以及应收、应付等往来款项。单式记账法下账户的设置不完整，账户之间缺乏逻辑联系。因此，单式记账法是一种比较简单、不完整、不科学的记账方法。

复式记账法是对发生的每笔经济业务，都必须以相等的金额，同时在两个或两个以上的账户中相互联系地进行登记，借以反映资金运动的来龙去脉的一种记账方法。会计发展到一定程度之后，复式记账法因自身的优点能满足信息使用者的各方面需求而被普遍采用。

【例 3－1】 新荣公司购入 2 吨材料，支付总价款 4 000 元（不考虑增值税）。这项经济业务一方面使该公司的材料增加了 4 000 元，另一方面使该公司的银行存款减少了 4 000 元。按复式记账法要求，新荣公司应在“原材料”账户和“银行存款”账户上同时登记该项业务。

复式记账法按照记账符号的不同，又可分为借贷记账法、增减记账法和收付记账法三种。借贷记账法是国际上通用的复式记账法，根据《企业会计准则——基本准则》第十一条规定，企业应当采用借贷记账法记账。根据《政府会计准则——基本准则》第十条规定，政府会计核算应当采用借贷记账法记账。

二、复式记账的理论依据——会计等式

复式记账法的基本理论依据是“资产 = 负债 + 所有者权益”这一会计等式，该等式反映了会计要素间的平衡关系原理。

在经济活动中，可能发生的经济业务是千变万化、多种多样的。这些经济业务的发生将引起资产、负债和所有者权益等会计要素项目之间的增减变动，但不管怎样变化，资产总量总是与权益总量（包括负债和所有者权益）相等。其增减变化对会计等式的影响不外乎以下四种情况：

（1）资产和权益双方同时等额增加；

（2）资产和权益双方同时等额减少；

（3）资产内部有增有减，增减的金额相等；

（4）负债及所有者权益内部有增有减，增减的金额相等。

上述四种情况对会计等式的影响又可归为两大类：一类是经济业务发生，资金总额发生变动，使会计等式两边的会计要素项目发生数额相等的同增或同减变化，如上述的第（1）、（2）种情况；另一类是经济业务发生，资金总额不发生变动，只涉及会计等式某一方的会计要素项目发生数额相等的有增有减变化，如上述的第（3）、（4）种情况。

由此可见，任何一项经济业务的发生，都必然会对会计等式中至少两个会计要素项目产生数额相等的影响，并且这种影响不会改变会计等式的成立。因此，为了如实、全面地反映经济业务的这种规律性，客观上要求会计记账时必须通过两个或两个以上账户，相互联系地将经济业务发生所引起的会计要素项目的变动数额记录下来。

第二节　借贷记账法

一、借贷记账法的含义和记账符号

借贷记账法是以“资产＝负债＋所有者权益”为理论依据，以“借”和“贷”为记账符号，以“有借必有贷，借贷必相等”为记账规则，反映会计要素增减变动情况的一种复式记账法。它对于任何一项经济业务，都必须在有关的至少两个账户中进行全面的、相互联系的记录，一方面计入一个或几个账户的借方，另一方面计入一个或几个账户的贷方，计入借方的数额与计入贷方的数额相等。

借贷记账法以“借”“贷”作为记账符号，来反映经济业务所引起的会计要素具体内容增减变化的情况。

借贷记账法使用的“借”“贷”二字，已同汉字的本意脱节，演变成为单纯的记账符号，变成会计学中的专门术语。

二、借贷记账法下各类账户的结构

在借贷记账法下，任何账户都分为借方和贷方两个基本部分，账户的一般格式可用“T”字形账户的形式表示，通常左方为借方，右方为贷方，如图3－1所示。

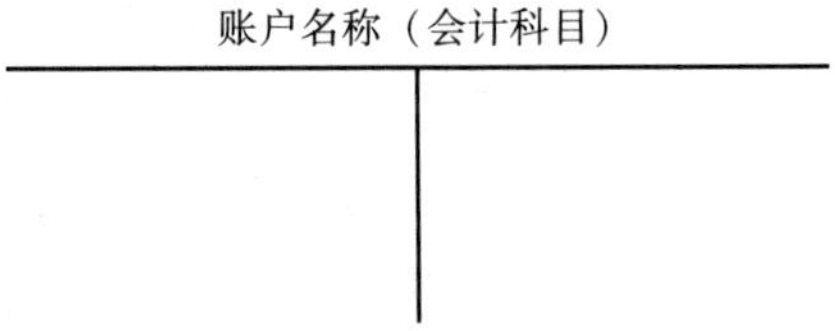

图3－1　借贷记账法下简化账户结构

采用借贷记账法时，所有账户的借方和贷方都要按相反的方向记录其增减变动，即一方登记增加金额，另一方登记减少金额。对于一个账户来说，如果规定借方用来登记增加额，则贷方就用来登记减少额；如果规定贷方用来登记增加额，则借方就用来登记减少额。至于哪一方登记增加金额，哪一方登记减少金额，则取决于各账户的性质。账户的性质是由各账户所反映的经济内容决定的。

由于资产反映企业资金存在的情况，负债和所有者权益反映企业资金对应的权益情况，即资产、负债和所有者权益反映的是同一资金的两个方面。因此，在资产类、负债类与所有者权益类账户中应用两个相反的方向来登记它们的增加额或减少额。长期以来，人们习惯在资产类账户中用借方登记它的增加额，贷方登记它的减少额；而在负债类和所有者权益类账户中，用贷方登记增加额，借方登记减少额。

由于企业取得的收入和发生的费用，最终会导致所有者权益发生变化。根据“资产 = 负债 + 所有者权益”的会计等式，收入的增加可视同所有者权益的增加，费用的增加可视同所有者权益的减少。这就决定了收入类账户的结构与所有者权益类账户的结构保持一致，成本与费用类账户的结构与资产类账户的结构保持一致。

（一）资产类账户结构

资产类账户结构是账户的借方登记增加额，贷方登记减少额，资产类账户若有期末（期初）余额，其期末（期初）余额一般在借方，表示期末（期初）资产的实有数。每一个会计期间借方记录的金额合计称为本期借方发生额，贷方记录的金额合计称为本期贷方发生额。资产类账户结构如图 3 – 2 所示。

借方	账户名称（会计科目）		贷方
期初余额	×××		
本期借方发生额	×××	本期贷方发生额	×××
期末余额	×××		

图 3 – 2　资产类账户结构

资产类账户的期末余额可根据下列公式计算：

期末借方余额 = 期初借方余额 + 本期借方发生额 – 本期贷方发生额

（二）负债类和所有者权益类账户结构

负债类和所有者权益类的账户结构是账户的贷方登记增加额，借方登记减少额，负债类和所有者权益类账户若有期末（期初）余额，其期末（期初）余额一般在贷方，表示负债和所有者权益的期末（期初）实有数。负债类和所有者权益类账户结构如图 3－3 所示。

借方		账户名称（会计科目）	贷方
		期初余额	×××
本期借方发生额	×××	本期贷方发生额	×××
		期末余额	×××

图 3－3　负债类和所有者权益类账户结构

负债类和所有者权益类账户的期末余额可根据下列公式计算：

期末贷方余额＝期初贷方余额＋本期贷方发生额－本期借方发生额

（三）成本与费用类账户结构

成本与费用类账户结构与资产类账户结构一致，因而，成本与费用类账户的借方登记其增加额，贷方登记其减少额。由于企业发生的各种费用支出会导致利润减少，因此，期末应将费用类账户的发生额转入“本年利润”账户，结转后费用类账户期末一般没有余额。成本类账户期末若有余额，表示期末未完工产品的成本。成本与费用类账户结构如图 3－4 所示。

借方		账户名称（会计科目）	贷方
本期借方发生额	×××	本期贷方发生额	×××
		期末结转额	×××
期末余额	×××		

图 3－4　成本与费用类账户结构

（四）收入类账户结构

收入类账户结构与所有者权益类账户结构一致，因而，收入类账户的贷方登记收入的增加额，借方登记收入的减少额或转销额。企业的各种收入是利润增加的主要因素，因此，期末收入的增加额减去收入的减少额后的差额，应转入“本年利润”账户的贷方。结转后，收入类账户期末没有余额。收入类账户结构如图 3－5 所示。

借方	账户名称（会计科目）		贷方
本期借方发生额	×××	本期贷方发生额	×××
期末结转额	×××		

图 3－5　收入类账户结构

采用借贷记账法时，根据需要还可以设置一些双重性质的账户，如往来结算账户。这些账户的性质并不确定，根据账户期末余额的方向来确定账户的性质。如果是借方余额，则为资产类账户；如果是贷方余额，则为负债类账户。

根据以上各类账户结构的说明，可以将账户借方和贷方所记录的经济内容加以归纳，各类账户结构说明如图 3－6 所示。

借方　　　　账户名称（会计科目）	贷方
资产增加	资产减少
成本、费用增加	成本、费用转出
负债减少	负债增加
所有者权益减少	所有者权益增加
收入转出	收入增加
期末余额：资产余额	期末余额：负债及所有者权益余额

图 3－6　各类账户结构说明

收入和费用类账户本期发生额反映的是企业一个会计期间实现的收入和发生的费用，期末要将所记录的金额全部转入“本年利润”账户，结转后两类账户均无余额。

在分析收入或者费用的涉税问题时，如果需要获取收入或者费用的信息，要查找这些账户的发生额，而不是根据账户余额计算，因为这些账户期末无余额。例如，《纳税评估管理办法（试行）》（国税发〔2005〕43 号）附件 1

所列的纳税评估通用指标“主营业务成本变动率”，其计算公式为：主营业务成本变动率 =（本期主营业务成本 - 基期主营业务成本）÷ 基期主营业务成本 ×100%，公式中“主营业务成本”项目的数据就是基期和本期“主营业务成本”账户的借方发生额。

三、借贷记账法的记账规则

根据复式记账原理，运用借贷记账法记账时，对每项经济业务必须以相等金额，一方面计入一个或几个有关账户的借方，另一方面计入一个或几个有关账户的贷方，计入借方账户与贷方账户的数额必然相等，即“有借必有贷，借贷必相等”，这就是借贷记账法的记账规则。下面举例说明借贷记账法的记账规则。

【例 3 - 2】联兴公司收到投资者投入的厂房一栋，价值 50 万元。

这项经济业务的发生，一方面使联兴公司的固定资产这一资产项目增加了 50 万元，另一方面使联兴公司的实收资本这一所有者权益项目增加了 50 万元。因此，这项经济业务涉及“固定资产”和“实收资本”两个账户。“固定资产”是资产类账户，金额增加应记在“固定资产”账户的借方；“实收资本”是所有者权益账户，金额增加应记在“实收资本”账户的贷方。这项经济业务记账的结果如图 3 - 7 所示。

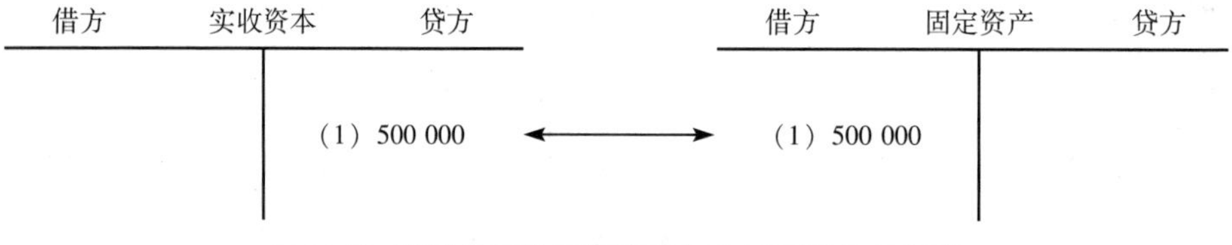

图 3 - 7　联兴公司收到投资者投入厂房的业务记账

【例 3 - 3】富华公司从银行借入短期借款 10 万元。

这项经济业务的发生，一方面使富华公司的银行存款这一资产项目增加了 10 万元，另一方面使富华公司的短期借款这一负债项目增加了 10 万元。因此，这项经济业务涉及“银行存款”和“短期借款”两个账户。“银行存款”是资产类账户，金额增加应记在“银行存款”账户的借方；“短期借款”是负债账户，金额增加应记在“短期借款”账户的贷方。这项经济业务记账的结果如图 3 －8 所示。

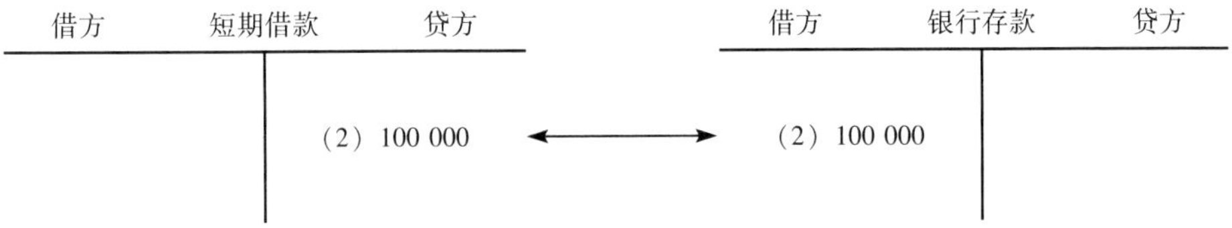

图 3 －8　富华公司从银行借入短期借款的业务记账

【**例 3 －4**】四季公司从银行提取现金 5 000 元。

这项经济业务的发生，一方面使四季公司的现金这一资产项目增加了 5 000 元，另一方面使四季公司的银行存款这一资产项目减少了 5 000 元。因此，这项经济业务涉及“库存现金”和“银行存款”两个账户。“库存现金”和“银行存款”都是资产类账户，现金的增加应记在“库存现金”账户的借方；银行存款的减少应记在“银行存款”账户的贷方。这项经济业务记账的结果如图 3 －9 所示。

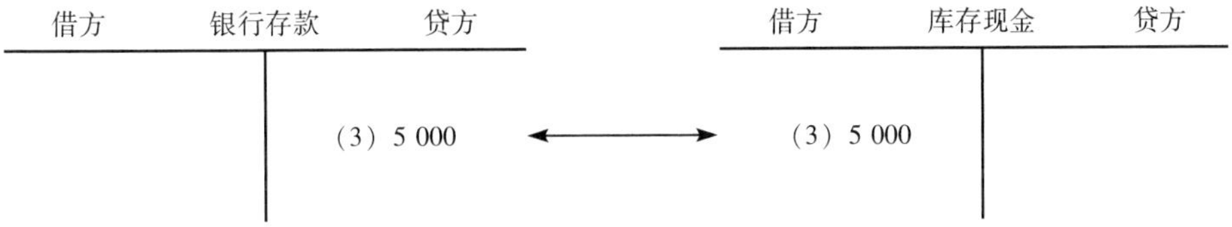

图 3 －9　四季公司从银行提取现金的业务记账

【**例 3 －5**】丰裕公司以银行存款 8 万元偿还前欠外单位货款。

这项经济业务的发生，一方面使丰裕公司的银行存款这一资产项目减少了 8 万元，另一方面使丰裕公司的应付账款这一负债项目减少了 8 万元。因此，这项经济业务涉及“银行存款”和“应付账款”两个账户。“应付账款”是负债类账户，应付账款的减少，应记在“应付账款”账户的借方。这项经济业务记账的结果如图 3 －10 所示。

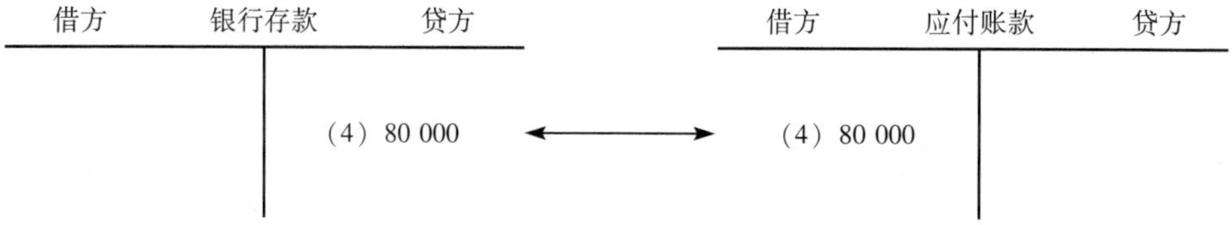

图 3－10　丰裕公司偿还前欠外单位货款的业务记账

综合以上四种类型的经济业务，不难发现每一项经济业务的发生，都会同时影响到有些账户的借方和有些账户的贷方，而且计入借方的金额同计入贷方的金额相等。

四、编制会计分录

（一）借贷记账法下账户对应关系

运用借贷记账法记录经济业务时，根据“有借必有贷，借贷必相等”的记账规则，对每项经济业务都要在两个或两个以上账户的借方和贷方相互联系地进行反映。这些账户之间形成了一定的关系，这种关系称为账户的对应关系，存在对应关系的账户称为对应账户。

（二）会计分录

会计分录，是指按照复式记账的要求，对每项经济业务以账户名称、记账方向和金额，反映账户间对应关系的记录。在借贷记账法下，会计分录，是指对每笔经济业务列示其应借、应贷的账户名称及其金额的一种记录。

在会计实际工作中，为了保证账户记录的正确性，在将经济业务计入账户之前，应根据经济业务发生时所取得的原始凭证，先确定经济业务所涉及的账户及应记的借贷方向和金额，编制会计分录。

会计分录应包括以下内容：

（1）一组对应的记账符号：借方和贷方；

（2）所涉及两个或两个以上的账户的名称；

（3）借贷双方的相等金额。

由此可见，会计分录包括三个要素：账户名称、记账方向和记账金额。

编制会计分录，一般要经过以下步骤：

（1）首先要分析确定该项经济业务的内容涉及的对应账户名称及其账户

性质；

（2）根据该项经济业务引起的会计要素的增减变化和账户结构，确定对应账户的记账方向和金额；

（3）根据“有借必有贷，借贷必相等”的记账规则，检查会计分录是否正确。

书写会计分录时，要求“借”在上、“贷”在下，“借”“贷”错开两格，金额分排两列，金额后面不必写单位“元”。

【例3－6】【例3－2】至【例3－5】资料中的经济业务可分别编制会计分录如下：

借：固定资产　　500 000
　　贷：实收资本　　500 000

借：银行存款　　100 000
　　贷：短期借款　　100 000

借：库存现金　　5 000
　　贷：银行存款　　5 000

借：应付账款　　80 000
　　贷：银行存款　　80 000

会计分录按其所反映经济业务的复杂程度，可以分为简单会计分录和复合会计分录两种。

简单会计分录，是指只涉及一个账户借方和另一个账户贷方的会计分录，即一借一贷的会计分录。这种分录科目的对应关系一目了然，上述四笔会计分录均为简单会计分录。

复合会计分录亦称“复杂分录”，是指需由三个或三个以上对应账户所组成的会计分录，即一借多贷、一贷多借或多借多贷的会计分录。

需要注意的是，复合会计分录实际上是由几个简单会计分录合并组成的，因而必要时可以将其分解为若干个简单会计分录。

不允许把反映不同类型的经济业务合并编制“多借多贷”的会计分录。

【例3－7】兴华公司是增值税一般纳税人，以银行存款支付购进材料价款10 000元和增值税进项税额1 300元，材料验收入库。这项业务记账结果如图3－11所示。

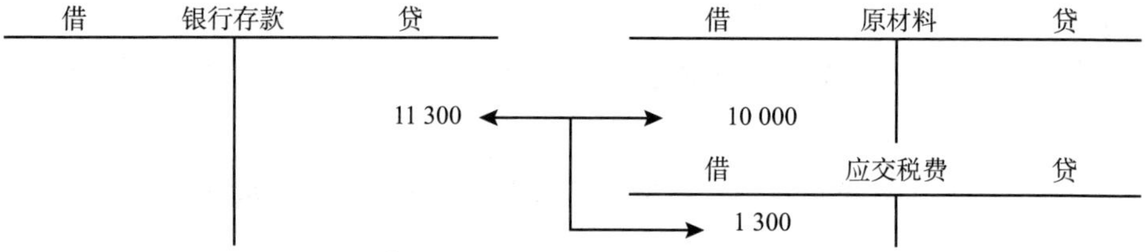

图 3－11　兴华公司购进材料的业务记账结果

兴华公司购买材料支付买价应增加原材料的成本，登记在“原材料”账户的借方，在购买材料过程中，取得增值税专用发票，符合税法规定条件的增值税进项税额可以抵扣，登记在“应交税费”相关明细账户的借方。由于兴华公司支付了银行存款 11 300 元，因而在“银行存款”账户的贷方登记。

对于这笔经济业务，会计人员应编制的会计分录如下：

借：原材料　　10 000

　　应交税费——应交增值税（进项税额）　　1 300

　　贷：银行存款　　11 300

【例 3－8】联丰公司是增值税一般纳税人，销售一批货物，根据合同约定联丰公司将货物发出并向购买方开出增值税专用发票，发票注明交易价格 40 000 元，增值税税额 5 200 元。月末收到买方支付的全部价款，收存银行。这批货物的生产成本为 31 000 元。这项业务记账结果如图 3－12、图 3－13 所示。

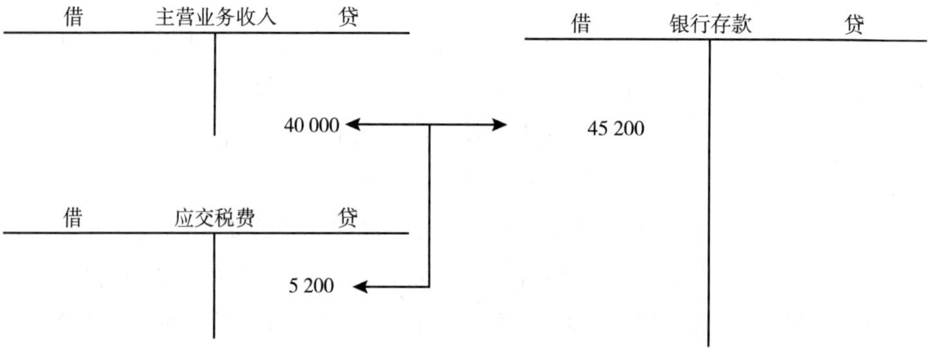

图 3－12　联丰公司销售货物的业务记账结果（一）

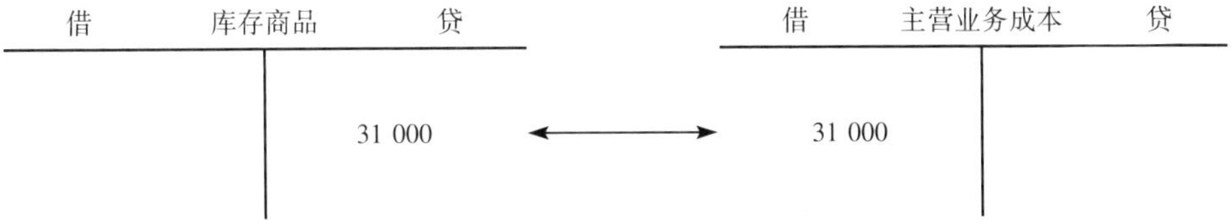

图 3－13　联丰公司销售货物的业务记账结果（二）

联丰公司销售产品收到的货款中，一部分是真正实现的收入，另一部分是暂收款，是本期应该缴纳的增值税。所以在记入“银行存款”账户的借方表示银行存款增加的同时，还要确认实现的收入金额和应缴的增值税税额，分别记入“主营业务收入”和“应交税费”账户的贷方，表示收入的增加和负债的增加。此外，因为商品已经出售，资产减少了，这项资产的减少导致利润的减少，所以要确认一项费用，记入“主营业务成本”账户的借方，同时减少的库存商品的账面价值，记入“库存商品”账户的贷方。

对于这笔经济业务，会计人员应编制以下两笔会计分录：

借：银行存款　　45 200

　　贷：主营业务收入　　40 000

　　　　应交税费——应交增值税（销项税额）　　5 200

借：主营业务成本　　31 000

　　贷：库存商品　　31 000

【涉税提示】

借贷记账法是税务人员必须掌握的会计基础知识。通过对账户结构的熟悉、对账户对应关系的了解，税务人员能够增强对会计信息正确性的判断能力。因为在借贷记账法下，各类账户余额的方向是有规律的，账户之间应借、应贷的对应关系也是确定的。税务人员可以根据账户余额方向的异常和异常的账户对应关系发现问题。因此，税务人员熟练掌握借贷记账法，可以在税务检查过程中灵活运用各种查账技巧，提高查账技能。

五、试算平衡

试算平衡是根据资产和权益之间的平衡关系以及记账规则来检查各个账户的记录是否正确的一种验证方法。在借贷记账法下，试算平衡有发生额试算平衡法和余额试算平衡法两种方法。

（一）发生额试算平衡

在借贷记账法下，根据“有借必有贷，借贷必相等”的记账规则，每一项经济业务所编制的会计分录，借、贷两方的发生额必然相等。将一定时期（如10天或1个月）内反映全部经济业务的所有会计分录，都计入有关账户后，所有账户的本期借方发生额合计数与所有账户的本期贷方发生额合计数也必然相等，即：

全部账户本期借方发生额合计 = 全部账户本期贷方发生额合计

（二）余额试算平衡

在借贷记账法下，根据“资产 = 负债 + 所有者权益”，各项资产余额的总和必然等于各项负债和所有者权益余额的总和。因此，所有账户借方余额合计与所有账户贷方余额合计必然相等，即：

全部账户期末借方余额合计 = 全部账户期末贷方余额合计

由于当期的期初余额是由上期期末余额结转而来，因此，还可以得出借贷记账法期初余额平衡公式，即：

全部账户期初借方余额合计 = 全部账户期初贷方余额合计

借贷记账法下试算平衡通常是通过编制试算平衡表进行的。

六、借贷记账法应用举例

【例3－9】华丰企业2023年3月31日账户余额情况见表3－1。

表3－1　华丰企业账户余额情况

2023年3月31日　单位：元

会计科目	期末余额	
	借方	贷方
库存现金	1 000	
银行存款	40 000	
应收账款	3 000	

续表

会计科目	期末余额	
	借方	贷方
原材料	142 000	
固定资产	140 000	
短期借款		66 000
应付票据		
应付账款		20 000
实收资本		240 000
合计	326 000	326 000

华丰企业 2023 年 4 月发生以下经济业务：

（1）收到投资者投入资本 30 000 元，存入银行。

这项经济业务涉及的对应账户，一个是资产类的“银行存款”账户，另一个是所有者权益类的“实收资本”账户。两类账户同时增加，根据“有借必有贷，借贷必相等”的记账规则编制会计分录如下：

借：银行存款　　30 000

　　贷：实收资本　　30 000

（2）以银行存款 50 000 元偿还银行短期借款。

这项经济业务涉及的对应账户，一个是资产类的“银行存款”账户，另一个是负债类的“短期借款”账户。两类账户同时减少，根据“有借必有贷，借贷必相等”的记账规则编制会计分录如下：

借：短期借款　　50 000

　　贷：银行存款　　50 000

（3）签发 10 000 元的商业汇票偿还前欠应付账款。

这项经济业务涉及的对应账户，一个是负债类的“应付票据”，另一个是负债类的“应付账款”。该项业务使“应付票据”账户增加，应计入该账户的贷方；同时，使“应付账款”账户减少，应计入该账户的借方。根据记账规则，编制会计分录如下：

借：应付账款　　10 000

　　贷：应付票据　　10 000

（4）收到客户偿还的前欠货款 3 000 元。

这项经济业务涉及的对应账户，一个是资产类的“应收账款”，另一个是资产类的“银行存款”。该项业务使华丰企业资产类账户“银行存款”增加 3 000 元；同时，使资产类账户“应收账款”减少 3 000 元。根据记账规则，资产类账户有增有减，增减金额相等。编制会计分录如下：

借：银行存款　　3 000

　　贷：应收账款　　3 000

会计人员对各项经济业务编制会计分录以后，应根据会计分录计入有关账户，这个记账步骤通常称为“过账”。过账以后，一般要在月终进行结账，即结出各账户的本期发生额合计和期末余额。具体结果如图 3－14 至图 3－22 所示。

借方		库存现金	贷方
期初余额	1 000		
本期增加额	0	本期减少额	0
本期发生额	0	本期发生额	0
期末余额	1 000		

图 3－14　华丰企业库存现金月终结账

借方		银行存款	贷方
期初余额	40 000		
本期增加额	（1） 30 000	本期减少额	（2） 50 000
	（4） 3 000		
本期发生额	33 000	本期发生额	50 000
期末余额	23 000		

图 3－15　华丰企业银行存款月终结账

借方	应收账款		贷方
期初余额	3 000		
本期增加额	0	本期减少额	（4）3 000
本期发生额	0	本期发生额	3 000
期末余额	0		

图 3－16　华丰企业应收账款月终结账

借方	原材料		贷方
期初余额	142 000		
本期增加额	0	本期减少额	0
本期发生额	0	本期发生额	0
期末余额	142 000		

图 3－17　华丰企业原材料月终结账

借方	固定资产		贷方
期初余额	140 000		
本期增加额	0	本期减少额	0
本期发生额	0	本期发生额	0
期末余额	140 000		

图 3－18　华丰企业固定资产月终结账

借方	短期借款		贷方
		期初余额	66 000
本期减少额	（2）50 000	本期增加额	0
本期发生额	50 000	本期发生额	0
		期末余额	16 000

图 3－19　华丰企业短期借款月终结账

借方	应付票据		贷方
		期初余额	0
本期减少额	0	本期增加额	（3）10 000
本期发生额	0	本期发生额	10 000
		期末余额	10 000

图 3－20　华丰企业应付票据月终结账

借方		应付账款	贷方
		期初余额	20 000
本期减少额	（3） 10 000	本期增加额	0
本期发生额	10 000	本期发生额	0
		期末余额	10 000

图 3－21　华丰企业应付账款月终结账

借方		实收资本	贷方
		期初余额	240 000
本期减少额	0	本期增加额	（1） 30 000
本期发生额	0	本期发生额	30 000
		期末余额	270 000

图 3－22　华丰企业实收资本月终结账

会计人员在“过账”“结账”后，还要进行试算平衡，以检查其记账是否正确。试算平衡通常通过编制“试算平衡表”进行，具体结果见表 3－2。

表 3－2　　本期发生额及余额试算平衡表

2023 年 4 月 30 日　　单位：元

会计科目	期初余额		本期发生额		期末余额	
	借方	贷方	借方	贷方	借方	贷方
库存现金	1 000				1 000	
银行存款	40 000		33 000	50 000	23 000	
应收账款	3 000			3 000		
原材料	142 000				142 000	
固定资产	140 000				140 000	
短期借款		66 000	50 000			16 000
应付票据				10 000		10 000
应付账款		20 000	10 000			10 000
实收资本		240 000		30 000		270 000
合计	326 000	326 000	93 000	93 000	306 000	306 000

通过表 3－2 可以看出，所有账户期初借方、贷方余额合计数均为 326 000 元；本期借方、贷方发生额合计数都是 93 000 元；期末借方、贷方余额合计数都是 306 000 元，各自保持平衡。

试算平衡通过借贷金额是否平衡来检查账户记录是否正确。如果借贷不平衡，可以肯定账户的记录和计算有错误。但是即使借贷平衡，也并不能肯定记账没有错误。因为有些错误并不影响借贷双方的平衡关系，例如，某项经济业务被漏记或重记；某项经济业务用错了账户，或应借、应贷的方向被颠倒；对某项经济业务，计入有关账户的借贷金额出现等额多记或少记的错误；等等。因此，即使试算平衡结果是正确的，还需要进一步对会计记录进行日常或定期的复核，以保证账户记录的正确性。

第四章　会计基本业务的核算

【本章提要】 本章以富强公司资金运动过程中的基本业务为例，运用会计理论，讲述该公司基本经济业务的核算方法。

通过本章内容的学习，税务人员可建立起对会计知识综合运用的整体框架，加深对会计核算方法的理解，为进一步学习和理解本书后续内容打下良好的基础。同时帮助税务人员明晰会计与税收之间的密切联系，充分认识会计信息是获取税收信息的重要来源，以及会计知识学习对税收工作的重要性。

第一节　筹资与投资业务的核算

一、筹资业务的核算

企业进行生产经营活动，必须拥有一定数量的资金，资金来源主要有两个渠道：一是接受投资人投入资金；二是向债权人举债借入资金。投资人投入资金的形式可以是货币资金，也可以是非货币性资金，包括投入固定资产、原材料、无形资产等。向债权人举债，既可以向金融机构直接借入，也可以发行债券。

（一）筹资业务核算需要设置的主要账户

核算筹资业务需要设置的主要账户包括“实收资本”“资本公积”“短期借款”“长期借款”等，接受投资或借入资金还会涉及各种资产类账户，如“固定资产”“原材料”“无形资产”等，本节介绍其中部分账户，学习筹资业务的简单会计核算。

1. 实收资本

“实收资本”账户属于所有者权益类账户，用来核算投资人投入企业的资本。企业实际收到投资人投入的资产时，登记在该账户的贷方，投资人收回投资时登记在该账户的借方，期末账户余额在贷方，表示投入企业的资本总额。

该账户按照投资人设置明细账，进行明细核算。

股份有限公司性质的企业，设置“股本”账户核算投资人投入企业的资本。

2. 银行存款

“银行存款”账户属于资产类账户，用来核算企业存入银行或其他金融机构的各种存款。该账户借方登记企业银行存款的增加，贷方登记银行存款的减少，期末账户借方余额反映企业实际存在银行或其他金融机构的款项。

3. 固定资产

“固定资产”账户属于资产类账户，用来核算企业固定资产的原值。固定资产，是指为生产商品、提供劳务、出租或经营管理而持有的，使用寿命超过一个会计年度的有实物形态的资产，具体包括房屋、建筑物、机器、机械、运输工具以及其他与生产、经营有关的设备、器具、工具等。

固定资产应按其取得时的成本入账。取得的成本包括买价、进口关税、不能抵扣的增值税进项税额、运输和保险等相关费用，以及为使固定资产达到预定可使用状态前所发生的必要支出。

“固定资产”账户借方登记增加的固定资产原始价值，贷方登记因实物减少而减少的固定资产原始价值，期末账户余额在借方，表示企业拥有的固定资产原始价值。

4. 短期借款

“短期借款”账户属于负债类账户，核算企业向银行或其他金融机构等借入的期限在 1 年以下（含 1 年）的各种借款。该账户贷方登记短期借款的增加，借方登记短期借款的减少，即偿还的短期借款，期末账户余额在贷方，表示尚未偿还的短期借款总数。

该账户应按债权人设置明细账，并按借款种类进行明细核算。

（二）筹资业务核算例解

本章以富强公司为例，假设富强公司2023年度发生的部分业务如下，向读者介绍相关业务的会计处理方法。

【例4－1】 富强公司为增值税一般纳税人，会计核算执行《企业会计准则》。富强公司2023年6月8日注册成立时，接受文明公司投资100 000元，存入银行。

富强公司接受文明公司的投资后，一方面增加富强公司的银行存款，登记在“银行存款”账户的借方；另一方面增加实收资本，登记在“实收资本”账户的贷方。

应编制会计分录：

借：银行存款　　100 000

　　贷：实收资本——文明公司　　100 000

【例4－2】 和谐公司以一台全新的设备向富强公司投资，设备含税公允价值900 000元，和谐公司提供的是增值税普通发票。

富强公司接受和谐公司固定资产投资，一方面增加富强公司的实收资本，登记在“实收资本”账户的贷方；另一方面增加富强公司的固定资产，登记在“固定资产”账户的借方。

应编制会计分录：

借：固定资产　　900 000

　　贷：实收资本——和谐公司　　900 000

【例4－3】 富强公司向商业银行借入期限6个月的借款250 000元，存入银行。

富强公司向银行借款，会增加富强公司的负债，应登记在“短期借款”账户的贷方，同时又会增加富强公司的银行存款，应登记在“银行存款”账户的借方。

应编制会计分录：

借：银行存款　　250 000

　　贷：短期借款　　250 000

二、投资业务的核算

（一）投资业务核算需设置的主要账户

核算投资业务需要设置的主要账户包括“交易性金融资产”“长期股权投资”“债权投资”等，本节仅介绍“交易性金融资产”账户，学习投资业务的简单会计核算。

“交易性金融资产”账户属于资产类账户，用来核算企业为近期出售所持有的债券投资、股票投资、基金投资等投资资产，企业将其分类为以公允价值计量且其变动计入当期损益的金融资产的增减变动及结存情况。该账户借方登记以公允价值计量且其变动计入当期损益的金融资产的增加，贷方登记因转让而减少的以公允价值计量且其变动计入当期损益的金融资产，该账户期末余额在借方，反映企业持有的以公允价值计量且其变动计入当期损益的金融资产的公允价值。

该账户可按投资的类别和品种进行明细核算。

（二）投资业务核算例解

【例4－4】富强公司购买申达公司股票，确认为以公允价值计量且其变动计入当期损益的金融资产，支付价款50 000元。

富强公司用闲置的货币资金购买股票，可能给富强公司带来额外的收益。富强公司购买股票后一方面增加投资资产，记入“交易性金融资产”账户的借方，另一方面减少富强公司的银行存款，记入“银行存款”账户的贷方。

应编制会计分录：

借：交易性金融资产——申达股票　　50 000

　　贷：银行存款　　50 000

综合上述举例，筹资与投资业务核算中各账户之间关系如图4－1所示。

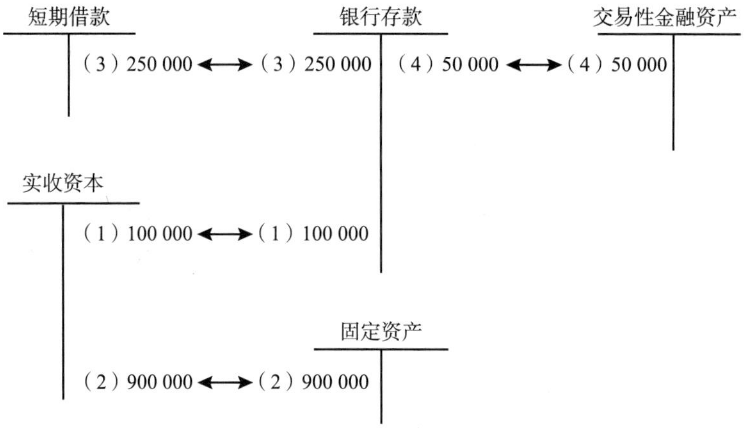

图 4－1　筹资与投资业务核算

第二节　购买和支付业务的核算

一、材料采购业务的核算

材料采购业务包括购进材料、材料验收入库、支付货款等。

企业采购材料，应按其发生的实际成本确认初始入账价值，增值税一般纳税人购进货物时若取得增值税专用发票，符合规定的增值税进项税额允许抵扣，不计入材料成本。

（一）材料采购业务核算需设置的主要账户

1. 在途物资

“在途物资”账户属于资产类账户，用来核算企业购入材料、商品等物资的采购成本。该账户借方登记购入物资（材料、商品）时支付的买价及采购费用，贷方登记已完成验收入库手续，验收入库的各种物资的实际成本，期末余额在借方，反映企业尚未验收入库的材料或商品等物资的采购成本。

2. 原材料

“原材料”账户属于资产类账户，用来核算企业库存的各种材料，包括原料及主要材料、辅助材料、外购半成品、包装材料、燃料等的成本。该账户的借方登记各种已验收入库材料的实际成本，贷方登记库存材料发出、领用的实际成本，期末余额在借方，表示企业库存各种材料的实际成本。

该账户应按材料的保管地点（仓库）、材料的类别、品种和规格设置材料明细账，并根据收料凭证和发料凭证逐笔登记。企业应设置数量金额式的材料明细账。

3. 应付账款

“应付账款”账户属于负债类账户，用来核算企业因购买材料、商品，接受劳务等经营活动应支付的款项。该账户贷方登记应付账款的增加，借方登记已偿还的欠款，一般期末余额在贷方，反映尚未支付的应付账款余额。

该账户应按债权人设置明细账，进行明细核算。

4. 应交税费

“应交税费”账户属于负债类账户，用来核算企业按照税法等规定计算应缴纳的各种税费，包括增值税、消费税、企业所得税、资源税、土地增值税、城市维护建设税、房产税、城镇土地使用税、车船税、教育费附加、矿产资源补偿费等。企业代扣代缴的个人所得税等，也通过该账户核算。该账户贷方登记企业当期因发生应税业务而增加的应缴税费，借方登记税费的缴纳，期末如为贷方余额，反映企业尚未缴纳的税费；如为借方余额，反映企业多缴或尚未抵扣的税费。

该账户一般按照税种进行明细核算。对于增值税一般纳税人，应交增值税还应分别设置“进项税额”“销项税额”“出口退税”“进项税额转出”“已交税金”等专栏。

5. 其他应收款

“其他应收款”账户属于资产类账户，用来核算企业除应收账款、应收票据、预付账款等以外的其他各种应收、暂付款项，具体包括备用金、应收的各种赔款、罚款，应向职工收取的各种垫付款项。该账户借方登记其他应收款的增加额，贷方登记其他应收款的收回金额，期末余额在借方，表示企业尚未收回的其他应收款项。

该账户应按其他应收款的内容分类，并按不同的债务人设置明细账，进行明细核算。

（二）材料采购业务核算例解

【例4－5】富强公司从美丽公司购入甲材料5 000千克，每千克60元，取得增值税专用发票并在当月认证通过，买价300 000元，增值税进项税额39 000元，购入过程中支付采购费5 000元（取得增值税普通发票）。采购费已经用支票结算，货款和税金尚未支付，材料尚未入库。

富强公司购买物资支付买价与相关的采购费用，应记入“在途物资”账户的借方，在购买物资的过程中，取得增值税专用发票抵扣联，对应的增值税可以抵扣，记入“应交税费——应交增值税”明细账户的借方。由于富强公司用支票结算采购费，同时欠美丽公司货款339 000元，因而在“银行存款”账户和“应付账款”账户的贷方登记。

应编制会计分录：

借：在途物资——甲材料　　305 000
　　应交税费——应交增值税（进项税额）　　39 000
　　贷：应付账款——美丽公司　　339 000
　　　　银行存款　　5 000

上述业务也可以分解为以下两笔会计分录：

借：在途物资——甲材料　　300 000
　　应交税费——应交增值税（进项税额）　　39 000
　　贷：应付账款——美丽公司　　339 000

借：在途物资——甲材料　　5 000
　　贷：银行存款　　5 000

【例4－6】富强公司从美丽公司购买的甲材料经验收入库。

富强公司购买材料办理验收手续后入库，一方面增加了富强公司的库存材料，记入“原材料”账户的借方；另一方面又减少了企业的在途材料，记入“在途物资”账户的贷方。

应编制会计分录：

借：原材料——甲材料　　305 000
　　贷：在途物资——甲材料　　305 000

【例4－7】采购员黄某准备出差，预借差旅费4 000元。

采购员暂借的差旅费属于富强公司对职工的暂付应收款项，富强公司借出现金时，增加企业债权，登记在该账户的借方，同时库存现金减少，在

“库存现金”账户的贷方登记。

应编制会计分录：

借：其他应收款——黄某　　4 000

　　贷：库存现金　　4 000

【例 4－8】 富强公司从昌盛公司购入两种材料，其中甲材料 6 000 千克，每千克 60 元；乙材料 3 000 千克，每千克 80 元，取得增值税专用发票并在当月认证通过，买价 600 000 元，增值税进项税额 78 000 元，两种材料的采购费合计 9 000 元（其中甲材料负担 6 000 元，乙材料负担 3 000 元），货款和采购费共计 609 000 元，已通过银行存款支付了 9 000 元采购费（取得普通发票），余款暂欠。

富强公司购买材料，一方面在“在途物资”账户的借方登记发生额，可抵扣的增值税记入“应交税费——应交增值税”账户借方；另一方面减少了富强公司的银行存款，同时因款项尚未全部支付增加了富强公司的负债，应分别记入“银行存款”和“应付账款”账户的贷方。

应编制会计分录：

借：在途物资——甲材料　　366 000

　　　　　　——乙材料　　243 000

　　应交税费——应交增值税（进项税额）　　78 000

　　贷：银行存款　　9 000

　　　　应付账款——昌盛公司　　678 000

【例 4－9】 上项材料经验收后，符合质量要求，验收入库。

应编制会计分录：

借：原材料——甲材料　　366 000

　　　　　——乙材料　　243 000

　　贷：在途物资——甲材料　　366 000

　　　　　　　　——乙材料　　243 000

【例 4－10】 以银行存款支付前欠昌盛公司货款 678 000 元。

支付前欠货款，会减少富强公司的负债，在“应付账款”账户的借方登记减少。

应编制会计分录：

借：应付账款——昌盛公司　　678 000

　　贷：银行存款　　678 000

【例 4－11】采购员黄某出差回来报销差旅费，报销 3 500 元，多余现金 500 元退还。

采购员因公出差报销差旅费应计入管理费用，在“管理费用”账户的借方登记，退还的多余现金在“库存现金”账户的借方登记，同时减少富强公司的债权，在“其他应收款”账户的贷方登记。

应编制会计分录：

借：管理费用　　3 500

　　库存现金　　500

　　贷：其他应收款——黄某　　4 000

综合上述举例，材料采购业务核算中各账户之间关系如图 4－2 所示。

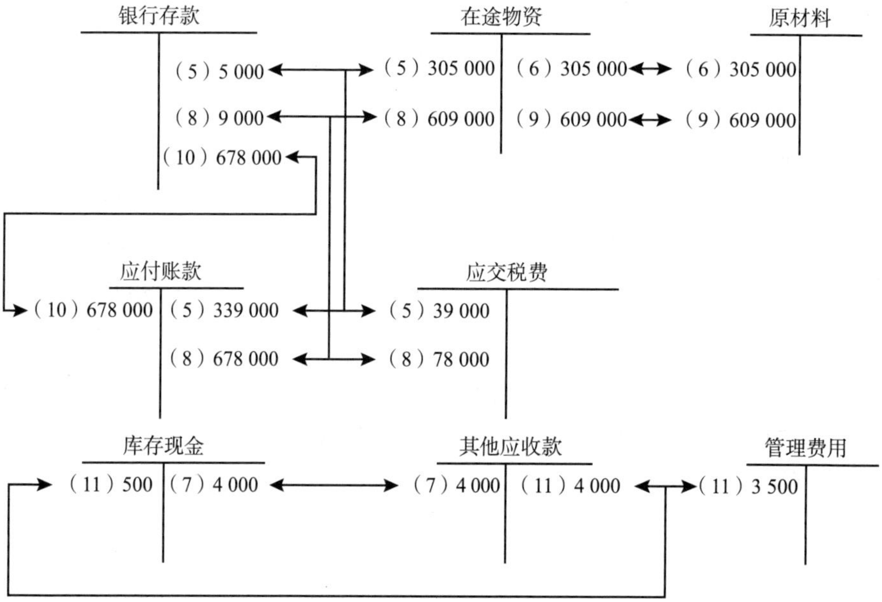

图 4－2　材料采购业务核算

二、材料采购成本的计算

材料采购不仅要保证企业生产经营的需要，同时还要力求降低采购成本，提高资金的使用效率。为了分析、考核材料采购成本的形成和升降情况，加强企业内部管理，必须计算各种购入材料的成本。

材料采购成本的计算，是指将供应过程中所发生的材料买价和相关采购费用，按材料类别进行归集和分配，分别确定每种材料的实际成本。

企业购入材料的采购成本由下列各项组成：

（1）买价；

（2）采购费（包括运输费、装卸费、保险费等）；

（3）运输途中的合理损耗；

（4）入库前的挑选整理费用（包括挑选整理中发生的工、费支出和必要的损耗，并减去回收的下脚废料价值）；

（5）购买材料负担的税金（如关税、不可以抵扣的增值税进项税额）和其他费用。

以上采购成本中，除买价之外，凡属于由多种材料共同负担的采购成本，应按材料的重量或买价等标准确定分摊比例，分摊计入各种材料的采购成本。

$$\text{采购费用分配率}=\frac{\text{采购费用总额}}{\text{材料总重量（或买价总额）}}$$

某种材料应分摊的采购费用＝该种材料重量（或买价）×采购费用分配率

【例4－12】假设【例4－8】中富强公司购进甲、乙两种材料，各项采购支出情况见表4－1。

表4－1　　富强公司采购支出情况

材料名称	重量/千克	买价/元	采购费（按重量分摊）/元
甲材料	6 000	360 000	6 000
乙材料	3 000	240 000	3 000
合计	9 000	600 000	9 000

根据以上资料，材料的买价直接计入购进材料的成本，而采购费为两种材料共同负担，需按一定的标准在两种材料之间进行分配，然后再计入各种材料的采购成本。假设本例按重量标准分配采购费。

单位重量材料应负担的采购费＝9 000÷（6 000＋3 000）＝1（元/千克）

甲材料应负担的采购费＝6 000×1＝6 000（元）

乙材料应负担的采购费＝3 000×1＝3 000（元）

富强公司根据上述资料登记“在途物资”明细账，见表4－2、表4－3。

表4－2　　　　“在途物资”明细分类账

物资名称或类别：甲材料　　　　单位：元

年		凭证号数	摘要	借方金额			贷方金额	结余金额
月	日			买价	采购费用	合计		
		（略）	购入5 000千克，单价60元	300 000	5 000	305 000		305 000
			材料验收入库				305 000	—
			购入6 000千克，单价60元	360 000	6 000	366 000		366 000
			材料验收入库				366 000	—
			本月发生额	660 000	11 000	671 000	671 000	—

表4－3　　　　“在途物资”明细分类账

物资名称或类别：乙材料　　　　单位：元

年		凭证号数	摘要	借方金额			贷方金额	结余金额
月	日			买价	采购费用	合计		
		（略）	购入3 000千克，单价80元	240 000	3 000	243 000		243 000
			材料验收入库				243 000	—
			本月发生额	240 000	3 000	243 000	243 000	—

【涉税提示】

本章学习的采购业务主要涉及的税收问题包括以下两项。

1. 采购过程中支付的增值税进项税额抵扣问题。根据《增值税暂行条例》规定，增值税进项税额可以抵扣的条件包括两个：一是购进货物是否属于增值税抵扣范围；二是是否取得合法的抵扣凭证。只有同时满足了这两个条件，增值税进项税额才可以抵扣。可以抵扣的增值税进项税额不计入货物成本，应单独核算。

2. 购进货物计税基础的确定与会计成本的差异分析。根据《企业所得税法》规定，资产按照历史成本确定其计税基础，历史成本，是指购买时支付的全部价款，包括买价和采购成本。学习材料采购业务的核算方法，能为各项资产成本核算打下基础，为进行资产成本与计税基础差异分析提供帮助。

第三节　生产业务的核算

一、生产业务的核算

工业企业在产品生产过程中所发生的各种耗费称为生产费用，主要包括为生产产品所消耗的原材料、辅助材料、燃料和动力等材料费用，支付给生产工人及生产管理人员的工资及福利费等人工费用，以及车间厂房和机器设备等固定资产的折旧费、水电费、设备维修等各种制造费用。这些生产费用要按一定标准进行归集，按一定方法在不同产品之间进行分配，计算出每种产品的实际生产成本。

工业企业通过对生产业务的核算，发现生产过程中存在的问题，促使企业加强内部管理，不断降低生产成本，提高经济效益。税务机关通过检查企业生产业务的核算信息，厘清成本形成的来龙去脉，来判断业务是否真实，有无虚增成本，少计利润情况。

（一）生产业务核算需要设置的主要账户

生产业务核算中需要归集和分配多种费用，业务复杂，所以运用的账户也比较多。其核心账户包括“生产成本”“制造费用”等，会产生对应关系的账户包括“应付职工薪酬”“累计折旧”“原材料”等，本节重点介绍以下账户。

1. 生产成本

“生产成本”账户属于成本类账户，用来核算工业企业生产各种产品（包括产成品、自制半成品等）所发生的各项生产费用，并据此计算产品实际生产成本。该账户借方登记本月发生的生产成本，贷方登记应结转的完工产品的实际生产成本，月末余额在借方，表示尚未完工的在产品成本。

为了具体反映每一成本核算对象的实际生产成本，该账户应当按照成本核算对象设置明细账，并按成本项目设置专栏。

2. 制造费用

“制造费用”账户属于成本类账户，用来核算工业企业为生产产品和提供劳务而发生的各项间接费用，包括车间管理人员的职工薪酬、折旧费、办公费、水电费、机物料消耗、劳动保护费、季节性和修理期间的停工损失等。该账户借方登记本月发生的各种制造费用，贷方登记分配结转应由各产品负担的制造费用，月末一般无余额。

该账户应按不同的车间、部门设置明细账，并按费用项目设置专栏。

3. 库存商品

“库存商品”账户属于资产类账户，用来核算企业库存的各种商品（或产品）的成本，包括库存的外购商品和自制产品等。

该账户借方登记本月增加的外购商品或已完工并验收入库的产品成本，贷方登记发出的商品（或产品）成本结转金额，月末账户余额在借方，表示企业库存商品（或产品）的成本。

该账户应按库存商品的种类、品种和规格设置明细账，进行明细分类核算，以详细反映企业的各种商品（或产品）的增减变化和结存情况。

4. 累计折旧

“累计折旧”账户属于资产类账户，它是“固定资产”账户的备抵调整账户，用来核算企业固定资产的累计折旧额。固定资产可以在多个会计期间为企业带来效益，并且在使用过程中不改变其原有实物形态，根据固定资产的这一特点，会计核算中将固定资产的成本通过折旧的方式逐期分摊计入各个会计期间。

为了使“固定资产”账户能够在固定资产持有过程中始终反映其原始价值，就需要另外再设置反映固定资产价值摊销情况的专门账户，即“累计折旧”账户。其贷方登记按月计提的固定资产折旧额，借方登记因固定资产实物减少应注销的已提累计折旧额，期末余额在贷方，表示企业现有固定资产已提的累计折旧额。“固定资产”账户的借方余额减去“累计折旧”账户的贷方余额可得到固定资产净值，即折余价值。

该账户可按固定资产的类别或项目进行明细核算。

5. 应付职工薪酬

“应付职工薪酬”账户属于负债类账户，用来核算企业根据有关规定应付给职工的各种薪酬。该账户贷方登记企业提取的职工薪酬，借方登记企业实际支付的职工薪酬，期末贷方余额，反映企业应付未付的职工薪酬。

该账户可按“工资”“职工福利”“社会保险费”“住房公积金”“工会经费”“职工教育经费”等项目进行明细核算。

6. 财务费用

“财务费用”账户属于损益类账户，用来核算企业为筹集生产经营所需资金等而发生的筹资费用，包括利息支出（减利息收入）、汇兑损益以及相关的手续费等。财务费用发生时计入该账户的借方，月末，应将该账户借方归集的费用从其贷方转出，全部转入“本年利润”账户的借方，结转后期末无余额。

（二）生产业务核算例解

【例4－13】富强公司财务人员根据本月发出材料情况，制作“发料凭证汇总表”，见表4－4。

表4－4　　发料凭证汇总表

材料名称	用于A产品生产		用于B产品生产		车间一般性耗用		管理部门耗用		小计（金额）/元
	数量/千克	金额/元	数量/千克	金额/元	数量/千克	金额/元	数量/千克	金额/元	
甲材料	500	30 000	200	12 000	50	3 000	80	4 800	49 800
乙材料	800	64 800	200	16 200					81 000
合计		94 800		28 200		3 000		4 800	130 800

注：甲材料每千克60元，乙材料每千克80元。

根据材料的具体用途以及使用情况，将材料成本计入相应的成本费用账户的借方，凡直接用于产品加工的材料成本记入“生产成本”账户，车间一般性耗用的材料成本记入“制造费用”账户，行政管理耗用的材料成本记入“管理费用”账户。

应编制会计分录：

借：生产成本——A产品　　94 800
　　　　　　——B产品　　28 200
　　制造费用　　3 000
　　管理费用　　4 800
　　贷：原材料——甲材料　　49 800
　　　　　　　——乙材料　　81 000

【例4－14】月末，根据工资结算单对工资费用进行分配，其中：

生产 A 产品工人工资：80 000 元

生产 B 产品工人工资：40 000 元

车间管理人员工资：5 000 元

厂部行政管理人员工资：6 000 元

合计：131 000 元

生产工人工资、车间管理人员工资属于产品生产成本的组成部分，应分别记入“生产成本”“制造费用”账户的借方，行政管理人员工资属于期间费用，应记入“管理费用”账户的借方；应付职工薪酬增加负债，应记入“应付职工薪酬”账户的贷方。

应编制会计分录：

借：生产成本——A 产品	80 000	
——B 产品	40 000	
制造费用	5 000	
管理费用	6 000	
贷：应付职工薪酬——工资		131 000

【例 4-15】月末，通过银行转账实际发放工资。

发放工资一方面会减少富强公司的负债，因而在“应付职工薪酬”账户的借方登记减少；另一方面会减少富强公司的银行存款，应在“银行存款”账户的贷方登记减少。

应编制会计分录：

借：应付职工薪酬——工资	131 000	
贷：银行存款		131 000

【例 4-16】以银行存款支付职工困难补助等福利性支出 18 340 元。

发生福利费支出，一方面会减少富强公司的负债，因而在“应付职工薪酬”账户的借方登记减少；另一方面会减少富强公司的银行存款，应在“银行存款”账户的贷方登记减少。

应编制会计分录：

借：应付职工薪酬——职工福利	18 340	
贷：银行存款		18 340

【例 4-17】月末，根据福利费支出情况分配职工福利费。

本月职工福利费分配情况如下：

A 产品生产工人的福利费：11 200 元

B 产品生产工人的福利费：5 600 元

车间管理人员的福利费：700 元

厂部行政管理人员的福利费：840 元

职工福利费用于职工困难补助、医药费报销及福利等支出。根据人员的岗位确定费用的归属，分别记入“生产成本”“制造费用”“管理费用”账户的借方，同时形成富强公司的一项负债，记入“应付职工薪酬”账户的贷方。

应编制会计分录：

借：生产成本——A 产品　　11 200

　　　　　　——B 产品　　5 600

　　制造费用　　700

　　管理费用　　840

　　贷：应付职工薪酬——职工福利　　18 340

【例 4－18】用银行存款支付管理部门使用的办公设备修理费 3 300 元。

当期发生固定资产修理费用，一方面，减少富强公司银行存款，在“银行存款”账户的贷方登记；另一方面，办公设备日常修理费用应该计入当期损益，记入“管理费用”账户的借方。

应编制会计分录：

借：管理费用　　3 300

　　贷：银行存款　　3 300

【例 4－19】以银行存款支付管理部门办公用品费 600 元。

行政管理部门的费用属于管理费用，应登记在“管理费用”账户的借方。

应编制会计分录：

借：管理费用　　600

　　贷：银行存款　　600

【例 4－20】以银行存款支付本月短期借款利息 6 000 元。

该业务发生后，应增加财务费用，在“财务费用”账户的借方登记。

应编制会计分录：

借：财务费用　　6 000

　　贷：银行存款　　6 000

【例 4－21】月末，富强公司计提固定资产折旧 35 000 元。其中：生产车间固定资产计提折旧 23 000 元，行政管理部门使用固定资产计提折旧 12 000 元。

固定资产计提折旧，表明固定资产成本因摊销而减少，属于资产的减少，因此应记入“累计折旧”账户的贷方。按月计提固定资产折旧，表明当期成本费用增加，应借记有关成本费用账户，产品生产用固定资产的折旧费用应记入“制造费用”账户，行政管理部门使用固定资产计提的折旧费用应记入“管理费用”账户。

应编制会计分录：

借：制造费用　　23 000

　　管理费用　　12 000

　　贷：累计折旧　　35 000

【例 4-22】 月末，归集当月发生的制造费用 33 000 元①，按生产 A 产品和 B 产品的工人工资标准分配结转至生产成本。其中：A 产品负担 22 000 元，B 产品负担 11 000 元。

制造费用作为产品成本的组成部分，月末应将本月归集的各种间接生产费用从“制造费用”账户按成本对象分配结转到“生产成本”账户，即在“生产成本”账户的借方登记增加，在“制造费用”账户的贷方登记减少。

应编制会计分录：

借：生产成本——A 产品　　22 000

　　　　　　——B 产品　　11 000

　　贷：制造费用　　33 000

【例 4-23】 月末，A 产品全部生产完工，共验收入库 600 件，生产成本总计 300 000 元；B 产品尚未完工。结转完工 A 产品的生产成本。

这项业务的发生，一方面使库存产成品（库存商品）增加，另一方面使生产成本减少，因此，在“库存商品”账户的借方登记增加，同时在“生产成本”账户贷方登记减少。

应编制会计分录：

借：库存商品——A 产品　　300 000

　　贷：生产成本——A 产品　　300 000

综合上述举例，生产业务核算中各账户之间的关系如图 4-3 所示。

① 制造费用金额为本月实际发生额，除资料中明确的四项业务之外还包括其他未说明的业务。

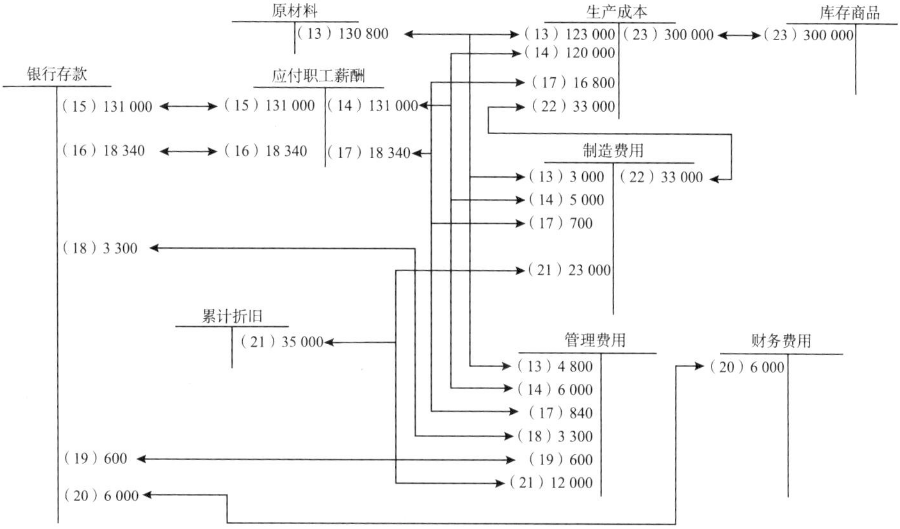

图 4－3　生产业务核算

二、产品生产成本的计算

生产费用，是指企业在生产产品过程中为制造产品而发生的各种支出和消耗，这些消耗包括耗用的主要材料、辅助材料，发生的各种人工费用，生产产品使用的固定资产的折旧费，以及与生产相关的其他支出等。产品成本计算，是将产品生产过程中发生的各项生产费用，按照产品的品种或类别分别归集，计算每一个成本计算对象的总成本和单位成本。

在计算产品成本时，把各种生产费用划分成以下三个成本项目：

（1）直接材料，指企业在生产产品过程中实际消耗的直接材料、辅助材料、燃料动力等。

（2）直接人工，指直接从事产品生产加工人员的职工薪酬，包括工资、奖金和补贴、职工福利费、职工教育经费、工会经费、保险费等。

（3）制造费用，指为产品生产而发生的各种间接费用，如车间管理人员的职工薪酬，车间使用的固定资产提取的折旧费，车间发生的水电费、办公费、机物料消耗、劳动保护费等。

在生产过程中发生的生产费用，凡是能区分属于某种产品的，在费用发生时直接计入该种产品的成本；凡是因生产多种产品而共同发生的生产费用，应当按照一定标准在这些产品之间加以分配。共同费用在发生时根据发生地点或部门，先记入“制造费用”账户进行归集，月终，按照适当的分配标准（如按生产工人工资、生产产品工时等）进行分配，然后将分配数额计入各种产品成本。其计算公式如下：

$$制造费用分配率=\frac{制造费用总额}{生产工人工资（或生产工时等）总额}$$

$$某产品应分配的制造费用=某产品生产工人工资（或生产工时等）\times 制造费用分配率$$

【例4－24】根据【例4－14】和【例4－22】等资料计算制造费用的分配（假设按生产工人工资标准进行分配）：

假设富强公司本月在“制造费用”账户归集的间接费用为33 000元，生产A、B产品的工人工资标准分别是80 000元、40 000元，则：

制造费用分配率＝33 000÷(80 000＋40 000)＝0.275

A产品应分配的制造费用＝80 000×0.275＝22 000（元）

B产品应分配的制造费用＝40 000×0.275＝11 000（元）

制造费用分配表，见表4－5。

表4－5　　制造费用分配表　　单位：元

产品名称	分配标准（直接工资）	制造费用分配率	分配的制造费用
A产品	80 000	—	22 000
B产品	40 000	—	11 000
合计	120 000	0.275	33 000

根据制造费用分配表的计算，将A产品和B产品应分配的制造费用记入“生产成本”有关明细账中，并根据已完工的A产品的明细账编制产品成本计算表，分别计算A产品的总成本和单位成本。

A产品生产成本计算表，见表4－6。

根据上述资料登记“生产成本”明细账，见表4－7、表4－8。

表 4－6　　产品生产成本计算表　　单位：元

项目	A 产品	
	总成本（600 件）	单位成本
直接材料	129 800	216.33
直接人工	136 800	228.00
制造费用	33 400	55.67
产品生产成本	300 000	500.00

表 4－7　　“生产成本”明细分类账

产品品种或类别：A 产品　　单位：元

年		凭证号数	摘要	借方金额			
月	日			直接材料	直接人工	制造费用	余额
		（略）	月初余额	35 000	45 600	11 400	92 000
			生产耗用材料	94 800			186 800
			工资分配		80 000		266 800
			福利费分配额		11 200		278 000
			分配制造费用			22 000	300 000
			结转完工产品成本	129 800	136 800	33 400	—
			本期发生额和余额				—

表 4－8　　“生产成本”明细分类账

产品品种或类别：B 产品　　单位：元

年		凭证号数	摘要	借方金额			
月	日			直接材料	直接人工	制造费用	余额
		（略）	月初余额	11 500	22 800	5 700	40 000
			生产耗用材料	28 200			68 200
			工资分配		40 000		108 200
			福利费分配额		5 600		113 800
			分配制造费用			11 000	124 800
			结转完工产品成本				
			本期余额	39 700	68 400	16 700	124 800

成本计算是会计核算方法之一，税务人员掌握这一方法，可以结合行业特点、产品生产的工艺流程、产品成本的计划指标等因素，综合评价企业提供的产品成本信息的真实性与合理性，对发生的异常变化及时作出反应。成本的计算影响着损益以及应纳税所得额的计算，所以准确计算成本信息能够为准确计算计税基础提供依据。

【涉税提示】

本章学习的生产业务内容主要涉及的税收问题包括以下三项。

1. 成本核算涉税分析

成本核算是一项比较复杂的业务，涉及自产货物成本的确定问题，因为营业利润等于收入减除费用，产品成本直接影响费用的确认，所以产品成本的核算最终会影响利润的计算。根据《企业所得税法》规定，企业发生的与取得收入有关的合理的支出才能够扣除，可见，了解成本核算方法，才能根据工艺流程，确定成本对象和成本项目，最终分析判断产品成本计算是否正确。

2. 职工薪酬业务的涉税分析

“应付职工薪酬”账户每一个明细项目核算的内容，在计算企业所得税时能否税前扣除，税法都有不同的扣除标准规定。例如，根据《企业所得税法实施条例》第三十四条规定，企业发生的合理的工资薪金支出，准予扣除。工资薪金包括基本工资、奖金、津贴、补贴、年终加薪、加班工资，以及与任职或者受雇有关的其他支出。根据第三十六条规定，除企业按照国家有关规定为特殊工种职工支付的人身安全保险费和国务院财政、税务主管部门规定可以扣除的其他商业保险费外，企业为其投资者或者职工支付的商业保险费，不得扣除。根据第四十条规定，企业发生的职工福利费支出，不超过工资薪金总额14%的部分，准予扣除。会计在一个账户中核算的内容，在进行涉税分析时要区别对待。熟悉会计核算中总分类核算与明细分类核算的区别，可以准确找到涉税分析所需要的具体信息，便于分析每一项人工费用税前扣除问题。

3. 财务费用的涉税分析

根据《企业所得税法实施条例》第三十八条规定，非金融企业向金融企业借款的利息支出、金融企业的各项存款利息支出和同业拆借利息支出、企业经批准发行债券的利息支出，准予扣除；非金融企业向非金融企业借款的利息支出，不超过按照金融企业同期同类贷款利率计算的数额的部分，准予扣除。企业实际发生的利息支出在计算企业所得税时不一定都可以在本期税前扣除，还要具体分析相关条件是否具备。因此，在进行利息费用涉税分析时，不仅要查看“财务费用”账户，还要查看该账户相应的备查账，了解各项借款的其他有关信息，如借款来源、借款时间、借款用途等，这样才能确定该借款利息税前扣除的情况。

第四节　销售业务的核算

销售业务是企业供、产、销三个基本环节中最后一个环节的业务，商品销售的完成意味着最终经营成果的实现。本环节核算的业务内容主要包括两个方面，一是计算收到（或应收）的货款，确认收入的实现；二是计算发出商品的成本，确认费用的发生。

一、销售业务核算需要设置的主要账户

核算销售业务涉及的账户比较多，核心账户包括“主营业务收入”“主营业务成本”“税金及附加”等，与核心账户会产生对应关系的账户包括“应收账款”“应收票据”“预收账款”“应交税费”“库存商品”等，此外还有“销售费用”“管理费用”等相关账户。

1. 主营业务收入

“主营业务收入”账户属于损益类账户，用来核算企业在销售商品、提供劳务等日常活动中取得的主营业务收入。账户贷方登记销售商品（或产品）、提供劳务等所实现的收入，借方登记销售退回应冲减的收入。期末将贷方归集的销售收入本期发生额转入“本年利润”账户的贷方，结转后该账户期末无余额。

该账户按业务的种类设置明细账，进行明细核算。

2. 主营业务成本

“主营业务成本”账户属于损益类账户，用来核算企业确认收入时应结转的商品成本。账户借方登记已经销售的商品（或产品）成本或提供劳务结转的成本等，期末将借方归集的主营业务成本本期发生额转入“本年利润”账

户的借方，结转后该账户期末无余额。

该账户应按主营业务的种类设置明细账，进行明细核算。

3. 税金及附加

“税金及附加”账户属于损益类账户，用来核算企业应该缴纳的相关税费，包括消费税、城市维护建设税、教育费附加、资源税、房产税、城镇土地使用税、车船税、印花税等相关税费。该账户借方登记按规定计算确定的税费，贷方登记期末转入“本年利润”账户的本期借方发生额，结转后期末无余额。

4. 其他业务收入

“其他业务收入”账户属于损益类账户，用来核算企业确认的日常活动中其他经营活动实现的收入，包括出租固定资产的租金收入，销售不需用材料的收入等。该账户的贷方登记其他业务所实现的收入，借方登记期末转入“本年利润”账户的本期贷方发生额，结转后期末无余额。

本账户可按其他业务收入种类设置明细账，进行明细核算。

5. 其他业务成本

“其他业务成本”账户属于损益类账户，用来核算企业确认的其他经营活动所发生的支出，包括销售不需用材料的成本、出租固定资产的折旧费等。该账户的借方登记其他业务所发生的支出，贷方登记期末转入“本年利润”账户的本期借方发生额，结转后期末无余额。

本账户可按其他业务成本的种类设置明细账，进行明细核算。

6. 销售费用

“销售费用”属于损益类账户，用来核算企业销售商品、提供劳务过程中发生的各种费用，包括保险费、包装费、展览费和广告费、商品维修费、预计产品质量保证损失、运输费、装卸费等，以及为销售本企业商品而专设的销售机构（含销售网点、售后服务网点等）的职工薪酬、业务费、折旧费等经营费用。企业发生的与专设销售机构相关的固定资产修理费用等后续支出，也在本账户核算。该账户借方登记实际发生的销售费用，贷方登记期末转入“本年利润”账户的本期借方发生额，结转后期末无余额。

该账户应按费用项目设置明细账，进行明细核算。

7. 管理费用

“管理费用”账户属于损益类账户，用来核算企业为组织和管理企业生产经营所发生的管理费用，包括企业在筹建期间内发生的开办费、董事会和行政管理部门在企业的经营管理中发生的或者应由企业统一负担的公司经费（包括行政管理部门职工工资及福利费、物料消耗、低值易耗品摊销、办公费和差旅费等）、董事会费（包括董事会成员津贴、会议费和差旅费等）、聘请中介机构费、咨询费（含顾问费）、诉讼费、业务招待费、研究费用、排污费等。当管理费用发生时，计入该账户的借方，月末，应将该账户借方归集的费用从其贷方转出，全部转入“本年利润”账户的借方，结转后期末没有余额。

该账户应按费用项目设置明细账，进行明细核算。

8. 应收账款

“应收账款”账户属于资产类账户，用来核算企业因销售商品、提供劳务等经营活动形成的应收取的款项。该账户借方登记应收账款的增加数，贷方登记已收回的应收账款数，期末余额一般在借方，表示企业尚未收回的应收账款。

该账户一般按购货单位或接受劳务单位名称设置明细账，进行明细核算。

二、销售业务核算例解

【例 4－25】 富强公司向朝阳公司销售 A 产品 2 000 件，每件产品不含税价格 600 元。富强公司将货物发出并开具增值税专用发票，发票注明价款 1 200 000 元，增值税税额 156 000 元，全部款项已经收到。

富强公司销售 A 产品同时收讫价款，一方面，应在“主营业务收入”和“应交税费”账户的贷方登记，确认收入的增加和应交税费的增加；另一方面，银行存款金额的增加应记入“银行存款”账户的借方。

应编制会计分录：

借：银行存款　　1 356 000

　　贷：主营业务收入——A 产品　　1 200 000

　　　　应交税费——应交增值税（销项税额）　　156 000

【例 4－26】 富强公司以银行存款向新亮广告公司支付广告费 420 000 元，取得该广告公司开具的增值税普通发票。

富强公司支付广告费支出属于销售费用，因此在“销售费用”账户借方登记，同时在“银行存款”账户贷方登记减少。

应编制会计分录：

借：销售费用　　420 000
　　贷：银行存款　　420 000

【例4-27】富强公司向天成公司销售产品一批，其中：A产品600件，每件不含税价格600元；B产品300件，每件不含税价格300元，适用的增值税税率为13%，商品已经发出，款项尚未收到。

根据权责发生制记账基础的规定，一方面，富强公司销售商品即使款项尚未收到也要确认收入，应记入“主营业务收入”账户贷方；另一方面，由于款项未收到，应增加富强公司应收账款的金额，记入“应收账款”账户借方。

应编制会计分录：

借：应收账款——天成公司　　508 500
　　贷：主营业务收入——A产品　　360 000
　　　　　　　　　　——B产品　　90 000
　　　　应交税费——应交增值税（销项税额）　　58 500

【例4-28】富强公司向大地公司销售A产品200件，每件不含税价格600元，适用的增值税税率为13%。销售当期收到货款70 200元，双方约定3个月后结算余款。

应编制会计分录：

借：银行存款　　70 200
　　应收账款——大地公司　　65 400
　　贷：主营业务收入——A产品　　120 000
　　　　应交税费——应交增值税（销项税额）　　15 600

【例4-29】月末结转本月已售产品的销售成本，本月共销售A产品1 880件，单位成本为500元，B产品300件，单位成本为200元。

商品已经出售，库存商品减少，应记入“库存商品”账户的贷方，同时商品销售表明销售成本增加，应记入“主营业务成本”账户的借方。

应编制会计分录：

借：主营业务成本——A产品　　940 000
　　　　　　　　——B产品　　60 000
　　贷：库存商品——A产品　　940 000
　　　　　　　　——B产品　　60 000

【例4-30】B产品属于应税消费品，月末计算B产品应缴纳的消费税为

6 000 元。

销售应税消费品应计算消费税税额，在未实际缴纳之前形成一项负债，记入“应交税费”账户贷方，同时将应承担的纳税义务确认为一项费用，记入“税金及附加”账户的借方。

应编制会计分录：

借：税金及附加　　　　　　　　　　　　　　　　6 000

　　贷：应交税费——应交消费税　　　　　　　　　　　　6 000

【例 4 -31】以银行存款缴纳本月增值税税款 14 000 元。

富强公司缴纳增值税，一方面，会减少负债，在“应交税费”账户的借方登记；另一方面，由于企业银行存款减少，在“银行存款”账户的贷方登记。

应编制会计分录：

借：应交税费——应交增值税（已交税金）　　　　　14 000

　　贷：银行存款　　　　　　　　　　　　　　　　　　14 000

根据上述资料登记“应交税费——应交增值税”明细账（多栏式），见表 4 -9。

表 4 -9　　　　应交税费——应交增值税　　　　单位：元

<table>
<tr><th colspan="2">年</th><th rowspan="2">凭证号数</th><th rowspan="2">摘要</th><th colspan="3">借方</th><th colspan="4">贷方</th><th rowspan="2">借或贷</th><th rowspan="2">余额</th></tr>
<tr><th>月</th><th>日</th><th>进项税额</th><th>已交税金</th><th>转出未交税金</th><th>销项税额</th><th>出口退税</th><th>进项税额转出</th><th>转出多交税金</th></tr>
<tr><td rowspan="6"></td><td rowspan="6"></td><td rowspan="6">（略）</td><td>购入甲材料</td><td>39 000</td><td></td><td></td><td></td><td></td><td></td><td></td><td rowspan="6">（略）</td><td rowspan="6">（略）</td></tr>
<tr><td>购入甲、乙材料</td><td>78 000</td><td></td><td></td><td></td><td></td><td></td><td></td></tr>
<tr><td>销售 A 产品</td><td></td><td></td><td></td><td>156 000</td><td></td><td></td><td rowspan="2">（略）</td></tr>
<tr><td>销售 A、B 产品</td><td></td><td></td><td></td><td>58 500</td><td></td><td></td></tr>
<tr><td>销售 A 产品</td><td></td><td></td><td></td><td>15 600</td><td></td><td></td><td></td></tr>
<tr><td>缴纳税金</td><td></td><td>14 000</td><td></td><td></td><td></td><td></td><td></td></tr>
</table>

【例 4 -32】通过银行缴纳上期应缴的消费税 8 000 元。

富强公司缴纳消费税，一方面会减少负债，在“应交税费”账户的借方登记；另一方面由于富强公司银行存款减少，在“银行存款”账户的贷方登记。

应编制会计分录：

借：应交税费——应交消费税　　8 000

　　贷：银行存款　　8 000

根据上述资料登记应交消费税明细账（三栏式），见表4－10。

表4－10　　应交税费——应交消费税　　单位：元

年		凭证号数	摘要	借方	贷方	借或贷	余额
月	日						
		（略）	销售B产品应纳税额		6 000		
			缴纳上月消费税	8 000			
							（略）

综合上述举例，销售业务核算中各相关账户之间的关系如图4－4所示。

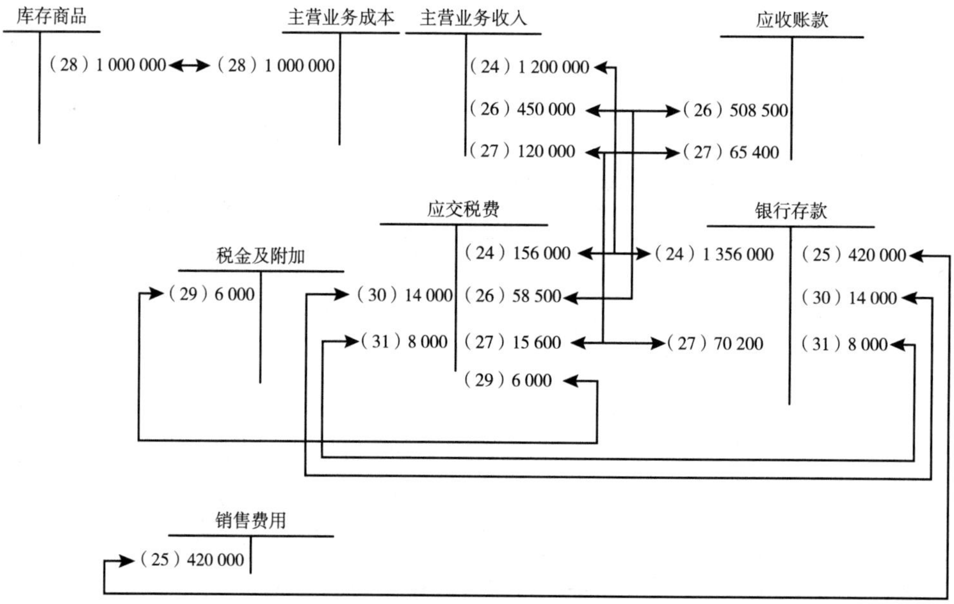

图4－4　销售和收款业务核算

【涉税提示】

本章学习的销售业务内容主要涉及的税收问题包括以下两项：

1. 销售收入的实现会涉及增值税和企业所得税纳税义务的确认

收入的会计核算与增值税销项税额直接相关，一笔销售收入会与一笔增值税销项税额直接对应（免税除外），增值税销项税额 = 销售额 × 适用税率，涉税分析时要注意增值税是价外税，销售额是以销售收入为基础确定的。收入的实现会导致企业所得税应纳税额的变化，每一笔收入的确认，都会产生一笔销售成本的结转，涉税分析时，要同时关注“主营业务收入”和“主营业务成本”，或者“其他业务收入”和“其他业务成本”的对应关系。

2. 各项费用的涉税问题

企业出于不同的原因会发生不同性质的支出，每一种支出发生后，会计核算应计入不同的账户。这些支出作为企业所得税税前扣除项目，扣除的方法也各不相同。在进行涉税分析时，应知道每一项费用在哪个账户核算，熟悉“管理费用”“销售费用”和“财务费用”分别核算什么内容，才能找到要分析的信息。

第五节　经营成果的核算

一、利润的计算

利润是企业在一定会计期间实现的经营成果。利润包括收入减去费用后的净额、直接计入当期利润的利得和损失等，综合反映企业生产经营活动的结果和资金使用效果。按照目前企业所得税纳税申报表的填报要求，会计利润也是企业所得税计算的基础。

企业净利润的计算分三个步骤，计算公式如下：

营业利润 = 营业收入 − 营业成本 − 税金及附加 − 销售费用 − 管理费用 − 财务费用 − 资产减值损失 + 公允价值变动收益 + 投资收益 + 资产处置收益 + 其他收益

注：公式中如果出现公允价值变动损失、投资损失或资产处置损失则为负数。

利润总额 = 营业利润 + 营业外收入 − 营业外支出

净利润 = 利润总额 − 所得税费用

以上利润总额的计算结果如为负数，表示亏损总额。

（一）利润核算需设置的主要账户

核算利润形成的核心账户是“本年利润”账户，与“本年利润”账户会产生对应关系的账户包括所有损益类账户，除前面各节介绍的“主营业务收入”“主营业务成本”“管理费用”“财务费用”等账户外，还包括“营业外收入”“营业外支出”“其他收益”“资产处置损益”“投资收益”“公允价值变动损益”“所得税费用”等账户。会计基础知识学习过程中应熟悉以下几个账户的核算内容。

1. 本年利润

“本年利润”账户属于所有者权益类账户，用来核算企业当期实现的净利润（或发生的净亏损）。该账户的贷方登记由“主营业务收入”“其他业务收入”“营业外收入”“投资收益”“资产处置损益”“其他收益”等损益类账户转来的本期发生额，借方登记由“主营业务成本”“税金及附加”“其他业务成本”“销售费用”“管理费用”“财务费用”“营业外支出”“所得税费用”等损益类账户转来的本期发生额，平时该账户如为贷方余额，表示企业本年累计实现的净利润，如为借方余额，表示本年累计发生的亏损额。年末，应将“本年利润”账户的余额结转至“利润分配——未分配利润”账户，结转后该账户无余额。

2. 所得税费用

“所得税费用”账户属于损益类账户，用来核算企业确认的应从当期利润总额中扣除的所得税费用。期末，应将本账户借方发生额转入“本年利润”账户的借方，结转后账户无余额。

3. 营业外收入

“营业外收入”账户属于损益类账户，用来核算企业发生的营业利润以外的收益，主要包括盘盈利得、捐赠利得等。账户贷方登记企业获得的各项营业外收入，期末，应将账户发生额全部转入“本年利润”账户的贷方，结转后无余额。

该账户可按营业外收入项目设置明细账，进行明细核算。

4. 营业外支出

“营业外支出”账户属于损益类账户，用来核算企业发生的营业利润以外的支出，包括捐赠支出、非常损失、盘亏损失等。账户借方登记企业发生的各项营业外支出，期末，应将账户发生额全部转入“本年利润”账户的借方，结转后无余额。

该账户应按支出项目设置明细账，进行明细核算。

5. 投资收益

“投资收益”账户属于损益类账户，用来核算企业确认的投资收益或投资损失。账户贷方登记企业当期取得的投资收益，借方登记当期发生的投资损失，期末应将账户的余额转入“本年利润”账户，结转后期末无余额。

该账户应按投资项目设置明细账，进行明细核算。

（二）利润核算例解

【例 4－33】 富强公司因违反环保法的有关规定受到主管部门的处罚，支付罚款 65 000 元。

富强公司支付违法经营的罚款属于营业外支出，应记入“营业外支出”账户的借方，同时银行存款减少。

应编制会计分录：

借：营业外支出	65 000	
贷：银行存款		65 000

【例 4－34】 富强公司收到被投资企业申达公司本月宣告分配的现金股利 2 500 元。

富强公司购买股票属于投资业务，收到现金股利应确认投资收益，一方面在“投资收益”账户贷方登记，另一方面在“银行存款”账户借方登记。

应编制会计分录：

借：银行存款	2 500	
贷：投资收益		2 500

【例 4－35】 月末，富强公司将本月实现的“主营业务收入”和“投资收益”结转至“本年利润”账户。

将各种收益类账户的发生额从其借方转入“本年利润”账户的贷方。

应编制会计分录：

借：主营业务收入	1 770 000	

投资收益　　2 500

贷：本年利润　　1 772 500

【例 4－36】月末，富强公司将本月发生的“主营业务成本”“销售费用”“税金及附加”“管理费用”“财务费用”“营业外支出”结转至“本年利润”账户。本月有关损益类账户的借方发生额如下：

“主营业务成本”账户本期借方发生额为 1 000 000 元。

“销售费用”账户本期借方发生额为 420 000 元。

“税金及附加”账户本期借方发生额为 6 000 元。

“管理费用”账户本期借方发生额为 31 040 元。

“财务费用”账户本期借方发生额为 6 000 元。

“营业外支出”账户本期借方发生额为 65 000 元。

将上述各种费用、支出从有关费用支出账户的贷方转入“本年利润”账户的借方。

应编制会计分录：

借：本年利润　　1 528 040

贷：主营业务成本　　1 000 000

税金及附加　　6 000

销售费用　　420 000

管理费用　　31 040

财务费用　　6 000

营业外支出　　65 000

【例 4－37】富强公司全年实现利润总额 244 460 元，经过纳税调整后，全年实现的应纳税所得额为 260 000 元，年末按 25% 的税率计算应缴企业所得税。

富强公司年末计算应缴企业所得税时，由于尚未实际缴纳，因此形成负债，在“应交税费”账户的贷方登记，同时所得税费用增加，记入“所得税费用”账户的借方。

应缴纳的企业所得税 $=260\ 000\times 25\%=65\ 000$（元）

应编制会计分录：

借：所得税费用　　65 000

贷：应交税费——应交企业所得税　　65 000

根据上述资料登记“应交税费——应交企业所得税”明细账（三栏式），见表 4－11。

表 4-11　　应交税费——应交企业所得税　　单位：元

年		凭证号数	摘要	借方	贷方	借或贷	余额
月	日						
			计算全年应缴所得税		65 000		
		（略）					（略）

【例 4-38】年末结转所得税费用。

富强公司年末结转所得税费用后，“本年利润”账户的余额由“利润总额”变为“净利润”。

应编制会计分录：

借：本年利润　　65 000

　　贷：所得税费用　　65 000

综合上述举例，利润核算业务各账户之间的关系如图 4-5 所示。

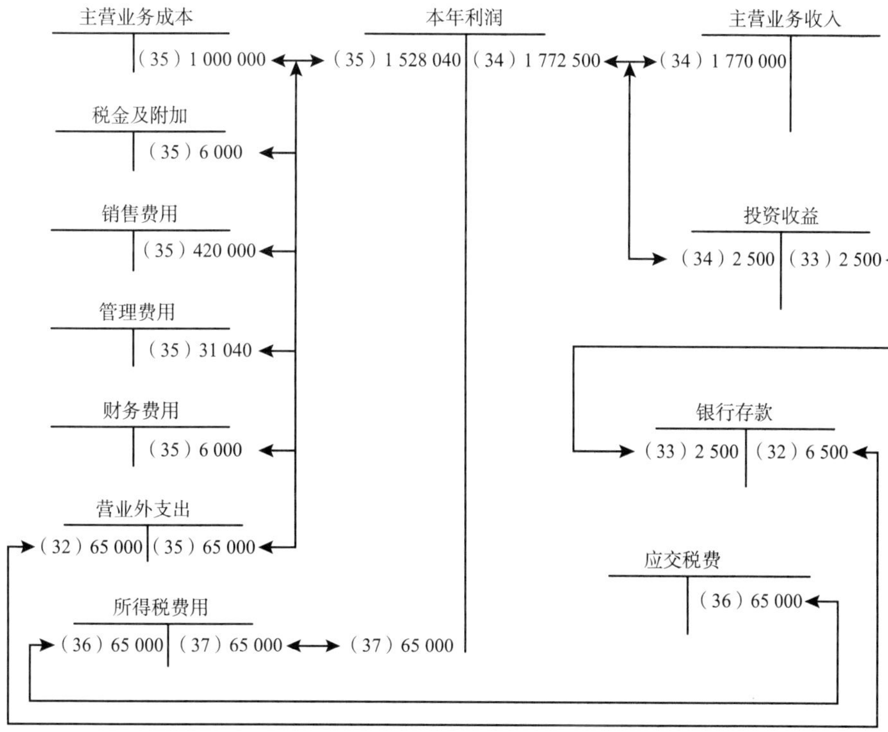

图 4-5　利润核算

二、利润分配的核算

利润分配，是指企业根据国家规定和投资者的决议，对净利润进行的分配。公司制企业要根据《中华人民共和国公司法》的规定，对净利润按照一定的顺序进行分配。首先弥补以前年度亏损，其次提取法定盈余公积、任意盈余公积，最后按有关协议或决议分配投资者利润，余下的部分形成未分配利润，结转至以后年度再进行分配。企业按规定提取的盈余公积和剩余的未分配利润累计金额统称为“留存收益”。

（一）利润分配核算需要设置的主要账户

核算利润分配的核心账户是“利润分配”账户，与“利润分配”账户会产生对应关系的账户包括“盈余公积”“应付利润”（或“应付股利”）等账户。

1. 利润分配

“利润分配”账户属于所有者权益类账户，用来核算企业利润分配过程和分配结果。该账户借方登记已分配的利润和年末从“本年利润”账户转来的年度内发生的亏损；贷方登记弥补的亏损额和年末从“本年利润”账户转来的年度内实现的净利润，期末如果余额在贷方，表示累计未分配的利润，如果余额在借方，表示累计未弥补的亏损。

该账户应设置“提取法定盈余公积”“提取任意盈余公积”“应付现金股利或利润”“转作股本的股利”“盈余公积补亏”和“未分配利润”等明细账，进行明细分类核算。

2. 盈余公积

“盈余公积”账户属于所有者权益账户，用来核算企业从净利润中提取的盈余公积。该账户贷方登记盈余公积的提取数，借方登记因使用而减少的盈余公积，期末余额在贷方，表示盈余公积的结余金额。

该账户应设置“法定盈余公积”“任意盈余公积”明细账，进行明细分类核算。

3. 应付股利

“应付股利”账户属于负债类账户，用来核算企业经权力机构决议确定分配的利润。该账户贷方登记应分配的利润，借方登记利润的发放数，期末余额在贷方，表示应付未付给投资人的利润。

该账户应按投资人设置明细账，进行明细核算。

（二）利润分配核算例解

【例 4－39】年末，富强公司按全年净利润的 10% 提取盈余公积。

根据【例 4－37】【例 4－38】资料，富强公司全年净利润＝244 460－65 000＝179 460（元）。

富强公司应提取的盈余公积＝179 460×10%＝17 946（元）

盈余公积是对净利润的分配，应记入“利润分配”账户的借方和“盈余公积”账户的贷方。

应编制会计分录：

借：利润分配——提取法定盈余公积　　17 946

　　贷：盈余公积——法定盈余公积　　17 946

【例 4－40】年末，经权力机构决议，富强公司按全年净利润的 40% 计算应向投资者分配的利润。

富强公司按照利润分配顺序确定分给各投资者的利润，尚未实际支付前，形成富强公司对股东的一项负债，应记入“应付股利”账户。分配给股东利润，富强公司的净利润减少，应记入“利润分配”账户的借方。

应付投资者利润＝179 460×40%＝71 784（元）

应编制会计分录：

借：利润分配——应付利润　　71 784

　　贷：应付股利　　71 784

【例 4－41】富强公司将本年实现的净利润结转至“利润分配——未分配利润”明细账。

应编制会计分录：

借：本年利润　　179 460

　　贷：利润分配——未分配利润　　179 460

需要注意的是，如富强公司本年度亏损，则作相反的会计分录。

【例 4－42】将“利润分配”账户的明细账户“提取法定盈余公积”“应付利润”的余额结转至“未分配利润”明细账户。

应编制会计分录：

借：利润分配——未分配利润　　　　　　　　89 730

　　贷：利润分配——提取法定盈余公积　　　　　　17 946

　　　　　　　　——应付利润　　　　　　　　　　71 784

综合上述举例，利润分配核算中各账户之间的对应关系如图 4－6 所示。

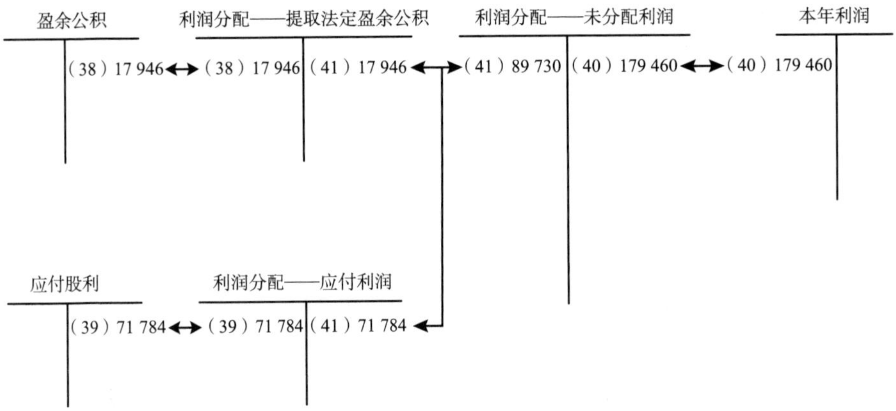

图 4－6　利润分配核算

【涉税提示】

本章学习的经营成果业务内容主要涉及的税收问题包括以下两项：

1. 会计利润与企业所得税应纳税所得额的比较。

根据《企业所得税法》第五条规定，企业每一纳税年度的收入总额，减除不征税收入、免税收入、各项扣除以及允许弥补的以前年度亏损后的余额，为应纳税所得额。可见会计利润与应纳税所得额都是对成果的计算，但是由于会计与税法的目标不同，计算损益的标准不同，所以计算的结果也不同。企业所得税纳税申报表以会计利润为基础，将会计与税法的差异，通过“纳税调整增加额”和“纳税调整减少额”进行调整，计算出最终的应纳税所得额，即税法标准下的净收益。

当会计利润是亏损时，当期的应纳税所得额不一定是亏损，需要计算缴纳所得税；相反，当会计实现利润时，应纳税所得额却可能是负数，表现为税法标准下的亏损，当期不用缴纳所得税，而且亏损可以递延结转到以后年度，用以后年度的税前所得进行弥补，弥补期限为 5 年（高新技术企业、科技型企业为 10 年）。

2. 损失确认的涉税问题。

企业发生的损失在“营业外支出”账户核算，各项损失能否在计算企业所得税时扣除，税法有明确规定。税务人员通过该账户可以识别企业申请税前扣除的损失是否已经在会计核算中确认，确认的金额是否准确，然后进一步落实损失是否完成了申报程序，是否具备相关证明材料等事项。

第五章　会计凭证

【本章提要】本章主要介绍会计凭证，原始凭证、记账凭证的填制和审核，会计凭证的书写、传递与保管，重点学习会计凭证的种类和审核。

在经济活动发生过程中，为了记载业务基本情况、证明业务真实性，明确责任转移路径，通常要填制相关单据，这些单据在会计核算中被称为会计凭证。经济活动发生后要运用借贷记账法将相关信息登记到有关账户中，为了减少记账错误的发生，需要事先将信息进行整理，编制会计分录，记载会计分录的单据也就是会计凭证。不同的会计凭证填制程序不同，发挥的作用不同。《会计法》和《会计基础工作规范》对会计凭证的填制和审核、传递及保管均作了明确的规定。

会计凭证也是记载和反映纳税义务、计算应纳税额的原始依据，税务人员掌握有关会计凭证的知识，可以找到经济活动原貌的原始证据，可以从某一个事项找到解决异常问题的突破口，为税收征管和稽查工作提供帮助。

第一节　会计凭证概述

一、会计凭证的含义

会计凭证是记录经济业务、明确经济责任、作为记账依据的书面证明。

为了如实反映企业的经济活动情况，在经济活动发生时，企业必须取得或自行填制会计凭证，以此证明经济业务的发生或完成情况。会计凭证须载明经济业务的内容、数量、金额，并签名盖章，有的还要加盖公章，以明确对该项经济业务的合法性和凭证真实性、准确性所负的相应责任。

会计凭证的记载内容和格式，必须符合国家统一的会计制度的规定。一切会计凭证都应经过专人进行严格的审核，只有经过审核无误的凭证，才能作为记账的依据。任何单位和个人不得伪造、变造会计凭证。

使用计算机进行会计核算的企业，其软件生成的会计凭证也必须符合国家统一的会计制度的规定。

填制和审核会计凭证作为会计核算的一种基本方法，对提高会计信息质量，完成会计工作任务，实现会计的核算和监督职能，具有以下三方面的作用：

（1）认真填制和严格审核会计凭证，可以为计算、记账提供真实、可靠的数据资料，从而保证会计核算的准确性，保证会计信息的质量。

（2）通过认真填制和严格审核会计凭证，可以对经济业务活动的合理性、合法性进行检查和监督，从而充分发挥会计的监督作用。

（3）通过填制和审核凭证，可以明确有关部门、有关人员在办理经济业务中的责任。由于每笔经济业务都要填制或取得会计凭证，并由有关部门和有关人员签章，这就要求有关部门和有关人员对经济活动的真实性、准确性、合法性负责，从而分清经济责任，加强经营管理。

二、会计凭证的种类

会计凭证的种类很多，最基本的分类方法是按会计凭证的编制程序和用途分类，按照这种方法会计凭证可分为原始凭证和记账凭证两大类。

（一）原始凭证

原始凭证是在经济业务发生或完成时取得或编制的，载明经济业务的具体内容，明确经济责任，具有法律效力的书面证明。它是组织会计核算的原始依据。

1. 原始凭证按其来源不同，可分为外来原始凭证和自制原始凭证。

（1）外来原始凭证。

外来原始凭证，是指在经济业务活动发生或完成时，由经办人员从其他单位或个人处直接取得的原始凭证。例如，购货取得的增值税专用发票、普通发票，铁路运输部门的火车票，对外支付款项时取得的财政专用收据等都是外来原始凭证。部分外来原始凭证的格式如图 5－1、图 5－2 所示。

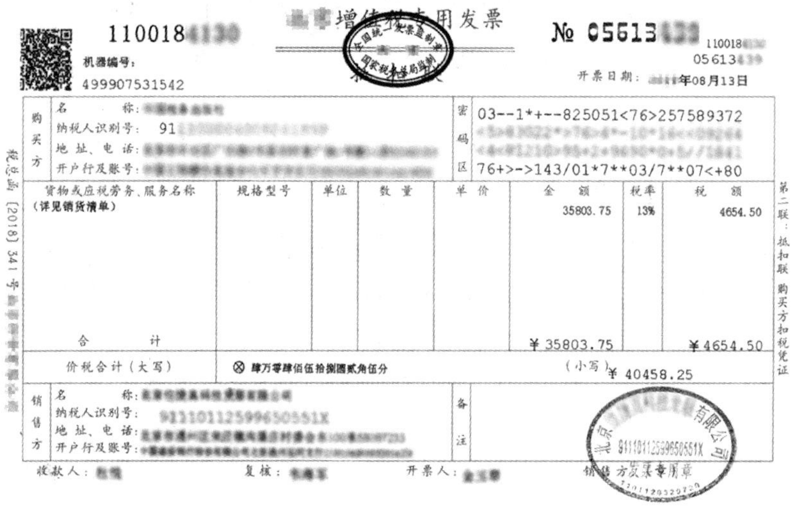

110018[illegible] 增值税专用发票 № 05613[illegible]

机器编号：499907531542

开票日期：[illegible]年08月13日

购买方 名称：[illegible] 纳税人识别号：91[illegible] 地址、电话：[illegible] 开户行及账号：[illegible]

密码区：03--1*+--825051<76>257589372 … 76+>->143/01*7**03/7**07<+80

货物或应税劳务、服务名称	规格型号	单位	数量	单价	金额	税率	税额
（详见销货清单）					35803.75	13%	4654.50
合计					¥35803.75		¥4654.50
价税合计（大写）	⊗肆万零肆佰伍拾捌圆贰角伍分				（小写）¥40458.25		

销售方 名称：[illegible] 纳税人识别号：[illegible] 地址、电话：[illegible] 开户行及账号：[illegible]

收款人：[illegible] 复核：[illegible] 开票人：[illegible] 销售方：（章）

第二联：抵扣联 购买方扣税凭证

图 5－1　增值税专用发票

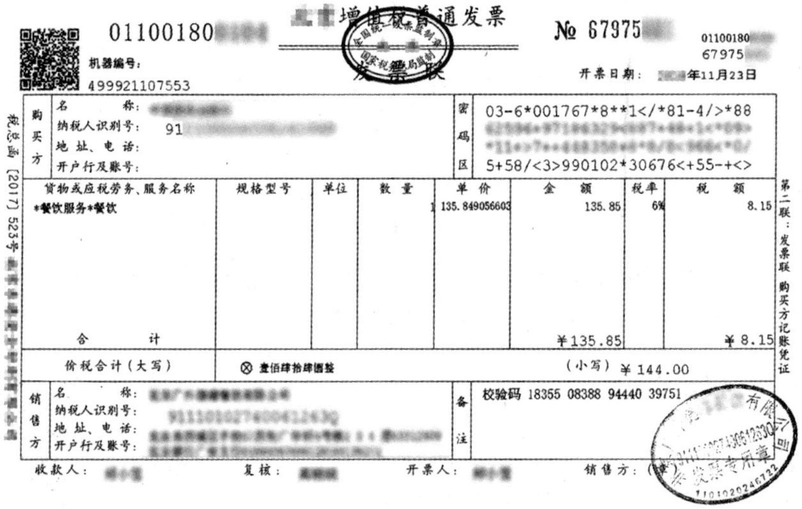

01100180[illegible] 增值税普通发票 № 67975[illegible]

机器编号：499921107553

开票日期：[illegible]年11月23日

购买方 名称：[illegible] 纳税人识别号：91[illegible] 地址、电话： 开户行及账号：

密码区：03-6*001767*8**1</*81-4/>*88 … 5+58/<3>990102*30676<+55-+<>

货物或应税劳务、服务名称	规格型号	单位	数量	单价	金额	税率	税额
*餐饮服务*餐饮			1	135.849056603	135.85	6%	8.15
合计					¥135.85		¥8.15
价税合计（大写）	⊗壹佰肆拾肆圆整				（小写）¥144.00		

销售方 名称：[illegible] 纳税人识别号：[illegible] 地址、电话：[illegible] 开户行及账号：[illegible]

备注：校验码 18355 08388 94440 39751

收款人：[illegible] 复核：[illegible] 开票人：[illegible] 销售方：（章）

第二联：发票联 购买方记账凭证

图 5－2　增值税普通发票

（2）自制原始凭证。

自制原始凭证，是指本单位内部具体经办业务的部门和人员，在执行或完成某项经济业务时所填制的原始凭证。如“采购入库单”“材料出库单”“产成品入库单”等。

2. 原始凭证按其填制手续的次数不同，可分为一次凭证、累计凭证和汇总原始凭证。

（1）一次凭证。

一次凭证，是指经济业务发生或完成后，一次填制完毕，记录一笔经济业务的原始凭证。日常的原始凭证多属此类，如“内部现金收据”“发货票”等。另外，外来原始凭证一般均属于一次凭证。

（2）累计凭证。

累计凭证，是指一定时期内，连续多次记载同类重复发生的经济业务的原始凭证。它一般为自制原始凭证。最有代表性的累计凭证是“限额领料单”。

（3）汇总原始凭证。

汇总原始凭证，是指按照一定的标准对若干同类的一次或累计凭证进行定期归类整理汇总而编制的作为记账依据的凭证。

3. 原始凭证按其用途不同，可分为通知凭证、执行凭证和计算凭证。

（1）通知凭证。

通知凭证，是指要求、指示或命令企业进行某项经济业务的原始凭证，如“罚款通知书”“付款通知单”“银行本票”等。

（2）执行凭证。

执行凭证，是指证明某项经济业务已经完成的原始凭证，如“销货发票”“材料验收单”“领料单”等。

（3）计算凭证。

计算凭证，是指对已发生或完成的经济业务进行计算而编制的原始凭证。如“产品成本计算单”“制造费用分配表”“工资计算表”等。

4. 原始凭证按其格式不同，可分为通用凭证和专用凭证。

（1）通用凭证。

通用凭证，是指在一定范围内具有统一格式和使用方法的凭证。这里的一定范围可以是全国范围，也可以是某省、某市、某地区或某系统范围内。如全国统一使用的“银行承兑汇票”，某一地区统一印制的“财政专用收款收据”等。

（2）专用凭证。

专用凭证，是指一些单位具有特定内容和专门用途的原始凭证，如“增值税专用发票”“差旅费报销单”等。

此外，在实际工作中，对业务内容相同，发生笔数较多的原始凭证，也可按照一定的要求加以汇总，编制原始凭证汇总表，如“发出材料汇总表”(见表5－1)。

表5－1　　发料材料汇总表

2022年4月30日

会计科目	领料部门	领料单张数/张	原材料/元	燃料/元	××	合计/元
生产成本	一车间	20	35 000			35 000
	二车间	10	15 000			15 000
	小计	30	50 000			50 000
制造费用	一车间	10	20 000			20 000
	二车间	10	15 000			15 000
	小计	20	35 000			35 000
合计		50	85 000			85 000

会计主管　　记账　　复核　　制表

（二）记账凭证

记账凭证亦称分录凭证，是指会计人员根据审核无误的原始凭证或原始凭证汇总表编制，记载经济业务简要内容，确定会计分录，作为记账依据的会计凭证。

1. 记账凭证按其使用范围不同，可分为通用记账凭证和专用记账凭证。

(1) 通用记账凭证。

通用记账凭证是一种任何经济业务都适用的记账凭证，如图5－3所示。

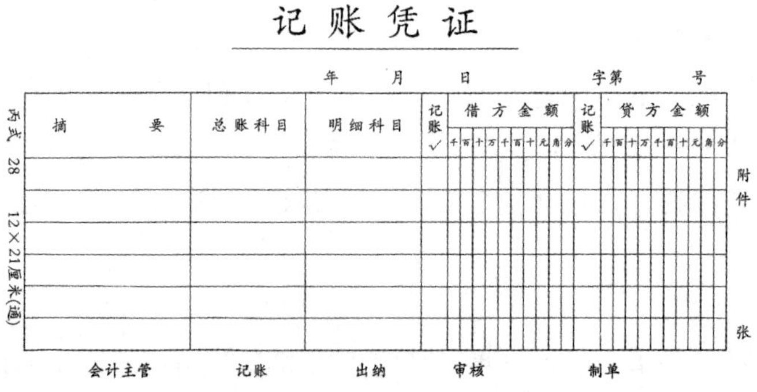
记账凭证

年　月　日　　字第　号

摘要	总账科目	明细科目	记账✓	借方金额（千百十万千百十元角分）	记账✓	贷方金额（千百十万千百十元角分）

丙式 28 12×21厘米(通)　　附件　张

会计主管　记账　出纳　审核　制单

图5－3　记账凭证

（2）专用记账凭证。

专用记账凭证是按经济业务的某种特定属性定向使用的记账凭证。按是否反映货币资金收付业务，专用记账凭证分为收款凭证、付款凭证和转账凭证三种。

收款凭证是专门用来记录现金或银行存款收入业务的记账凭证。收款凭证根据借方科目分为库存现金或银行存款，又可具体分为现金收款凭证和银行存款收款凭证。收款凭证如图 5－4 所示。

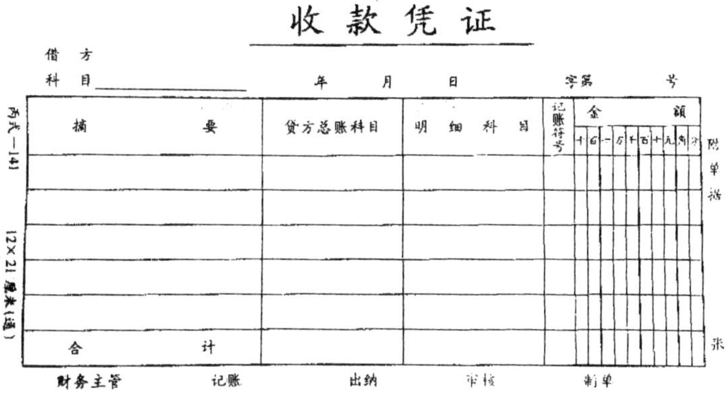
收款凭证

借方科目　　　　年　月　日　　　　字第　　号

摘要	贷方总账科目	明细科目	记账符号	金额
合计				

丙式—141　12×21 厘米（通）　附单据　张

财务主管　记账　出纳　审核　制单

图 5－4　收款凭证

付款凭证是专门用来记录现金或银行存款支付业务的记账凭证。付款凭证根据贷方科目分为库存现金或银行存款，又可具体分为现金付款凭证和银行存款付款凭证。付款凭证如图 5－5 所示。

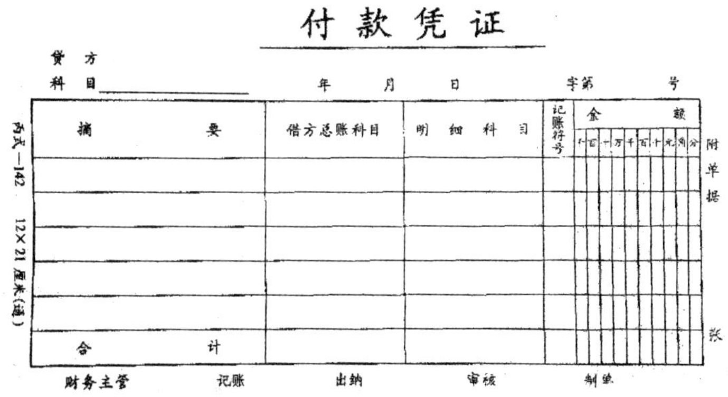
付款凭证

贷方科目　　　　年　月　日　　　　字第　　号

摘要	借方总账科目	明细科目	记账符号	金额
合计				

丙式—142　12×21 厘米（通）　附单据　张

财务主管　记账　出纳　审核　制单

图 5－5　付款凭证

对于现金和银行存款之间相互划转的业务，如从银行提取现金，或将现金存入银行，为了避免重复记账，只编制付款凭证，不编制收款凭证。如从银行提取现金时，只编制银行存款付款凭证；如将现金存入银行时，只编制现金付款凭证。

转账凭证是专门用来记录非货币资金收付业务的记账凭证。凡不涉及现金和银行存款收付的经济业务，均为转账业务，据此编制转账凭证。转账凭证如图 5－6 所示。

转 账 凭 证

年　　月　　日　　　　字第　　　号

丙式　28　12×21厘米(通)

摘要	总账科目	明细科目	记账✓	借方金额										记账✓	贷方金额								
				千	百	十	万	千	百	十	元	角	分		千	百	十	万	千	百	十	元	角	分

附件　　张

会计主管　　记账　　出纳　　审核　　制单

图 5－6　转账凭证

2. 记账凭证按其编制的方式不同，可分为单式记账凭证和复式记账凭证两种。

（1）单式记账凭证是在每张凭证上只填列一个账户名称，而对应账户的名称仅作参考，不据以记账。填列借方账户的称为借项记账凭证，填列贷方账户的称为贷项记账凭证，一项经济业务涉及几个账户，就分别填制几张凭证，并采用一定的编号方法将它们联系起来。其优点是内容单一，便于记账工作的分工，也便于按科目汇总，并可加速凭证的传递。其缺点是凭证张数多，内容分散，在一张凭证上不能完整地反映一笔经济业务的全貌。故需加强凭证的复核、装订和保管工作。

（2）复式记账凭证是在每张凭证上填列一笔会计分录的全部账户名称。其优点是能完整地反映一笔经济业务的全貌，即经济业务所涉及的全部账户及其对应关系；且填写方便，附件集中，便于凭证的分析和审核。其缺点是不便于分工记账，也不便于科目汇总。

3. 记账凭证按其用途不同，可分为分录凭证、汇总凭证和联合凭证三种。

（1）分录凭证是直接根据原始凭证编制，载明会计科目、记账方向和金额的凭证。

（2）汇总凭证是对分录凭证加以汇总，据以登记分类账的记账凭证，如“记账凭证汇总表”“汇总收款凭证”等。

（3）联合凭证是既有原始凭证或原始凭证汇总表的内容，同时又具备记账凭证内容的凭证。例如，在自制原始凭证或原始凭证汇总表上同时印有对应科目，用以代替记账凭证，作为记账的依据。

会计凭证的分类见表 5－2。

表 5－2　　会计凭证分类

<table>
<tr><td rowspan="6">会计凭证</td><td rowspan="3">原始凭证</td><td colspan="6">分类标准</td></tr>
<tr><td colspan="2">来源不同</td><td colspan="2">填制手续次数不同</td><td>用途不同</td><td>格式不同</td></tr>
<tr><td colspan="2">外来原始凭证
自制原始凭证</td><td colspan="2">一次凭证
累计凭证
汇总凭证</td><td>通知凭证
执行凭证
计算凭证</td><td>通用凭证
专用凭证</td></tr>
<tr><td rowspan="3">记账凭证</td><td colspan="6">分类标准</td></tr>
<tr><td colspan="2">使用范围不同</td><td colspan="2">编制方式不同</td><td colspan="2">用途不同</td></tr>
<tr><td colspan="2">通用记账凭证
专用记账凭证</td><td colspan="2">单式记账凭证
复式记账凭证</td><td colspan="2">分录凭证
汇总凭证
联合凭证</td></tr>
</table>

第二节 原始凭证的填制和审核

一、原始凭证的基本内容

企业的经济业务复杂多样，用来记录经济业务的原始凭证种类繁多、格式各异。为了能够客观反映经济业务的发生或完成情况，无论各种原始凭证之间有何差异，都必须具备下列基本内容：

（1）原始凭证的名称；

（2）填制凭证的日期；

（3）填制凭证单位名称或者填制人姓名；

（4）接受凭证单位名称；

（5）经济业务的内容摘要；

（6）经济业务所涉及的品名、数量、单价和金额；

（7）经办部门和人员的签名或盖章。

上述基本内容，是原始凭证的基本要素，不得缺少，否则，就不能成为具有法律效力的书面证明。

《会计法》第十四条规定："原始凭证记载的各项内容均不得涂改，原始凭证有错误的，应当由出具单位重开或者更正，更正处应当加盖出具单位印章。原始凭证金额有错误的，应当由出具单位重开，不得在原始凭证上更正。"

【涉税提示】

会计中的白条，是行为人开具或索取的不符合正规凭证要求的发票和收付款项证据。主要表现形式有：打白条（即以个人或单位的名义，在白纸上书写证明收支款项或领发货物的字样，作为发票来充当原始凭证）、以收据代替发票等。

在税务检查中发现企业以白条入账的，要注意其所列示的经济业务是否真实，根据税法规定判断其能否作为税前扣除的凭证。

二、原始凭证的审核

为了正确反映经济业务的发生或完成情况，充分发挥会计的监督作用，保证原始凭证的合理性、合法性和真实性，会计部门负责人或经其指定的审核人员必须认真、严格地审核原始凭证。原始凭证的审核一般应包括以下三个方面：

（1）对原始凭证所反映的经济业务的真实性进行审核。重点审核经济业务内容、数据和日期是否真实，注意有无涂改、伪造、变造原始凭证的情况；

注意查核原始凭证所反映的经济业务，是否属于本单位经营范围之内应发生的正常经济业务。

（2）对原始凭证所反映的经济业务的合法性和合理性进行审核。即根据有关政策、法令、制度、合同、预算和计划，审核经济业务活动是否合法、合理，是否符合有关规定，有无弄虚作假、违法乱纪、贪污舞弊等行为；审核业务活动的管理权限是否符合规定；审核业务活动是否符合提高经济效益的要求；是否符合开支标准等。

（3）对原始凭证的完整性和正确性进行审核。即审核原始凭证的填制是否符合规定的要求，如项目是否填写齐全，数字计算是否准确，大、小写金额是否相符，有无涂改，数字和文字书写是否清晰，有关签名、盖章是否齐全等。

《会计法》第十四条规定："会计机构、会计人员必须按照国家统一的会计制度的规定对原始凭证进行审核，对不真实、不合法的原始凭证有权不予接受，并向单位负责人报告；对记载不准确、不完整的原始凭证予以退回，并要求按照国家统一的会计制度的规定更正、补充。"

原始凭证的审核是一件十分严肃的工作，会计人员在审核原始凭证时，必须坚持原则、坚持制度、履行职责。

【涉税提示】

原始凭证是会计核算的原始依据，同时也是税务管理、税务稽查的重要参考依据。①原始凭证可以证明业务实际发生的真实性。根据《企业所得税法》第八条规定，企业实际发生的与取得收入有关的、合理的支出可以税前扣除，证明业务实际发生的证据就是会计原始凭证。②原始凭证是判断纳税义务发生时间的重要依据。根据《增值税暂行条例》第十九条规定，增值税纳税义务发生时间，发生应税销售行为，为收讫销售款项或者取得索取销售款项凭据的当天；先开具发票的，为开具发票的当天。会计凭证记载的开票日期是该项销售业务纳税义务发生的具体时间。③原始凭证是计算税款的直接依据。比如，增值税一般纳税人计算各期应缴纳的增值税税额时，进行税额抵扣时必须依据增值税专用发票和合法有效的抵扣凭证，未取得增值税专用发票或者取得不合法的抵扣凭证不得抵扣进项税额。④原始凭证可以作为确定纳税义务形成的证据。比如，纳税人销售商品开具的销售发票所记载的货物品名，可以证明该项销售业务是否属于消费税征税范围；所记载的数量、单价和金额是计算该项业务应纳消费税额的依据。

国家税务总局印发了《企业所得税税前扣除凭证管理办法》（国家税务总局公告2018年第28号）规定，税前扣除凭证，是指企业在计算企业所得税应纳税所得额时，证明与取得收入有关的、合理的支出实际发生，并据以税前扣除的各类凭证。

税前扣除凭证按照来源可分为内部凭证和外部凭证。内部凭证，是指企业自制用于成本、费用、损失和其他支出核算的会计原始凭证。内部凭证的填制和使用应当符合国家会计法律、法规等相关规定。外部凭证，是指企业发生经营活动和其他事项时，从其他单位、个人取得的用于证明其支出发生的凭证，包括但不限于发票（包括纸质发票和电子发票）、财政票据、完税凭证、收款凭证、分割单等。

企业取得私自印制、伪造、变造、作废、开票方非法取得、虚开、填写不规范等不符合规定的发票，以及取得不符合国家法律、法规等相关规定的其他外部凭证，不得作为税前扣除凭证。

可见，会计原始凭证与税收管理活动密切相关，掌握原始凭证的相关知识（包括凭证的填制与审核等），是税务人员应当具备的工作技能之一。

第三节　记账凭证的填制和审核

一、记账凭证的基本内容

虽然记账凭证有不同种类，具体格式也有差异，但都是通过对原始凭证归类整理，用来确定会计分录并据以登记账簿的一种会计凭证，都必须满足记账的要求。因此，作为记账凭证，必须具备以下基本内容：

（1）记账凭证的名称；

（2）填制单位的名称；

（3）填制凭证的日期和凭证的编号；

（4）经济业务的内容摘要；

（5）应借应贷的账户名称（包括总分类账户和明细分类账户）和金额；

（6）所附原始凭证张数；

（7）填制、审核、记账、会计主管等有关人员的签名或盖章。收款和付款凭证还应有出纳人员的签名或盖章。

二、记账凭证的审核

记账凭证是登记账簿的依据。为了保证账簿记录的准确性，在登记账簿前必须对已编制的记账凭证进行认真、严格的审核。审核的内容主要包括以下四个方面：

（1）按原始凭证审核的要求，对所附的原始凭证进行复核。

（2）审核记账凭证所附的原始凭证是否齐全，摘要是否同所附原始凭证的内容相符，金额是否一致等。对一些需要单独保管的原始凭证和文件，是否已在凭证上加注说明。

（3）审核记账凭证中会计科目使用是否准确；应借、应贷的金额是否一致。账户的对应关系是否清晰；核算的内容是否符合会计制度的规定等。

（4）审核记账凭证所需要填写的项目是否齐全，有关人员是否都已签字盖章等。

在审核中如发现记账凭证填制错误时，应重新填制或按规定办理更正手续。只有经过审核无误的记账凭证，才能作为登记账簿的依据。

【涉税提示】

记账凭证是经济业务发生后会对哪些账户产生影响，产生什么影响，产生多大影响的一种记录，是对经济活动进行的规范性整理，是登记账户的重要依据。通过记账凭证的审核，可以厘清经济业务的来龙去脉，可以直观地看出对应关系账户的变动情况。税务人员发现账户记录有异常现象时，可以通过查看记账凭证找出对应关系账户，找到相应原始凭证，为排除疑点或印证疑问获取最有效的信息。

第四节　会计凭证的书写、传递和保管

一、会计凭证的书写

（一）阿拉伯数字的书写要求

阿拉伯数字应当一个一个地写，不得连笔写。

（二）货币符号的书写

阿拉伯金额数字前面应当书写货币币种符号或者货币名称简写和币种符号，人民币币种符号是“￥”。

（三）汉字大写数字的书写

1. 大写数字的书写

汉字大写数字金额如零、壹、贰、叁、肆、伍、陆、柒、捌、玖、拾、佰、仟、万、亿等，一律用正楷或者行书体书写，不得用〇、一、二、三、四、五、六、七、八、九、十等代替，不得任意自造简化字。

大写金额写到元或者角为止的，在“元”或者“角”字之后应当写“整”字或“正”字；大写金额数字有“分”的，“分”字后面不写“整”字或“正”字。

2. 货币名称的简写

金额数字前未印有货币名称的，应当加填货币名称，货币名称与金额数字之间不得留有空白。如人民币 86 497 元，应当写成“人民币捌万陆仟肆佰玖拾柒元整”。

3. “零”字的写法

阿拉伯金额数字中间有“0”时，汉字大写金额要写“零”字。

二、会计凭证的传递

会计凭证的传递，是指会计凭证从取得或填制时起到装订归档止，在本单位内部各有关部门和人员之间，按规定程序进行传送和处理的过程。

会计凭证传递的主要内容包括传递程序、传递时间和衔接手续。

会计凭证的传递程序，是会计管理制度的一个重要组成部分，应当在制度中做出明确的规定。

会计凭证的传递时间，是指会计凭证从取得或填制至归档保管的间隔时间。

会计凭证传递过程中的衔接手续，应该做到既完备严密，又简便易行。会计凭证的收发、交接都应按一定的手续制度办理，以保证会计凭证的安全和完整。

会计凭证的传递程序、传递时间和衔接手续明确后，可制成凭证流程图（如图5－7所示），规定凭证传递的路线、环节，在各环节上的时间、处理内容及交接手续，使凭证传递工作有条不紊、迅速有效地进行。

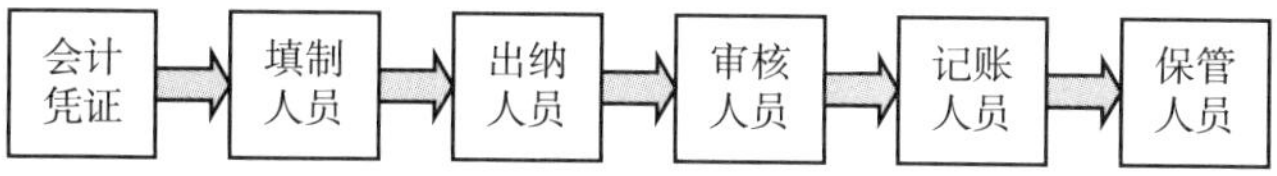

图5－7　会计凭证流程

三、会计凭证的保管

会计凭证的保管，是指会计凭证在登记入账后的整理、装订和归档存查。会计凭证是重要的经济档案，各单位必须对其加以妥善保管，不得丢失或任意销毁，以备日后查阅。会计凭证的保管方法和要求如下：

1. 分类和编号。会计凭证登记完毕后，应当按照分类和编号顺序保管，不得散乱丢失。

2. 装订会计凭证，应定期将记账凭证按编号顺序整理，检查有无缺号和附件是否齐全，然后加上封面和封底装订成册。为了防止失散，应在装订线上贴上封签，盖具会计人员印章，不得任意拆装。在封面上应注明单位名称、所属年度月份、起讫日期、记账凭证种类、张数、起止编号等。

对于数量过多的原始凭证，可以单独装订保管，在封面上注明记账凭证日期、编号、种类，同时在记账凭证上注明“附件另订”和原始凭证名称及编号。

各种经济合同、存出保证金收据以及涉外文件等重要原始凭证，应当另编目录，单独登记保管，并在有关的记账凭证和原始凭证上相互注明日期和编号。

3. 装订成册的会计凭证，应由专人负责集中保管，按年分月顺序排列，以便查阅。查阅会计凭证应有规定的手续制度。作为会计档案，原始凭证不得外借，其他单位如因特殊原因需要使用原始凭证时，经本单位领导批准可以复制。向外单位提供的会计凭证的复制件，应在备查簿中登记，由提供人和收取人共同签名盖章。

4. 从外单位取得的原始凭证如有遗失，应当取得原开出单位盖有公章的证明，并注明原来凭证号码、金额和内容等，由经办单位会计机构负责人、会计主管人员和单位领导人批准后，才能代作原始凭证。如果确实无法取得证明的，如火车票、轮船票、飞机票等凭证，应由当事人写出详细情况，由经办单位会计机构负责人、会计主管人员和单位领导批准后，代作原始凭证。

5. 会计凭证的保管期限，应严格根据《会计档案管理办法》的有关规定执行，最低为30年。未满保管期限的会计凭证不得任意销毁。保管期满后，必须按照规定的审批手续，报经批准后才能销毁。

【涉税提示】

《税收征管法》对纳税人的凭证管理作了明确的规定。

根据第十九条规定，纳税人、扣缴义务人按照有关法律、行政法规和国务院财政、税务主管部门的规定设置账簿，根据合法、有效凭证记账，进行核算。

根据第二十四条规定，从事生产、经营的纳税人、扣缴义务人必须按照国务院财政、税务主管部门规定的保管期限保管账簿、记账凭证、完税凭证及其他有关资料。账簿、记账凭证、完税凭证及其他有关资料不得伪造、变造或者擅自损毁。

根据第三十五条规定，纳税人虽设置账簿，但账目混乱或者成本资料、收入凭证、费用凭证残缺不全，难以查账的，税务机关有权核定其应纳税额。

根据第五十四条规定，税务机关有权检查纳税人的账簿、记账凭证、报表和有关资料，检查扣缴义务人代扣代缴、代收代缴税款账簿、记账凭证和有关资料。

根据第六十一条规定，扣缴义务人未按照规定保管代扣代缴、代收代缴税款记账凭证及有关资料的，由税务机关责令限期改正，可以处2 000元以下的罚款；情节严重的，处2 000元以上5 000元以下的罚款。

根据第六十三条规定，纳税人伪造、变造、隐匿、擅自销毁记账凭证，不缴或者少缴应纳税款的，是偷税。对纳税人偷税的，由税务机关追缴其不缴或者少缴的税款、滞纳金，并处不缴或者少缴的税款50%以上5倍以下的罚款；构成犯罪的，依法追究刑事责任。

扣缴义务人采取前款所列手段，不缴或者少缴已扣、已收税款，由税务机关追缴其不缴或者少缴的税款、滞纳金，并处不缴或者少缴的税款50%以上5倍以下的罚款；构成犯罪的，依法追究刑事责任。

《税收征管法实施细则》对纳税人的凭证管理作了补充规定。

根据第二十九条规定，账簿、记账凭证、报表、完税凭证、发票、出口凭证以及其他有关涉税资料应当合法、真实、完整。

账簿、记账凭证、报表、完税凭证、发票、出口凭证以及其他有关涉税资料应当保存10年；但是，法律、行政法规另有规定的除外。

第六章 会计账簿

【本章提要】 本章主要介绍会计账簿的种类，会计账簿的设置和登记，对账和结账，错账的处理，账簿的更换和保管，重点学习会计账簿的种类、对账、结账和错账的处理。

记账，是指根据会计凭证，按照一定的会计核算程序，在账簿上记录资金增减变化的过程。会计工作离不开记账，而记账又离不开账簿。会计账簿是全面、连续、系统地反映企业资产、负债、所有者权益、收入、费用和利润等各类会计信息的基本载体。《会计法》和《会计基础工作规范》对会计账簿的设置、登记、对账、结账和错账更正等问题均作了明确的规定，本章重点学习这些规定。

会计账簿全面记载了纳税人的财务信息，通过对账簿的分析，税务人员可以全面、系统地掌握纳税人的经营情况，深入挖掘涉税信息。税务人员需要掌握关于会计账簿设置、登记等方面的规定，在此基础上准确理解数字背后的经济含义，评价变动趋势的合理性，推断纳税信息的准确性。

第一节 会计账簿概述

一、会计账簿的概念与作用

（一）会计账簿的概念

会计账簿，是由具有专门格式而又相互联系的账页组成，以经过审核的会计凭证为依据，全面、系统、连续、分类地记录全部经济业务的会计簿籍。设置和登记账簿是会计核算工作的基础，是连接会计凭证与会计报表的中间环节。

在会计核算中，通过会计凭证的填制和审核，核算和监督各项经济业务的发生和完成情况。但由于会计凭证种类多、数量大，对经济业务的反映是零散、片面的，因此，企业需要通过设置和登记账簿，将会计凭证所提供的大量分散的核算资料进行归类汇总，全面、连续、系统、综合地记载经济活动中的财务状况、经营成果和现金流量等信息，以满足信息使用者的相关需求。

（二）会计账簿的作用

设置和登记账簿是会计核算工作的重要环节，在经济管理中具有重要作用。

1. 通过设置和登记账簿，可以全面、系统、连续地记载和反映各项资产、负债、所有者权益以及经营资金收支等的变化情况，为改善经营管理，加强经济核算，合理运用资金提供总括的和明细的核算资料。同时，借助于账簿记录，可以监督各项财产物资的妥善保管，防止损失浪费，揭露贪污盗窃行为，保护财产的安全完整。

2. 通过设置和登记账簿，可以为计算成本、费用、利润等提供详细资料。

3. 通过设置和登记账簿，可以为编制各种会计报表提供系统的会计核算资料。会计报表指标是否真实，会计报表编制能否及时，都与账簿设置和登记的质量有密切关系。

4. 通过设置和登记账簿，可以为分析和检查企业经济活动提供依据。通过对账簿资料的分析，检查企业财经法规、制度执行情况，财经纪律遵守情况；考核成本、财务计划完成情况；分析资金使用是否得当，成本、费用支出是否合理，经济效益有无提高。

二、会计账簿与账户的关系

会计账簿与账户是形式和内容的关系。账户存在于账簿之中，账簿是由若干账页组成的载体，账簿中的每一账页都是账户的存在形式和载体。没有账簿，账户就不能独立存在；账簿序时、分类地记载经济业务，是在个别账户中完成的。因此，账簿只是一个外在形式，账户才是其内在的真实内容。

三、会计账簿的种类

会计账簿的种类多种多样，通常可按账簿的用途和外表形式对账簿进行分类。

（一）按账簿的用途分类

账簿按用途可以分为分类账、序时账和备查账。

1. 分类账，是对全部经济业务按照账户进行分类核算和监督的账簿。按其分类的概括程度不同，分类账分为总分类账和明细分类账。分类账所提供的各项资产、负债、所有者权益、收入、费用和利润的总括和明细核算资料，是编制会计报表的主要依据。

（1）总分类账，简称总账，是按总分类账户开设，用来分类登记、反映和监督全部经济业务，提供各项资产、负债、所有者权益、收入、费用、利润等总括核算资料的账簿。

（2）明细分类账，简称明细账，是按总账所属二级或三级明细账户开设，用来分类登记、反映和监督某一类经济业务，提供明细核算资料的分类账簿。

总账和明细账，反映经济内容的详细程度不同，统称分类账。

2. 序时账，又称日记账，是按经济业务发生和完成时间的先后顺序，逐日逐笔连续进行登记的账簿。在会计核算中，序时账是根据会计部门收到会计凭证的先后顺序，即记账凭证编号的先后顺序，逐日逐笔进行登记，每日结出余额。序时账可以用来及时、详细地反映经济业务的发生和完成情况，提供会计资料，而且也可以用来和分类账的有关账户进行相互核对。日记账按其记录经济业务范围的不同，又可以分为普通日记账和特种日记账。

普通日记账，也称普通序时账簿，是用来记录全部经济业务完成情况的账簿。它的特点是将每天发生的全部经济业务所编制的会计分录，按时间顺序逐笔登记，这种日记账也称分录簿。由于登记普通日记账要花费大量的时间和精力，而且查阅不方便，也不利于分工，因此现在很少采用。这种账簿适用于会计信息化企业。

特种日记账，也称特种序时账簿，是用来记录某一类经济业务完成情况的账簿。它的特点是对某一类重要的、发生频繁、需要经常查核、性质相同的经济业务进行序时登记。例如，对现金收付业务设置现金日记账，对银行存款收付业务设置银行存款日记账，提供货币资金收付业务的详细、及时的会计信息，以加强货币资金的管理。

3. 备查账，又称备查登记簿、其他辅助性账簿，是对某些在分类账和序时账中未能记录、反映或记录、反映不全的经济业务，为便于备查而进行补充登记的辅助性账簿。主要是为某些经济业务提供必要的内部参考资料。例如，代销商品登记簿、租入固定资产登记簿等。辅助账没有固定的格式，可根据各个单位的实际需要灵活设置。备查账与其他账簿之间不存在严密的依存、勾稽关系，是对账簿记录的补充。备查账的记录与编制财务会计报告也无直接关系，备查账是一种表外账簿。

（二）按账簿的外表形式分类

账簿的外表形式，是指账页组成账簿的方式。账簿按其外表形式一般可以分为订本式账簿、活页式账簿和卡片式账簿。

1. 订本式账簿，简称订本账，是在启用前将顺序编号的账页固定装订成册的账簿。订本式账簿一般用于现金日记账、银行存款日记账和总分类账。它的优点是，可以避免账页散失，防止抽换账页，从而能够保证账簿资料的安全与完整。它的缺点是，同一本账簿在同一时间内只能由一人登记，不能分工记账；订本式账簿账页固定，不能根据需要进行增减。

2. 活页式账簿，简称活页账，是将分散的账页装订在账夹内，可以随时增减账页的账簿。活页式账簿主要用于各种明细分类账。它的优点是，可以根据需要随时增减或排列账页，便于分工记账，提高工作效率。它的缺点是，如果管理不善，账页容易散失或被抽换。采用活页式账簿，平时应按账页顺序编号，会计期末装订成册并按实际账页数顺序编号编制目录，保证账簿资料的安全与完整。

3. 卡片式账簿，简称卡片账，是由具有账页格式、分散的卡片组成的账簿。卡片式账簿主要用于财产明细账，如原材料卡片账，固定资产实物卡片账，低值易耗品卡片账等。卡片式账簿除具有活页式账簿的优缺点外，还具有无须每年更换、可以跨年度使用的特点。

会计账簿的分类见表6－1。

表 6－1　　会计账簿分类

<table>
<tr><th>分类标准</th><th colspan="2">账簿名称</th><th>举例</th></tr>
<tr><td rowspan="4">按用途分类</td><td rowspan="2">分类账</td><td>总账</td><td>固定资产总分类账，应收账款总分类账</td></tr>
<tr><td>明细账</td><td>原材料明细分类账，应交税费明细分类账</td></tr>
<tr><td colspan="2">日记账</td><td>现金日记账，银行存款日记账</td></tr>
<tr><td colspan="2">备查账</td><td>受托加工材料登记簿，经营租入固定资产登记簿</td></tr>
<tr><td rowspan="3">按外表形式分类</td><td colspan="2">订本式账簿</td><td>库存商品总分类账，银行存款日记账</td></tr>
<tr><td colspan="2">活页式账簿</td><td>生产成本明细分类账，应交税费明细分类账</td></tr>
<tr><td colspan="2">卡片式账簿</td><td>固定资产实物卡片账</td></tr>
</table>

【涉税提示】

根据《税收征管法实施细则》第二十二条规定，从事生产、经营的纳税人应当自领取营业执照或者发生纳税义务之日起 15 日内，按照国家有关规定设置账簿。账簿，是指总账、明细账、日记账以及其他辅助性账簿。总账、日记账应当采用订本式账簿。

不同种类的账簿提供信息的详细程度不同，反映信息的角度也不同，税务人员应该根据所需涉税信息的具体情况，灵活选择和运用不同的账簿。比如，在税务检查过程中，采集原材料的收、发领用信息时，需要从原材料的明细账中获取，明细分类账可以提供原材料购进与发出过程中有关数量与金额变化的详细信息。如果检查有关租入资产发生的租金支出的业务问题，就需要查找辅助性账簿，在辅助性账簿中才能找到关于租赁的更详细的信息，包括租赁期限的起止日、租金金额、租金支付方式等。

第二节　会计账簿的设置和登记

一、会计账簿的设置

企业必须根据《会计法》和国家统一会计制度的规定以及会计业务的需要科学、合理地设置会计账簿，并保证其真实、完整，不得不设、少设、私设账簿，不得伪造、变造会计账簿。账簿之间要互相衔接、互相补充、互相制约，能清晰地反映账户间的对应关系，以便能提供完整、系统的资料。

使用计算机进行会计核算的，其软件生成的会计账簿也必须符合国家统一的会计制度的规定。

（一）总账的设置

为了全面、总括地反映经济活动情况，并为编制会计报表提供核算资料，任何单位都应设置总账，总账采用订本式账簿。在总账中，应根据统一规定的会计科目的编号顺序设置账户。总账可采用三栏式和多栏式账页两种格式。

1. 三栏式总账

三栏式总账应设有“借方”“贷方”“余额”三个金额栏，见表6－2、表6－3。表6－2总账对某一账户只设有借方、贷方、余额三栏，而不反映对方科目；表6－3在总账的借方和贷方两栏内，分别设置“对方科目”栏，以便使记账科目的对方科目能够反映出来，账户对应关系更加清晰。

2. 多栏式总账

多栏式总账是将所有的总账科目合并设在一张账页上。多栏式总分类账，是一种日记账与分类账相结合的联合账簿，也称日记总账，见表6－4。

表6－2　　三栏式总账

科目：1601 固定资产　　单位：元

20××年		凭证号数	摘要	借方	贷方	借或贷	余额
月	日						
			上年结转			借	85 690 819.73
01			本月合计	1 495 049.00		借	87 185 868.73
01			本年累计	1 495 049.00			
02			本月合计	1 563 333.00		借	88 749 201.73
02			本年累计	3 058 382.00			
03			本月合计	1 471 970.00		借	90 221 171.73
03			本年累计	4 530 352.00			
……							
11			本月合计	398 965.00		借	91 227 389.88
11			本年累计	5 536 570.15			

表 6－3　　三栏式总账

会计科目：　　　　第　页

年		凭证字号	摘要	借方		贷方		借或贷	余额
月	日			对方科目	金额	对方科目	金额		

表 6－4　　多栏式总账

年		凭证字号	摘要	发生额	科目		科目		……
月	日				借方	贷方	借方	贷方	……

（二）明细账的设置

为详细地反映经济业务情况，并为编制会计报表提供详细核算资料，应在设置总账的基础上，根据经营管理的需要，为各种财产物资、债权债务、收入、费用及利润等有关总分类账户设置各种明细分类账，如原材料明细账、应收账款明细账等。

明细分类账一般采用活页账，也有的采用卡片账，如固定资产卡片账。明细账的格式，应根据其所反映经济业务内容的特点，以及实物管理的不同要求来确定。一般有三栏式账页、多栏式账页、数量金额式账页和平行式账页等多种格式。

1. 三栏式明细账

三栏式明细账账页的格式同三栏式总账的格式基本相同，它只设借方、贷方和余额三个金额栏，不设数量栏。这种账页格式适用于只需要采用金额核算的资本、债权、债务等类科目，如“实收资本”“应收账款”“其他应收款”“应付账款”“短期借款”“长期借款”等科目的明细核算。三栏式明细账见表 6－5。

表 6－5　三栏式明细账

科目：1122 应收账款　　客户：007 × ×轴承厂　　单位：元

20 × ×年		凭证号	摘要	借方	贷方	借或贷	余额
月	日						
			期初余额			借	306 540. 00
8	20	转－001	专用发票	332 280. 00		借	638 820. 00
8			当前合计	332 280. 00		借	638 820. 00
8			当前累计	638 820. 00		借	638 820. 00

2. 多栏式明细账

多栏式明细账根据经济业务的特点和管理需要，在一张账页内按某一总账科目所属明细科目或明细项目分设若干专栏，用以在同一张账页上集中反映某一总账科目所属各有关明细科目或明细项目的核算资料。这种账页格式适用于只需要采用金额核算的费用、收入、利润类科目的明细核算。如“生产成本”“制造费用”“管理费用”“财务费用”“营业外收入”“本年利润”等科目的明细分类核算。制造费用明细分类账见表 6－6。

表 6－6　制造费用明细分类账

明细科目：制造费用　　第　页　　单位：元

20 × ×年		凭证号码	摘要	借方					贷方	余额
月	日			工资和福利费	折旧费	修理费	办公费	水电费		
8	5	现付 1	支付工资	3 500						3 500
	8	现付 3	支修理费			500				4 000
	10	现付 5	支办公费				350			4 350
	15	转 10	支水电费					400		4 750
	30	转 20	提取折旧		2 000					6 750
	31	转 30	转入生产成本						6 750	0

3. 数量金额式明细账

数量金额式明细账在账页的收入、发出和结存栏内，分别设有数量栏、单价栏和金额栏。它能提供各种财产物资收入、发出、结存等的数量和金额资料，便于开展业务和加强管理。为满足管理上的要求，在账页的上端设置一些必要项目，以便掌握一些需要的资料。这种账页格式适用于既要进行金额核算，又要进行实物数量核算的各种财产物资科目，如“原材料”“库存商品”等科目的明细分类核算。原材料明细账见表6－7。

表6－7　　　　原材料明细账

仓库：（1）材料库

存货：（004）润滑油　　　　规格型号：

20××年		凭证号	凭证摘要	收入			支出			结存		
月	日			数量/千克	单价/（元/千克）	金额/元	数量/千克	单价/（元/千克）	金额/元	数量/千克	单价/（元/千克）	金额/元
										380	3.9	1 482.0
8	31	转	材料出库				80	3.9	312.0	300	3.9	1 170.0
8	31	转	材料出库				22	3.9	85.8	322	3.9	1 255.8
							58	3.9	226.2	322	3.9	1 255.8

4. 平行式明细账

平行式明细账，也称横线登记式明细账。它的账页将前后密切相关的经济业务在同一横行内进行详细登记，以检查每笔经济业务完成及变动情况。该种格式适用于在途物资等明细账，在途物资明细账见表6－8。

表6－8　　　　在途物资明细账

材料名称或类别：　　　　第　页

年		凭证		摘要	借方		年		凭证		摘要	贷方	
月	日	字	号	购货	数量	金额	月	日	字	号	收料	数量	金额

（三）日记账的设置

根据会计核算的需要，可设置普通日记账和特种日记账。

1. 普通日记账

普通日记账是对特种日记账以外的经济业务，按照发生的先后时间顺序编制会计分录，逐笔登记。它的格式采用两栏式，即设有借方金额和贷方金额两栏，登记每一分录的借方账户和贷方账户及金额。这种账簿不结余额。普通日记账见表6－9。

表6－9　　普通日记账

第　页

年		会计科目	摘要	借方金额	贷方金额	过账
月	日					

2. 特种日记账

特种日记账是专门用来记录某一特定项目经济业务发生情况的日记账。为了加强对货币资金的管理，各单位都应设置现金日记账和银行存款日记账，用以序时反映现金和银行存款收入的来源、支出的去向或用途以及每日结存金额。企业不得用银行对账单或者其他方法代替日记账。根据各单位的实际需要，现金日记账和银行存款日记账可以采用三栏式格式或多栏式格式的订本账。

现金日记账，是用来登记库存现金每日收入、付出和结存情况的账簿。它由出纳人员根据审核无误的现金收款凭证、现金付款凭证以及涉及现金与银行存款之间相互划转的银行存款付款凭证，序时逐笔登记。在每日业务终了结出余额，同库存现金实存金额相核对，借以检查每日库存现金的收、付、存情况及库存现金限额的执行情况。

三栏式现金日记账的基本结构为收入、支出和结余三栏，其格式见表6－10。

表6－10　　现金日记账

科目：1001 库存现金　　单位：元

20××年		凭证号数	摘要	对方科目	收入（借方）	支出（贷方）	方向	结余（余额）
月	日							
			上年结转				借	75 000
01	01	收－001	职工还借款	其他应收款	10 000		借	85 000
01	01		本日合计		10 000		借	85 000
01	03	付－002	交罚款	营业外支出		10 000	借	75 000
01	03		本日合计			10 000	借	75 000
01	04	付－003	领取备用金	其他应收款		12 000	借	63 000
01	04		本日合计			12 000	借	63 000
			（略）					
01			本月合计		10 000	22 000	借	63 000

银行存款日记账，是用来登记银行存款的存入、支取以及结余情况的账簿。由出纳人员根据审核后的银行存款收款凭证、银行存款付款凭证以及涉及现金与银行存款之间相互划转的现金付款凭证，逐笔按照经济业务发生的先后顺序进行登记。每日终了，应分别计算银行存款收入及付出的合计数并结出当日余额，以便于检查监督各项收支款项，并便于定期同银行送来的对账单逐笔核对。

三栏式银行存款日记账的基本结构为收入、支出和结余三栏，其格式见表6－11。

银行存款日记账应按存款种类分别设置“结算户存款”“信用证存款”等账簿。对外币银行存款，应按不同的币种和开户银行分别设置日记账。

当企业规模较大，收、付款凭证数量较多时，为了简化登记总分类账的手续，需要通过现金日记账和银行存款日记账汇总登记总分类账时，日记账也可以采用多栏式，其格式见表6－12。

表 6－11　银行存款日记账

科目：1002 银行存款　　　　单位：元

20××年		凭证号数	摘要	结算号	对方科目	收入（借方）	支出（贷方）	方向	结余（余额）
月	日								
			上年结转					借	1 200 000
01	02	付－001	交半年房租	转账支票－0000000001	139		200 000	借	1 000 000
01	02		本日合计				200 000	借	1 000 000
01	03	收－002	劳务费收入	转账支票－Z000000001	511	100 000		借	1 100 000
01	03		本日合计			100 000		借	1 100 000
01			本月合计			100 000	200 000	借	1 100 000
			（略）						
01			本年累计			100 000	200 000	借	1 100 000

表 6－12　多栏式现金日记账（银行存款日记账）

第　页

20××年		凭证		摘要	收入				支出				结余
					应贷科目				应借科目				
月	日	字	号										
本月合计													

多栏式日记账的收入栏按贷方科目设专栏，支出栏按借方科目设专栏，月终汇总各科目（专栏）的发生额并登记到总分类账中。多栏式日记账除了能简化记账手续外，还能反映每笔收支的来源和用途，便于分析现金或银行存款收支情况。

二、会计账簿的启用

启用会计账簿时，应当在账簿封面上写明单位名称和账簿名称。在账簿扉页上登记“账簿启用和经管人员一览表”，其格式见表6-13。

表6-13　　账簿启用和经管人员一览表

账簿名称______　　单位名称______
账簿编号______　　账簿册数______
账簿页数______　　启用日期______
会计主管（签章）　　记账人员（签章）

移交日期			移交人		接管日期			接管人		会计主管	
年	月	日	姓名	盖章	年	月	日	姓名	盖章	姓名	盖章

启用订本式账簿，应当从第一页到最后一页顺序编定页数，不得跳页、缺号。使用活页式账页，应当按账户顺序编号，并须定期装订成册。装订后再按实际使用的账页顺序编定页码，另加目录，记明每个账户的名称和页次。

三、会计账簿的登记

（一）登记账簿的基本要求

1. 登记会计账簿时，应将会计凭证的日期、编号、业务内容摘要、金额和其他有关资料逐项记入账内，做到数字准确、摘要清楚、登记及时、字迹工整。

2. 登记完毕后，要在记账凭证上签名或盖章，并注明已经登账的符号，即在记账凭证上所设的专门栏目中注明“√”或在“过账”栏内注明账簿的页数，表示已经记账，以免发生重记或漏记。

3. 账簿中书写的文字或数字上面要留有适当的空格，不要写满格，一般应占格距的1/2。如果发生登记错误，能方便进行更正，同时也方便查账工作。

4. 登记账簿要用蓝黑墨水笔或者碳素墨水笔书写，不得用圆珠笔（银行的复写账簿除外）或者铅笔书写。在会计上，数字的颜色是其最重要的语言之一，它同数字或文字一起传递会计信息。书写墨水的颜色用错了，所传递的也将是错误的会计信息。

下列情况，可以用红色墨水记账：

（1）按照红字冲账的记账凭证，冲销错误记录；

（2）在不设借贷等栏的多栏式账页中，登记减少数；

（3）在三栏式账户的余额栏前，如未印明余额方向的，在余额栏内登记负数余额。

（4）根据国家统一会计制度的规定可以用红字登记的其他会计记录。

5. 各种账簿必须按页次顺序连续登记，不得跳行、隔页。如果发生跳行、隔页，应当将空行、空页划线注销，或者注明“此行空白”“此页空白”，并由记账人员签名或盖章。对各种账簿的账页不得任意抽换和撕毁，以防舞弊。

6. 凡需要结出余额的账户，结出余额后，应当在“借或贷”等栏内写明“借”或者“贷”等字样。没有余额的账户，应当在“借或贷”等栏写“平”字，并在余额栏内用“0”表示。

库存现金日记账和银行存款日记账必须逐日结出余额。

7. 每一账页登记完毕结转下页时，应当结出本页合计数及余额，写在本页最后一行和下页第一行有关栏内，并在摘要栏内注明“过次页”和“承前页”字样；也可以将本页合计数及金额只写在下页第一行有关栏内，并在摘要栏内注明“承前页”字样。

对需要结计本月发生额的账户，结计“过次页”的本页合计数应当为自本月初起至本页末止的发生额合计数；对需要结计本年累计发生额的账户，结计“过次页”的本页合计数应当为自本年初起至本页末止的累计数；对既不需要结计本月发生额也不需要结计本年累计发生额的账户，可以只将每页末的余额结转次页。

《会计法》第十五条规定：会计账簿登记，必须以经过审核的会计凭证为依据，并符合有关法律、行政法规和国家统一的会计制度的规定。

使用计算机进行会计核算的，其会计账簿的登记、更正，应当符合国家统一的会计制度的规定；总账和明细账应当定期打印，发生收款和付款业务的，当天必须打印出现金日记账和银行存款日记账，并与库存现金核对无误；打印的会计账簿必须连续编号，经审核无误后装订成册，并由记账人员和会计机构负责人、会计主管人员签字或盖章。

税务人员了解账簿的登记方法，可以从形式上初步判断会计记载的信息是否存在漏记、缺失、人为损坏等问题。

（二）总账、明细账的登记

各个单位所采用的具体会计核算程序决定了总账登记的依据和方法。在不同的会计核算程序下，登记总账的直接依据不同。总账可以直接根据各种记账凭证逐笔进行登记，也可以将各种记账凭证汇总编制成科目汇总表或汇总记账凭证登记，还可以根据多栏式日记账登记。通过以上某一方式，将每月发生的全部经济业务登记入账，月末结出总账各个账户的本期发生额和期末余额，为会计报表的编制提供主要依据。

各种明细账的登记方法，应根据各个单位业务量的大小，经营管理上的需要以及所记录的经济业务内容加以确定。明细账登记的依据主要为原始凭证或记账凭证。既可逐笔登记经济业务，也可定期汇总登记。

（三）总账和明细账的平行登记

总账和明细账所记录的经济业务内容相同，登记的原始依据相同，不同的是，提供资料的详细程度不同，发挥的作用不同。为了便于进行账户记录的核对，保证核算资料的完整性和正确性，总账与其所属的明细账应采取平行登记的方法记账。

平行登记就是对发生的每项涉及明细核算的经济业务，都要以会计凭证为依据，在总账和所属明细账中独立地、互不依赖地进行登记，一方面要在有关的总账中进行登记，另一方面要在其所属的明细账中进行登记。如果同时涉及几个明细账，则应在相关的几个明细账中进行登记。平行登记应注意以下要点：

（1）同时登记。对于每项涉及明细核算的经济业务，都应在同一会计期间内，分别登入总账和所属的明细账。

（2）同向登记。同向登记即登入总账和所属明细账的方向必须相同。如果在总账账户中记借方，则在其所属明细账中也应记借方；如果在总账账户中记贷方，则在其所属明细账中也应记贷方。

（3）等额登记。等额登记即计入总账与所属明细账的金额应当相等。如果同时涉及总账所属的几个明细账，则计入总账的金额与其所属的几个明细账的金额之和应当相等。总账和明细账平行登记方法可产生如下等式：

某一总账账户期初余额＝所属明细账期初余额合计

某一总账账户本期借方发生额＝所属明细账户本期借方发生额合计

某一总账账户本期贷方发生额＝所属明细账户本期贷方发生额合计

某一总账账户期末余额＝所属明细账期末余额合计

在会计核算过程中，可以利用这种相等关系来检查总账和明细账记录的完整性和正确性。在税务检查过程中，也可以根据这种平行关系，对会计信息的真实性作初步的判断。

【例6－1】 明瑞公司为增值税一般纳税人，2023年6月“原材料”“应付账款”和“应交税费”三个总分类账户和所属各明细分类账户的月初余额如下：

“原材料”总账账户月初借方余额为130 800元，其所属明细账户的月初余额见表6－14。

表6－14　“原材料”明细账户月初余额表

名称	数量/千克	单价/(元/千克)	金额/元
甲材料	830	60	49 800
乙材料	1 000	81	81 000
合计			130 800

“应付账款”总账账户贷方余额为5 000元，其所属明细账户月初余额见表6－15。

表6－15　“应付账款”明细账户月初余额表　单位：元

单位名称	贷方余额
长江公司	2 000
光明公司	3 000
合计	5 000

“应交税费”总账账户贷方余额为22 000元，其所属明细账户月初余额见表6－16。

表6－16　“应交税费”明细账户月初余额表　单位：元

税种名称	贷方余额
未交增值税	14 000
应交消费税	8 000
合计	22 000

假设本月发生的部分业务如下：

（1）5日，仓库发出甲、乙两种材料，发料凭证汇总表见表6－17。

表6－17　　　　　　　　　　　发料凭证汇总表

	用于A产品生产		用于B产品生产		车间一般性耗用		行政管理耗用		小计（金额）/元
	数量/千克	金额/元	数量/千克	金额/元	数量/千克	金额/元	数量/千克	金额/元	
甲材料	500	30 000	200	12 000	50	3 000	80	4 800	49 800
乙材料	800	64 800	200	16 200					81 000
合计		94 800		28 200		3 000		4 800	130 800

注：甲材料每千克60元，乙材料每千克81元。

编制会计分录：

借：生产成本——A产品　　94 800

　　　　　　——B产品　　28 200

　　制造费用　　3 000

　　管理费用　　4 800

　　贷：原材料——甲材料　　49 800

　　　　　　　——乙材料　　81 000

（2）6日，缴纳上期增值税14 000元，消费税8 000元。

编制会计分录：

借：应交税费——未交增值税　　14 000

　　　　　　——应交消费税　　8 000

　　贷：银行存款　　22 000

（3）8日，向华强公司购入甲材料5 000千克，每千克60元，取得增值税专用发票，买价300 000元，增值税进项税额39 000元，装卸费5 000元，装卸费用转账支票支付，材料尚未入库，货款和税金尚未支付。

编制会计分录：

借：在途物资——甲材料　　305 000

　　应交税费——应交增值税（进项税额）　　39 000

　　贷：应付账款——华强公司　　339 000

　　　　银行存款　　5 000

（4）10 日，上述材料经验收无误，入库。

编制会计分录：

借：原材料——甲材料　　305 000

　　贷：在途物资——甲材料　　305 000

（5）13 日，该公司向光华公司购入下列材料：甲材料 6 000 千克，每千克 60 元；乙材料 3 000 千克，每千克 80 元，两种材料的运输费 9 000 元（其中：甲材料负担 6 000 元，乙材料负担 3 000 元），货款和运输费共计 609 000 元，增值税进项税额 78 810 元，已通过银行存款支付了 9 000 元，材料尚未验收入库，余款暂欠。

编制会计分录：

借：在途物资——甲材料　　366 000

　　　　　　——乙材料　　243 000

　　应交税费——应交增值税（进项税额）　　78 810

　　贷：银行存款　　9 000

　　　　应付账款——光华公司　　678 810

（6）18 日，上项材料经验收后，符合质量要求，入库。

编制会计分录：

借：原材料——甲材料　　366 000

　　　　　——乙材料　　243 000

　　贷：在途物资——甲材料　　366 000

　　　　　　　　——乙材料　　243 000

（7）20 日，支付前欠光华公司货款 678 810 元。

编制会计分录：

借：应付账款——光华公司　　678 810

　　贷：银行存款　　678 810

（8）22 日，该公司向光华公司销售 A 产品 2 000 件，每件价格 600 元，总价 1 200 000 元，增值税销项税额 156 000 元，款项已存入银行。

编制会计分录：

借：银行存款　　1 356 000

　　贷：主营业务收入——A 产品　　1 200 000

　　　　应交税费——应交增值税（销项税额）　　156 000

（9）30 日，计算本月销售 B 产品应缴纳的消费税 6 000 元。

编制会计分录：

借：税金及附加　　　　6 000

　　贷：应交税费——应交消费税　　　　6 000

根据上述资料，采用平行登记的方法登记“原材料”“应付账款”和“应交税费”总账及所属明细账。

（1）将月初余额分别记入“原材料”“应付账款”和“应交税费”三个总账及所属各明细账。

（2）根据上列会计分录按平行登记方法登记“原材料”“应付账款”和“应交税费”三个总账及其所属的明细账，并分别计算本期发生额和期末余额。登账结果分别见表6－18至表6－27。

（3）核对总账和明细账。

为了检查账户记录是否正确，在根据平行登记的方法登记总账及其所属的各明细账之后，还应对总账和明细账登记的结果进行核对。核对总账与其所属明细账的发生额和余额是否相等，以便及时发现和更正错账，保证账簿记录的正确性。

表6－18　　原材料总账

会计科目：原材料　　　　第　页　　　　单位：元

2023年		凭证字号	摘要	借方	贷方	借或贷	余额
月	日						
6	1		月初余额			借	130 800
6	5	（1）	生产领用		130 800		—
6	10	（4）	购入	305 000		借	305 000
6	18	（6）	购入	609 000		借	914 000
6	30		本期发生额及余额	914 000	130 800	借	914 000

表6－19　　原材料明细账

材料名称：甲材料

2023年		凭证字号	摘要	收入			发出			结存		
月	日			数量/千克	单价/（元/千克）	金额/元	数量/千克	单价/（元/千克）	金额/元	数量/千克	单价/（元/千克）	金额/元
6	1		月初余额							830	60	49 800
6	5	（1）	生产领用				830	60	49 800	0	0	0

续表

2023年		凭证字号	摘要	收入			发出			结存		
月	日			数量/千克	单价/（元/千克）	金额/元	数量/千克	单价/（元/千克）	金额/元	数量/千克	单价/（元/千克）	金额/元
6	10	（4）	购入	5 000	61	305 000				5 000	61	305 000
6	18	（6）	购入	6 000	61	366 000				11 000	61	671 000
6	30		本期发生额及余额	11 000	61	671 000	830	60	49 800	11 000	61	671 000

表 6－20 原材料明细账

材料名称：乙材料

2023年		凭证字号	摘要	收入			发出			结存		
月	日			数量/千克	单价/（元/千克）	金额/元	数量/千克	单价/（元/千克）	金额/元	数量/千克	单价/（元/千克）	金额/元
6	1		月初余额							1 000	81	81 000
6	5	（1）	生产领用				1 000	81	81 000	0	0	0
6	18	（6）	购入	3 000	81	243 000				3 000	81	243 000
6	30		本期发生额及余额	3 000	81	243 000	1 000	81	81 000	3 000	81	243 000

表 6－21 应付账款总账

会计科目：应付账款　　　　第　页　　　　单位：元

2023年		凭证字号	摘要	借方	贷方	借或贷	余额
月	日						
6	1		月初余额			贷	5 000
6	8	（3）	购入材料		339 000	贷	344 000
6	13	（5）	购入材料		678 810	贷	1 022 810
6	20	（7）	偿还货款	678 810		贷	344 000
6	30		本期发生额及余额	678 810	1 017 810	贷	344 000

表 6－22 **应付账款明细账**

明细科目：华强公司　　第　页　　单位：元

2023 年		凭证字号	摘要	借方	贷方	借或贷	余额
月	日						
6	1		月初余额			贷	2 000
6	8	（3）	购入材料		339 000	贷	341 000
6	30		本期发生额及余额		339 000	贷	341 000

表 6－23 **应付账款明细账**

明细科目：光华公司　　第　页　　单位：元

2023 年		凭证字号	摘要	借方	贷方	借或贷	余额
月	日						
6	1		月初余额			贷	3 000
6	13	（5）	购入材料		678 810	贷	681 810
6	20	（7）	偿还货款	678 810		贷	3 000
6	30		本期发生额及余额	678 810	678 810	贷	3 000

表 6－24 **应交税费总账**

会计科目：应交税费　　第　页　　单位：元

2023 年		凭证字号	摘要	借方	贷方	借或贷	余额
月	日						
6	1		月初余额			贷	22 000
6	6	（2）	缴纳税金	22 000			—
6	8	（3）	购料进项税额抵扣	39 000		借	39 000
6	13	（5）	购料进项税额抵扣	78 810		借	117 810
6	22	（8）	销售产品销项税额		156 000	贷	38 190
6	30	（9）	计算应交消费税		6 000	贷	44 190
6	30		本期发生额及余额	139 810	162 000	贷	44 190

表 6－25　　　　应交税费明细账

明细科目：应交增值税　　　　第　页　　　　单位：元

2023年		凭证号数	摘要	借方			贷方				借或贷	余额
月	日			进项税额	已交税金	转出未交增值税	销项税额	出口退税	进项税额转出	转出多交增值税		
6	1		月初余额								—	
6	8	（3）	购料进项税额	39 000								
6	13	（5）	购料进项税额	78 810								
6	22	（8）	销售产品销项税额				156 000					
6	30		本期发生额及余额	117 810			156 000				贷	38 190

表 6－26　　　　应交税费明细账

明细科目：未交增值税　　　　第　页　　　　单位：元

2023年		凭证号数	摘要	借方	贷方	借或贷	余额
月	日						
6	1		月初余额			贷	14 000
6	6	（2）	缴纳上期增值税	14 000		平	—
6	30		本期发生额及余额	14 000		平	—

表 6－27　　　　应交税费明细账

明细科目：应交消费税　　　　第　页　　　　单位：元

2023年		凭证字号	摘要	借方	贷方	借或贷	余额
月	日						
6	1		月初余额			贷	8 000
6	6	（2）	缴纳上期消费税	8 000			—
6	30	（9）	计算应交消费税		6 000	贷	6 000
6	30		本期发生额及余额	8 000	6 000	贷	6 000

总账和明细账的核对通过编制明细账试算表进行。明细账试算表根据明细账的记录编制，具体有两种格式：一种是金额式试算表；一种是数量金额

式试算表。在【例6－1】中，“应付账款”“应交税费”总账和其所属明细账的核对采用金额式试算表格式。“原材料”总账和其所属明细账的核对采用数量金额式试算表格式。某一总账所属的明细账试算表中的期初余额合计、借方本期发生额合计、贷方本期发生额合计、期末余额合计，应分别与该总账的期初余额、借方本期发生额、贷方本期发生额、期末余额数字一致。

根据资料编制的试算表见表6－28至表6－30。

表6－28　　应付账款明细账试算表

2023年6月　　单位：元

明细账户	期初余额		本期发生额		期末余额	
	借方	贷方	借方	贷方	借方	贷方
华强公司		2 000		339 000		341 000
光华公司		3 000	678 810	678 810		3 000
合计		5 000	678 810	1 017 810		344 000

表6－29　　原材料明细账试算表

2023年6月

明细账户	计量单位	期初余额		本期发生额				期末余额	
				收入（借方）		发出（贷方）			
		数量	金额/元	数量	金额/元	数量	金额/元	数量	金额/元
甲材料	千克	830	49 800	11 000	671 000	830	49 800	11 000	671 000
乙材料	千克	1 000	81 000	3 000	243 000	1 000	81 000	3 000	243 000
合计			130 800		914 000		130 800		914 000

表6－30　　应交税费明细账试算表

2023年6月　　单位：元

明细账户	期初余额		本期发生额		期末余额	
	借方	贷方	借方	贷方	借方	贷方
应交增值税			117 810	156 000		38 190
未交增值税		14 000	14 000			
应交消费税		8 000	8 000	6 000		6 000
合计		22 000	139 810	162 000		44 190

表6－28至表6－30中数据表明，总分类账户与其所属明细分类账户登记结果相等。如果有关数据不符，则说明记账出现差错。

第三节　对账与结账

一、对账

通过对账，可及时发现记账过程的错误，保证账簿记录的真实、完整和正确，为编制会计报表提供可靠的核算资料。对账工作每年至少进行一次。

（一）账证核对

账证核对是将总账、明细账以及现金和银行存款日记账的记录与记账凭证及所附的原始凭证进行核对，看其时间、凭证字号、业务内容、金额是否一致，记账方向是否相符。它是账账相符、账实相符的基础。在日常会计核算工作中，账证核对是通过编制记账凭证和登记账簿的“复核”环节进行的。如果在月末结账时发现账账不符，为查找原因，也要进行账证核对，逐步核对至最初的记账凭证或原始凭证。

（二）账账核对

账账核对就是核对不同会计账簿之间的账簿记录是否相符。账账核对一般是在账证核对的基础上进行。账账核对的主要内容包括以下四项：

（1）总账各账户借方期末余额合计数与贷方期末余额合计数核对相符；

（2）总账中的现金账户和银行存款账户的期末余额，分别与现金日记账和银行存款日记账的期末余额核对相符；

（3）总账各账户期末余额与其所属的各明细账户期末余额合计数核对相符；

（4）会计部门各种财产物资明细账的期末余额，与财产物资保管和使用部门有关财产物资明细账（卡）的期末余额核对相符。

以上各种账簿间的核对，可以直接进行核对，对内容较多的可以通过编表进行核对。

（三）账实核对

账实核对，是指各种财产物资的账面余额与实物及款项的实存数额的核对，它是在账账核对基础上，结合财产清查进行的。账实核对的主要内容包括以下四项：

（1）现金日记账的账面余额与现金的实际库存数额核对相符；

（2）银行存款日记账的账面余额与银行对账单核对相符；

（3）财产物资明细分类账的账面余额与财产物资的实存数额核对相符；

（4）各种应收、应付账款等明细账各账户的账面余额与有关债务、债权单位或个人核对相符，已上缴的各种税费应按规定时间与有关监管部门核对相符。

在账实核对工作中，结算款项一般是利用对账单的形式进行核对，各种财产物资一般通过财产清查来进行核对。

二、结账

为了总结某一会计期间（如月度和年度）的经营活动情况、计算经营成果，必须定期进行结账。结账，就是把一定时期内发生的全部经济业务在登记入账的基础上，计算并记录本期发生额和期末余额，为编制会计报表提供依据，从而反映所属会计期间的财务状况和经营成果。

根据《企业财务会计报告条例》第十九条规定，企业应当依照有关法律、行政法规和本条例规定的结账日进行结账，不得提前或者延迟。年度结账日为公历年度每年的 12 月 31 日；半年度、季度、月度结账日分别为公历年度每半年、每季、每月的最后一天。

（一）结账前的准备

为了做好结账工作，在结账前应做好以下准备工作：

（1）检查本期所发生的各类经济业务是否都已填制会计凭证，不漏、不缺地登记入账；

（2）检查是否有提前入账的经济业务；

（3）做好对账工作，在核对无误的基础上才能进行结账。

（二）结账的具体要求

结账时，应当结出各种日记账、总账、明细账的每个账户的本期发生额和期末余额。月度结账时，各账户的最后一笔数字下面划一根红线，结出本月借方发生额、贷方发生额和期末余额，在摘要栏内注明“本月发生额及期末余额”或“本月合计”字样，并在数字下面通栏划单红线；若无余额，则在余额栏内写上“平”或“0”符号；需要结出本年累计发生额的账户，应当在摘要栏内注明“本年累计”字样，并在下面通栏划单红线；12 月末的“本年累计”就是全年累计发生额，全年累计发生额下面应当通栏划双红线，表示“封账”。年度终了结账时，所有总账账户都应当结出全年发生额和年末余额，结转到下一会计年度，并在摘要栏注明“结转下年”字样；在下一会计年度新建有关会计账簿的第一行余额栏内填写上年结转的余额，并在摘要栏注明“上年结转”字样。总账格式如图 6－1 所示。

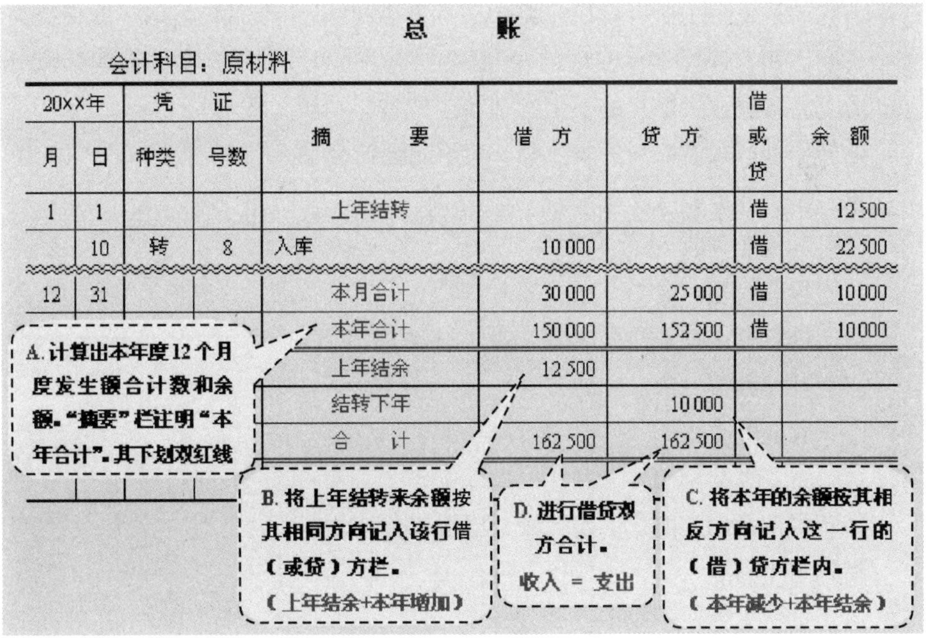

总　　账

会计科目：原材料

20××年		凭证		摘要	借方	贷方	借或贷	余额
月	日	种类	号数					
1	1			上年结转			借	12 500
	10	转	8	入库	10 000		借	22 500
12	31			本月合计	30 000	25 000	借	10 000
				本年合计	150 000	152 500	借	10 000
				上年结余	12 500			
				结转下年		10 000		
				合　计	162 500	162 500		

图 6－1　总账

（三）资产、负债、所有者权益类账户的结账

资产、负债、所有者权益类账户也叫资产负债表账户。资产负债表账户的结账工作只需要在会计期末计算出这些账户的本期发生额合计及期末余额，不必编制结账分录，这些余额将转至下一个会计期间，成为下一个会计期间的期初余额。资产负债表账户通常被称为“实账户”，反映会计主体在期末时点的资产、负债、所有者权益的实存数量，根据这些账户的期末余额编制资产负债表，反映期末时点会计主体的财务状况。

（四）损益类账户的结账

损益类账户包括反映收入与费用、利得与损失的账户，因为这些账户核算的内容构成利润表项目，直接影响当期利润的计算，所以损益类账户也称为利润表账户。损益类账户的结账程序是将损益类账户的本期发生额归属到所有者权益账户的过程。

首先，设置一个所有者权益类账户“本年利润”，专门归集本年度损益类账户的发生额，计算本年实现的净利润或发生的净亏损。其次，编制结账分录，分别将各损益类账户的发生额结转至“本年利润”账户。

结转本期收入类账户的发生额，应编制会计分录：

借：主营业务收入

　　其他业务收入

　　投资收益

　　处置资产损益

　　其他收益

　　营业外收入

　　贷：本年利润

结转本期费用类账户的发生额，应编制会计分录：

借：本年利润

　　贷：主营业务成本

　　　　税金及附加

　　　　销售费用

　　　　管理费用

　　　　财务费用

其他业务成本

营业外支出

所得税费用

编制结账分录后，损益类账户期末余额均为零，这些账户因此也被称为“虚账户”，这些账户的发生额是编制利润表的依据，用来计算会计主体一个会计期间所实现的经营成果，随着经营成果计算的完成，这些账户也被清空，余额归零。

第四节 错账的处理

根据《会计法》第十五条规定，会计账簿记录发生错误或者隔页、缺号、跳行的，应当按照国家统一的会计制度规定的方法更正，并由会计人员和会计机构负责人（会计主管人员）在更正处盖章。

账簿记录发生错误，不准涂改、挖补、刮擦或者用药水消除字迹，不准重新抄写，应选择相应的方法予以更正。根据记账差错的性质和发生时间等具体情况采用不同的更正方法，常用的更正错误方法有划线更正法、红字更正法和补充登记法三种。

一、划线更正法

在记账或结账过程中，发现账簿记录中文字或数字有错误而记账凭证正确，应采用划线更正法。更正时，首先在错误的文字或数字（整个数字）上划一条红线予以注销，但必须使原来的字迹仍可辨认，以备日后查考。然后在红线上方空白处填写正确的文字或数字，并在更正处由记账人员盖章。对于错误的数字，应当全部划红线更正，不能只更正其中的错误数字。对于文字错误，可只划去错误的部分。例如，记账人员根据记账凭证登记账簿时，将应登记在应交税费总账上的6 890错写成9 860，在进行更正时，应将9 860整个数字全部用红线划去，再在红线上面空白处书写6 890，予以更正，最后签名盖章。如凭证中的文字或数字有错误，在尚未登账前，也可用这种方法更正。

二、红字更正法

在结账过程中，如果发现记账凭证上的应借、应贷会计科目或金额有错误，并已登记入账，可采用红字更正法予以更正。更正时，先用红字金额填制一张内容与原错误记账凭证完全相同的记账凭证，同时在摘要栏中注明“更正第×号凭证错误”，并据以用红字金额登记入账，冲销原有错误的账簿记录。然后，再用蓝黑字重填一张正确的记账凭证，登记入账。

【例6－2】明瑞公司通过银行转账缴纳上期消费税4 000元，在编制记账凭证时，贷方科目误写为“库存现金”并已登记入账。错误的分录为：

借：应交税费——应交消费税　　4 000
　　贷：库存现金　　4 000

更正错账时，首先，用红字金额填制一张内容与错误凭证一样的记账凭证，用以冲销原有错误的账簿记录：

借：应交税费——应交消费税　　[4 000]
　　贷：库存现金　　[4 000]

注：[4 000]表示红字，下同。

然后，重新填制一张正确的记账凭证，并据以登记入账：

借：应交税费——应交消费税　　4 000
　　贷：银行存款　　4 000

将上述两张记账凭证登记入账后，账簿记录的错误得以更正。

如果记账之后，发现记账凭证和账簿中所记金额大于应记的正确金额，而原记账凭证中应借、应贷的会计科目并无错误，也可采用红字更正法予以更正。更正时，可将多计的金额部分，填制一张与原记账凭证中应借、应贷会计科目完全相同的红字金额记账凭证，在“摘要”栏内注明“冲销第×号凭证多计数”，并据以入账冲销原来多计的金额。

【例6－3】明瑞公司通过银行转账缴纳上期消费税4 000元，在编制记账凭证时，将金额记为40 000元，并且已经登记入账。错误的分录为：

借：应交税费——应交消费税　　40 000
　　贷：银行存款　　40 000

为了更正此笔错账中多记的36 000元，应用红字金额填制一张记账凭证，其分录为：

借：应交税费——应交消费税　　36 000

　　贷：银行存款　　36 000

将上述更正错误的记账凭证计入有关账户后，原账簿中的错误记录得到更正。

三、补充登记法

在记账之后，如果发现记账凭证和账簿中所记金额小于正确的金额，而原记账凭证中应借、应贷的会计科目并无错误，可采用补充登记法予以更正。更正时，可将少记的金额部分，填制一张与原记账凭证中应借、应贷会计科目完全相同的蓝黑字金额记账凭证，在“摘要”栏内注明“补充第×号凭证少计数”，并据以入账。

【例6－4】明瑞公司通过银行转账缴纳上期消费税4 000元。在填制记账凭证时，误将金额填写为400元，并已登记入账。错误的分录为：

借：应交税费——应交消费税　　400

　　贷：银行存款　　400

为了更正此笔错账中少记的3 600元，直接用蓝黑字填制一张记账凭证，并登记入账：

借：应交税费——应交消费税　　3 600

　　贷：银行存款　　3 600

在用红字更正法和补充登记法更正错误时，在更正错误的记账凭证上，应注明被更正的记账凭证的日期和编号，以便核对查考。

会计账簿是会计信息的载体，税务人员进行税收管理和税务稽查所需的纳税信息也主要来源于会计账簿。因此，税务人员要掌握会计账簿的登记方法、结账与对账方法等有关知识，这样才能够及时准确地取得有关的会计信息，并对之进行分析判断，在开展税务检查时，才能够对各类会计账簿进行检查，判断纳税人是否正确履行了纳税义务，是否存在少缴、多缴税款或者其他违反税法规定的行为。

第五节　账簿的更换与保管

一、会计账簿的更换

会计账簿的更换通常在新会计年度建账时进行。总账、日记账和多数明细账应每年更换一次。在更换新账时，应将各账户的余额结转到新账簿第一行的余额栏内，并注明方向，同时在摘要栏内注明“上年结转”字样。变动较小的明细账可以连续使用，不必每年更换。备查账簿可以连续使用。

二、会计账簿的保管

年度终了，各种账户在结转下年、建立新账后，通常要把旧账送交总账会计集中统一管理。会计账簿暂由本单位财务会计部门保管 1 年，期满之后，由财务会计部门编造清册移交本单位的档案部门保管。根据《会计档案管理办法》规定，总账、明细账、日记账和其他辅助性账簿的最低保管期限为 30 年。

【涉税提示】

《税收征管法》对纳税人的账簿管理作了明确规定。

根据第十九条规定，纳税人、扣缴义务人按照有关法律、行政法规和国务院财政、税务主管部门的规定设置账簿，根据合法、有效凭证记账，进行核算。

根据第二十四条规定，从事生产、经营的纳税人、扣缴义务人必须按照国务院财政、税务主管部门规定的保管期限保管账簿、记账凭证、完税凭证及其他有关资料。不得伪造，变造或者擅自损毁。

根据第三十五条规定，纳税人依照法律、行政法规的规定应当设置账簿但未设置账簿的、擅自销毁账簿或者拒不提供纳税资料的，税务机关有权核定其应纳税额。

根据第五十四条规定，税务机关有权检查纳税人的账簿，检查扣缴义务人代扣代缴、代收代缴税款账簿和有关资料。

根据第六十一条规定，扣缴义务人未按照规定设置、保管代扣代缴、代收代缴税款账簿或者保管代扣代缴、代收代缴税款记账凭证及有关资料的，由税务机关责令限期改正，可以处2 000元以下的罚款；情节严重的，处2 000元以上5 000元以下的罚款。

根据第六十三条规定，纳税人伪造、变造、隐匿、擅自销毁账簿、记账凭证，或者在账簿上多列支出或者不列、少列收入，或者经税务机关通知申报而拒不申报或者进行虚假的纳税申报，不缴或者少缴应纳税款的，是偷税。对纳税人偷税的，由税务机关追缴其不缴或者少缴的税款、滞纳金，并处不缴或者少缴的税款50%以上5倍以下的罚款；构成犯罪的，依法追究刑事责任。扣缴义务人采取前款所列手段，不缴或者少缴已扣、已收税款，由税务机关追缴其不缴或者少缴的税款、滞纳金，并处不缴或者少缴的税款50%以上5倍以下的罚款；构成犯罪的，依法追究刑事责任。

《税收征管法实施细则》对纳税人的账簿、凭证管理作了补充规定。

根据第二十二条规定，从事生产、经营的纳税人应当自领取营业执照或者发生纳税义务之日起15日内，按照国家有关规定设置账簿。所称账簿，是指总账、明细账、日记账以及其他辅助性账簿。总账、日记账应当采用订本式。

根据第二十六条规定，纳税人、扣缴义务人会计制度健全，能够通过计算机正确、完整计算其收入和所得或者代扣代缴、代收代缴税款情况的，其计算机输出的完整的书面会计记录，可视同会计账簿。纳税人、扣缴义务人会计制度不健全，不能通过计算机正确、完整计算其收入和所得或者代扣代缴、代收代缴税款情况的，应当建立总账及与纳税或者代扣代缴、代收代缴税款有关的其他账簿。

第七章　会计核算程序

【本章提要】 本章内容主要包括各种会计核算程序及各种核算程序的特点、步骤、优缺点及适用范围，重点学习记账凭证核算程序、科目汇总表核算程序的相关问题。

会计核算程序是会计核算的具体工作流程。会计信息整理过程比较复杂，要经过填制凭证、登记账簿、对账结账、编制报表等一系列环节，按照一定的工作流程一步一步整理。在完成这一复杂工作过程中，各个工作环节如何衔接，各种方法如何运用才能保证企业提供的会计信息既满足信息质量要求，又符合企业自身特点，节约核算成本，这就涉及会计核算程序的选择问题。

通过本章内容的学习，税务人员可以了解会计人员的工作流程和会计信息整理与传递的过程。

第一节　会计核算程序概述

一、会计核算程序的概念

会计核算程序也称账务处理程序，是指将凭证组织、账簿组织、记账方法有机结合的方法和步骤。凭证组织，是指会计凭证种类、格式和各种凭证之间的关系；账簿组织，是指账簿的种类、格式和各种账簿之间的关系；记账方法，是指整个核算过程中所使用的方式、方法。

合理的会计核算程序应当满足以下基本要求：

（1）适应本单位经济活动的特点、规模的大小和业务的繁简等实际情况。

（2）能够正确、及时和完整地提供会计资料，以满足本单位经济管理的需要，同时也要能够为国家和有关部门提供必要的会计资料。

（3）在保证会计资料正确、完整、真实的前提下，简化会计核算工作，提高会计核算的工作效率。

（4）有利于会计人员的分工和协作，有利于健全会计工作的岗位责任制。

二、会计核算程序的种类

目前，我国企业常用的会计核算程序有四种：①记账凭证核算程序；②科目汇总表核算程序；③汇总记账凭证核算程序；④多栏式日记账核算程序。

以上各种会计核算程序有许多共同点，也各有其自身特点，各种核算程序的主要区别在于登记总账的直接依据不同。

（一）记账凭证核算程序

记账凭证核算程序是会计核算中最基本的一种会计核算程序，包括了会计核算程序的最基本的内容，其他会计核算程序都是在它的基础上演变而来的。其工作步骤如下：

（1）根据原始凭证或原始凭证汇总表填制记账凭证。

（2）根据收款凭证、付款凭证和转账凭证逐日逐笔序时登记现金日记账和银行存款日记账。

（3）根据原始凭证或原始凭证汇总表及记账凭证逐笔登记各种明细账。

（4）根据记账凭证逐笔登记总账。

（5）月末，将现金日记账、银行存款日记账和各种明细账定期与总账相互核对。

（6）月末，根据总账和明细账的资料编制会计报表。

这种核算程序使总账能比较详细和具体地反映各项经济业务，便于查账。但是登记总账的工作量比较大，不便于会计人员的分工。记账凭证核算程序适用于规模较小、经济业务较少、记账凭证不多的企业。

记账凭证核算程序见图 7－1。

（二）科目汇总表核算程序

科目汇总表核算程序又称记账凭证汇总表核算程序，它是根据记账凭证定期编制科目汇总表，再根据科目汇总表登记总分类账的一种账务处理程序。

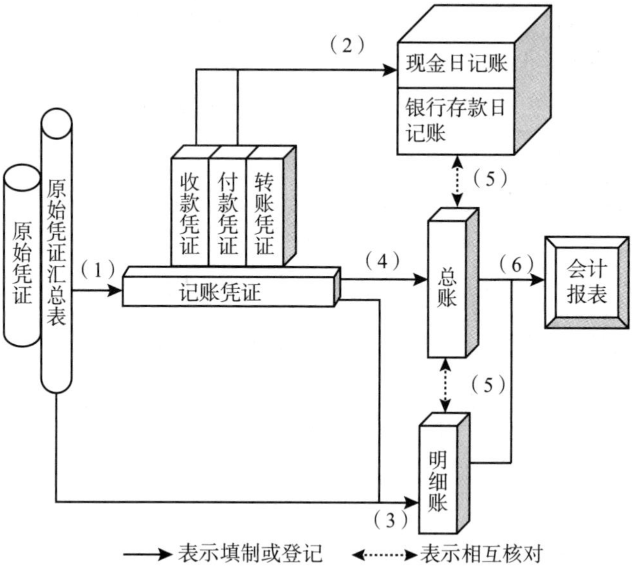

图7－1　记账凭证核算程序

它的关键是科目汇总表的编制。科目汇总表也叫记账凭证汇总表，是定期根据记账凭证将相同的科目进行汇总编制的一种汇总表格。其编制方法是：定期（如5天或10天）将该期间内的全部记账凭证，按相同会计科目归类，汇总每一会计科目的本期借方发生额和本期贷方发生额，并填写在科目汇总表的相关栏内。科目汇总表可以每汇总一次编制一张，也可以按旬汇总一次，每月编制一张。任何格式的科目汇总表，都只反映各个会计科目的本期借方发生额和本期贷方发生额，而不反映各个会计科目的对应关系。科目汇总表核算程序见图7－2。

（三）汇总记账凭证核算程序

汇总记账凭证核算程序的关键是根据记账凭证定期编制汇总记账凭证，然后根据汇总记账凭证登记总账。汇总记账凭证分为汇总收款凭证、汇总付款凭证和汇总转账凭证。

汇总收款凭证是按“库存现金”和“银行存款”科目的借方设置，定期（如5天或10天）将这一期间的全部现金收款凭证、银行存款收款凭证，分别按与设置科目相对应的贷方科目加以归类、汇总填列一次，每月编制一张。月终结出汇总收款凭证的合计数，据以登记总分类账。

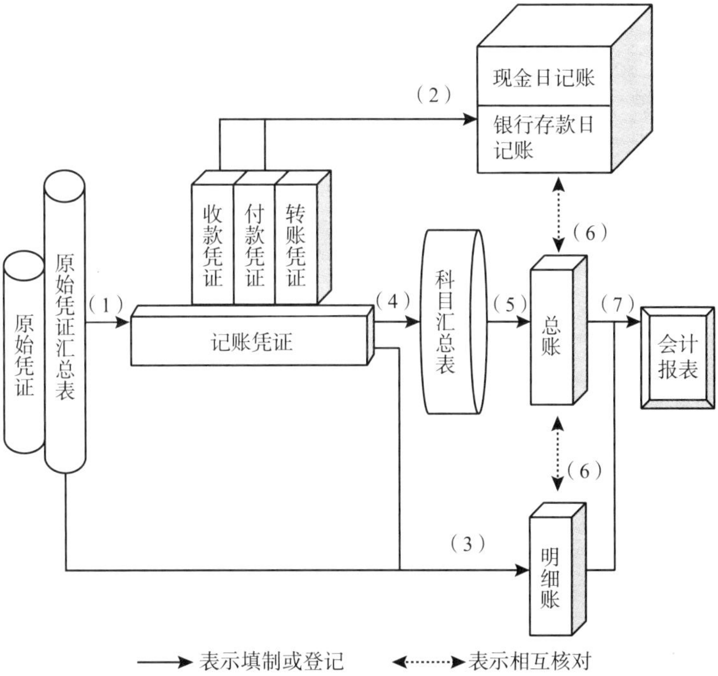

图7-2　科目汇总表核算程序

汇总付款凭证是按“库存现金”和“银行存款”科目的贷方设置，定期（如5天或10天）将这一期间的全部现金付款凭证、银行存款付款凭证，分别按与设置科目相对应的借方科目加以归类、汇总填列一次，每月编制一张。月终结出汇总付款凭证的合计数，据以登记总分类账。

汇总转账凭证通常是按每一科目的贷方分别设置，定期（如5天或10天）将这一期间的全部转账凭证，按与设置科目相对应的借方科目加以归类、汇总填列一次，每月编制一张，据以登记总分类账。汇总记账凭证核算程序见图7-3。

（四）多栏式日记账核算程序

多栏式日记账核算程序主要特点是现金日记账和银行存款日记账采用多栏式。多栏式现金日记账和银行存款日记账，具有科目汇总表的作用，月终可以根据这些日记账的本月收、付发生额和各对应科目的发生额直接登记总分类账。

多栏式日记账核算程序见图7-4。

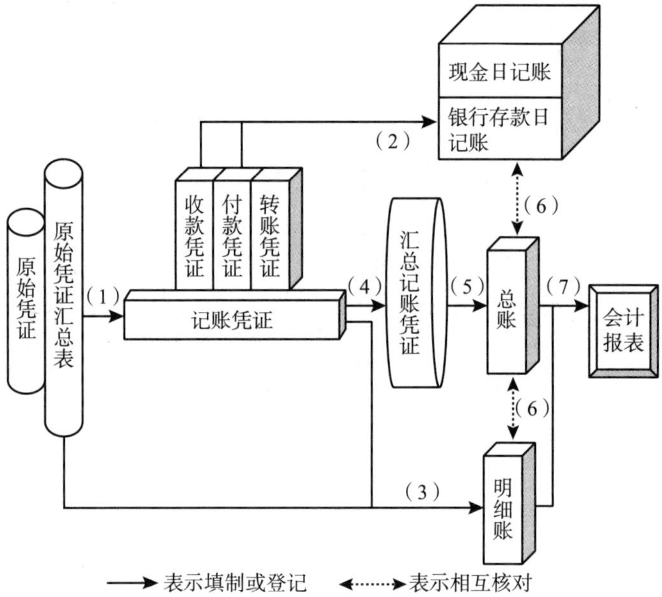

图7－3　汇总记账凭证核算程序

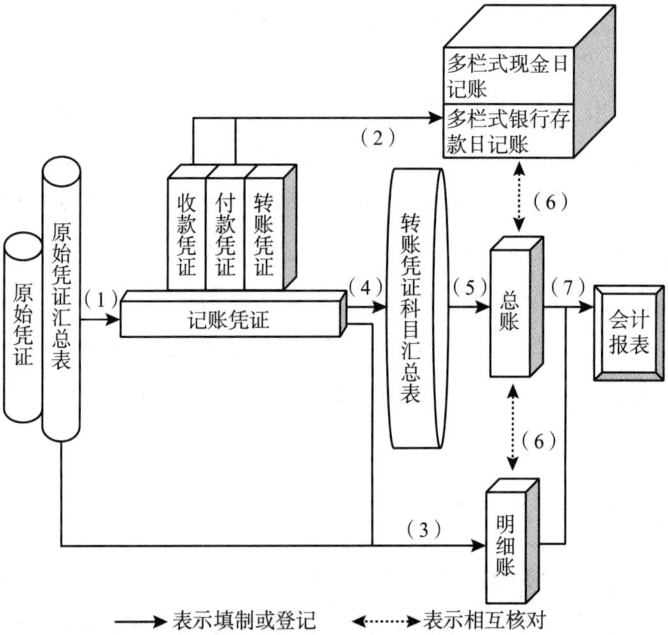

图7－4　多栏式日记账核算程序

第二节　会计核算程序的比较

（一）各种会计核算程序工作步骤比较

各种会计核算程序工作步骤比较见表7-1。

表7-1　　各种会计核算程序工作步骤比较

记账凭证核算程序	科目汇总表核算程序	汇总记账凭证核算程序	多栏式日记账核算程序
第一步，根据原始凭证或原始凭证汇总表填制记账凭证	第一步，同记账凭证核算程序	第一步，同记账凭证核算程序	第一步，同记账凭证核算程序
第二步，根据收款凭证、付款凭证逐日逐笔序时登记现金日记账和银行存款日记账	第二步，同记账凭证核算程序	第二步，同记账凭证核算程序	第二步，同记账凭证核算程序
第三步，根据原始凭证或原始凭证汇总表及记账凭证逐笔登记各种明细分类账	第三步，同记账凭证核算程序	第三步，同记账凭证核算程序	第三步，同记账凭证核算程序
第四步，根据记账凭证逐笔登记总分类账簿	第四步，根据收款凭证、付款凭证和转账凭证定期编制科目汇总表（记账凭证汇总表）	第四步，根据收款凭证、付款凭证和转账凭证定期编制汇总收款凭证、汇总付款凭证和汇总转账凭证	第四步，根据转账凭证定期或月终编制转账凭证科目汇总表
	第五步，根据科目汇总表登记总分类账簿	第五步，月末，根据汇总收款凭证、汇总付款凭证和汇总转账凭证登记总分类账簿	第五步，月末，根据多栏式现金日记账、多栏式银行存款日记账及转账凭证科目汇总表登记总分类账簿

续表

记账凭证核算程序	科目汇总表核算程序	汇总记账凭证核算程序	多栏式日记账核算程序
第五步，将现金日记账、银行存款日记账和各种明细分类账定期与总分类账相互核对	第六步，同记账凭证核算程序的第五步	第六步，同记账凭证核算程序的第五步	第六步，同记账凭证核算程序的第五步
第六步，月末，根据总分类账和明细分类账的资料编制会计报表	第七步，同记账凭证核算程序的第六步	第七步，同记账凭证核算程序的第六步	第七步，同记账凭证核算程序的第六步

从表7－1可知，汇总记账凭证核算程序和科目汇总表核算程序都需要对记账凭证进行汇总。因此，科目汇总表和汇总记账凭证的作用相同，都是为了减少登记总账的工作量。但由于它们的结构不同，因而填制方法也不同。汇总记账凭证是以每一账户的贷方（或借方）分别按其相对应的借方（或贷方）账户汇总一定期间内的借方（或贷方）发生额，保持了账户之间的对应关系；而科目汇总表则是定期汇总每一账户的借方、贷方发生额，并不要求科目之间对应，因此，汇总的结果是：科目汇总表只反映各账户一定期间内所发生的借方和贷方总金额，不反映账户之间的对应关系；而汇总记账凭证则可以反映账户之间的对应关系，并能反映出按对应账户分类的经济业务的内容。

（二）各种会计核算程序的特点、优缺点及适用范围比较

各种会计核算程序的特点、优缺点及适用范围比较见表7－2。

表7－2　　各种会计核算程序的特点、优缺点及适用范围比较

比较项目	记账凭证核算程序	科目汇总表核算程序	汇总记账凭证核算程序	多栏式日记账核算程序
特点	直接根据各种记账凭证逐笔登记总分类账	根据记账凭证定期编制科目汇总表，然后再根据科目汇总表登记总分类账	根据记账凭证定期编制汇总记账凭证，然后再根据汇总记账凭证登记总分类账	设置多栏式现金日记账和多栏式银行存款日记账，并据以登记总分类账

续表

比较项目	记账凭证核算程序	科目汇总表核算程序	汇总记账凭证核算程序	多栏式日记账核算程序
凭证账簿设置	记账凭证一般可采用收款凭证、付款凭证、转账凭证三种格式，也可采用一种通用格式。账簿一般设置现金日记账、银行存款日记账、总分类账和明细分类账。现金日记账、银行存款日记账和总分类账均采用“借、贷、余”三栏式；“明细分类账”可根据需要，采用三栏式、多栏式和数量金额式	记账凭证和账簿的种类、格式与记账凭证核算程序基本相同	设置汇总记账凭证：汇总收款凭证、汇总付款凭证和汇总转账凭证。现金日记账、银行存款日记账和有关明细分类账的设置与记账凭证核算程序基本相同，总分类账簿采用设置对方科目的三栏式	设置多栏式现金日记账、银行存款日记账，记账凭证的设置和其他账簿设置与记账凭证核算程序基本相同
优点	总分类账能比较详细和具体地反映各项经济业务，便于查账	根据科目汇总表登记总分类账可以大大减少登记总分类账的工作量，便于会计人员的分工，而且科目汇总表还可以试算平衡，从而保证总分类账登记的正确性	在汇总记账凭证和总分类账中可以反映出科目之间的对应关系，便于查对和分析账目，弥补了科目汇总表核算程序存在的缺陷，同时，也减轻了总分类账的登记工作，加强了会计人员的分工与协作	可以简化登记总分类账的工作，效率较高
缺点	登记总分类账的工作量比较大，同时也不便于会计人员的分工	在科目汇总表和总分类账中不反映科目的对应关系，不便于分析经济业务的来龙去脉，不便于查账	编制汇总记账凭证的工作量较大，编制手续相当烦琐	尽管多栏式能较好地反映账户对应关系，但它限制了会计科目的数量，另外，转账凭证科目汇总表仍不能反映账户的对应关系
适用范围	规模较小、经济业务较少、记账凭证不多的企业	生产规模较大、业务较多的企业	规模大、业务量很多的企业	货币资金收付业务比较频繁且涉及会计科目不多的企业

第三节 会计信息化核算

一、会计信息化含义

为推动企业会计信息化，节约社会资源，提高会计软件和相关服务质量，规范信息化环境下的会计工作，财政部印发了《企业会计信息化工作规范》（财会〔2013〕20号）。

会计信息化，是指企业利用计算机、网络通信等现代信息技术手段开展会计核算，以及利用上述技术手段将会计核算与其他经营管理活动有机结合的过程。

会计软件，是指企业使用的，专门用于会计核算、财务管理的计算机软件、软件系统或者其功能模块。会计软件具有以下功能：

（1）为会计核算、财务管理直接采集数据；

（2）生成会计凭证、账簿、报表等会计资料；

（3）对会计资料进行转换、输出、分析、利用。

会计信息系统，是指由会计软件及其运行所依赖的软硬件环境组成的集合体。

会计信息化与传统手工处理方式相比有以下特点：

1. 数据处理一体化

在手工方式下，从编制原始凭证、记账凭证到登账、结账、编制会计报表，要经过很多人的手工才能完成，增加了数据处理差错的可能性；使用计算机则不同，数据一旦进入系统，记账、对账、汇总编制会计报表等，都是在一个一体化处理过程中。从输入会计凭证到输出会计报表一气呵成，一切中间环节都在机内自动处理，而需要的任何中间资料都可以通过系统提供的查询功能得到，真正实现了“数出一门”（都从凭证上来），“数据共享”（同时产生所需账表）。整个账务处理流程具有高度的连续性、严密性，呈现出一体化趋势，极大地提高了财务会计报告的时效性。

2. 账务处理虚拟化

在信息化系统中，整个账务处理流程分为输入、处理、输出三个环节，首先将分散于手工会计各个核算岗位的会计数据统一收集后集中输入计算机，此后的各种数据处理工作如记账、对账、结账及编制财务报表都由计算机按照会计软件的要求自动完成，不受人工干预。账簿组织和记账过程均呈现虚拟化特点。

3. 信息存放磁盘化

在手工方式下，一切信息都记录在会计凭证、账簿、报表等媒介上；而在计算机方式下，除原始凭证，其他所有信息都能存放在计算机的磁性介质（硬盘、软盘）中，同时，随时可以根据需要将信息打印到纸介质上。磁盘可以进行拷贝，使会计数据的保存更加安全。

4. 查询高速自动化

在手工方式下，要查询一个数据，特别是收集某一汇总或加总数据时速度很慢，而用计算机查询，可以通过设定查询的条件，很快地查到所需要的数据；另外，在查阅时，还可以归类，打印查询结果。

二、会计软件和服务

会计软件应当保障企业按照国家统一会计准则制度开展会计核算，不得有违背国家统一会计准则制度的功能设计。会计软件的界面应当使用中文并且提供对中文处理的支持，可以同时提供外国或者少数民族文字界面对照和处理支持。会计软件应当提供符合国家统一会计准则制度的会计科目分类和编码功能；应当提供符合国家统一会计准则制度的会计凭证、账簿和报表的显示和打印功能；应当提供不可逆的记账功能，确保对同类已记账凭证的连续编号，不得提供对已记账凭证的删除和插入功能，不得提供对已记账凭证日期、金额、科目和操作人的修改功能。鼓励软件供应商在会计软件中集成可扩展商业报告语言（XBRL）功能，便于企业生成符合国家统一标准的XBRL财务报告。

会计软件应当具有符合国家统一标准的数据接口，满足外部会计监督需要；应当具有会计资料归档功能，提供导出会计档案的接口，在会计档案存储格式、元数据采集、真实性与完整性保障方面，符合国家有关电子文件归档与电子档案管理的要求；应当记录生成用户操作日志，确保日志的安全、完整，提供按操作人员、操作时间和操作内容查询日志的功能，并能以简单易懂的形式输出。

软件供应商应按照合同约定及时解决用户使用中的故障问题。会计软件存在影响客户按照国家统一会计准则制度进行会计核算问题的，软件供应商应当为用户免费提供更正程序。软件供应商应就如何通过会计软件开展会计监督工作，提供专门教程和相关资料。

三、企业会计信息化工作

企业应当充分重视会计信息化工作，加强组织领导和人才培养，不断推进会计信息化在企业的应用。企业应当指定专门机构或者岗位负责会计信息化工作。未设置会计机构和配备会计人员的企业，由其委托的代理记账机构开展会计信息化工作。企业开展会计信息化工作，应当根据发展目标和实际需要，合理确定建设内容，避免资源浪费。

大型企业、企业集团开展会计信息化工作，应当注重整体规划，统一技术标准、编码规则和系统参数，实现各系统的有机整合，消除信息孤岛。企业应当促进会计信息系统与业务信息系统的一体化，通过业务的处理直接驱动会计记账，减少人工操作，提高业务数据与会计数据的一致性，实现企业内部信息资源共享。

处于会计核算信息化阶段的企业，应当结合自身情况，逐步实现资金管理、资产管理、预算控制、成本管理等财务管理信息化。处于财务管理信息化阶段的企业，应当结合自身情况，逐步实现财务分析、全面预算管理、风险控制、绩效考核等决策支持信息化。

分公司、子公司数量多、分布广的大型企业、企业集团应当探索利用信息技术促进会计工作的集中，逐步建立财务共享服务中心。

企业会计资料中对经济业务事项的描述应当使用中文，可以同时使用外国或者少数民族文字对照。

企业应当建立电子会计资料备份管理制度，确保会计资料的安全、完整和会计信息系统的持续、稳定运行。

企业内部生成的会计凭证、账簿和辅助性会计资料，同时满足下列条件的，可以不输出纸面资料：

（1）所记载的事项属于本企业重复发生的日常业务；

（2）由企业信息系统自动生成；

（3）可及时在企业信息系统中以人类可读形式查询和输出；

（4）企业信息系统具有防止相关数据被篡改的有效机制；

（5）企业对相关数据建立了电子备份制度，能有效防范自然灾害、意外事故和人为破坏的影响；

（6）企业对电子和纸面会计资料建立了完善的索引体系。

企业会计资料的归档管理，应遵循国家有关会计档案管理的规定。实施企业会计准则通用分类标准的企业，应当按照有关要求向财政部报送 XBRL 财务报告。

第八章 财 产 清 查

【本章提要】本章内容主要包括实物资产的盘存制度、财产清查的方法以及财产清查结果的处理。重点理解盘存制度与财产清查方法之间的关系，掌握清查结果的处理方法。

期末，财务人员在结账前，应进行对账工作。对账工作包括账证核对、账账核对和账实核对。财务人员发现错账要及时更正，在确认账簿记录准确无误之后结账，根据账簿记录编制财务会计报告。其中，账实核对指的是账面记录要与实际情况相吻合，对实际情况的核实工作在会计核算中被称为财产清查。根据《企业财务会计报告条例》第二十条规定，企业在编制年度财务会计报告前应当全面清查资产、核实债务，即进行财产清查。

财产清查的结果同时也是税务机关审核、确认财产实际情况以及财产溢余或财产损失真实性的基础，掌握财产清查方法能够帮助税务人员提高获取稽查证据的水平。

第一节 财产清查概述

一、财产清查的概念

财产清查，是指通过盘点实物、核对账目，确定各项财产物资、货币资金、往来款项的实际结存数，查明实际结存数和账面结存数是否相符的一种会计核算专门办法。

在实际工作中，账簿记录和财产物资的实存数往往不相符，相关账户之间的记录不一致，影响了会计核算的质量，导致会计信息失真。其原因是多方面的，一般有以下几种情况：

（1）在财产物资收发过程中，由于计量、检验器具不准确而造成品种、数量或质量上的差错；

（2）各种财产物资在运输、保管过程中，发生自然损耗或升溢；

（3）在财产物资发生增减变动时，会计人员没有及时填制凭证登记入账或是计算、登记时出现漏记、重记、多记、少记等错账现象；

（4）由于规章制度不健全，管理不善或工作人员失职造成财产损坏、变质或短缺；

（5）不法分子贪污盗窃，营私舞弊而发生财产损失；

（6）在结算过程中，由于未达账项或拒付等引起的账账不符、账实不符等；

（7）自然灾害造成的财产损失；

（8）由于市场、技术、生产、使用等原因造成财产损失或升溢。

通过财产清查，对各种财产物资进行定期或不定期的核对或盘点具有十分重要的意义。通过财产清查，查明各项财产物资的实存数与账面数是否相符，发生差异时，调整账面记录以达到账实相符，确保会计核算资料真实可靠；通过财产清查，查明各项财产物资是否完整无缺，有无毁损、短缺、变质现象，消除不安全因素的隐患，保护财产物资安全完整；通过财产清查，查明各项财产物资的储备和利用情况，以便采取措施，及时处理超储、积压、呆滞财产物资，充分挖掘潜力，加速资金周转，从而提高财产物资的使用效率；通过财产清查，查明物资、设备、资金的使用与管理状况和往来款项的结算情况，发现有无贪污盗窃、挪用公款、偷税、漏税等情况，查明各项资金使用是否合理，促使相关业务人员遵守财经纪律和结算制度。

二、财产清查的种类

（一）按财产清查的范围分类

财产清查按照清查范围的不同分为全面清查和局部清查。

1. 全面清查，是对本单位所有的财产物资进行全面盘点与核对。全面清查对象一般包括结算款项、各项存货、各项投资、各项固定资产、在建工程及其他资产。全面清查内容全面、范围广泛、工作量大，一般在年终决算前进行一次，为结清账目和编制报表做好准备。清产核资、破产、撤销、合并或改变隶属关系以及主要负责人调离工作岗位时，也应进行全面清查，明确经济责任。

2. 局部清查，也称重点清查，是根据需要对本单位的某些重点部分财产进行的清查。同全面清查相比，局部清查需要人力较少、费用较低。变化频繁的原材料、在产品或商品等财产物资，除年终决算前进行全面清查外，还必须进行轮流盘点和重点抽查；各种贵重物资至少每月盘点一次；库存现金要每天核对；银行存（借）款按银行对账单逐笔核对。

（二）按财产清查的时间分类

财产清查按照清查时间的不同分为定期清查和不定期清查。

1. 定期清查，是指按照有关制度规定的时间进行的财产清查，一般在年度、季度或月份结账时进行。

2. 不定期清查，也称临时清查，是指根据实际需要临时进行的清查，一般在更换财产物资经管人员、财产物资非常损失、会计主体变化或隶属关系变动以及其他部门要求等情况时进行。

定期清查与不定期清查按照清查范围，应视具体情况而定，可全面清查也可局部清查。

（三）按财产清查的执行单位分类

财产清查按照清查的执行单位不同可分为内部清查和外部清查。

1. 内部清查，是由企业自行组织清查工作小组所进行的财产清查工作。多数的财产清查都属于内部清查。

2. 外部清查，是由上级主管部门、审计机关、司法部门、注册会计师根据国家的有关规定或情况的需要对企业所进行的财产清查，如注册会计师对企业会计报表进行审计，税务、审计、司法机关对企业在检查、监督中所进行的清查工作。

第二节　财产物资的盘存制度

财产物资的盘存制度规定了各种财产物资收入、发出、结存在账簿中的记录和确定方法，是确定财产物资账面结存额的制度。在会计实务中，财产物资的盘存制度有两种：永续盘存制和实地盘存制。各单位可根据经营管理的需要和财产物资品种的不同，分别采用不同的方法。

一、永续盘存制

永续盘存制又称账面盘存制，它是以账簿记录为依据来确认财产物资结存余额的一种管理制度。具体做法是日常对各项财产物资的增减变动情况依据会计凭证在明细账、日记账中进行连续登记，并随时在账上结算出各种财产物资的结存数，在财产清查时，根据账面记录确认财产物资盘盈和盘亏，调整账面记录，使账实相符。它的优点是可以随时了解各种财产物资的收入、发出和结存情况，有利于加强财产物资管理，因此，企业一般应采用永续盘存制。缺点是核算工作量较大。

二、实地盘存制

实地盘存制是以期末具体盘点实物的结果为依据来确认财产物资结存余额的一种管理制度。具体做法是日常根据有关凭证在相关账簿中登记财产物资的增加数，不登记减少数，每到期末，根据实地盘点的实存数按“期初结存数＋本期增加数－期末结存数＝本期减少数”的公式，倒算出本期的减少数，计入相关明细账。它的优点是日常工作量小，简化了核算手续。缺点是不能随时反映财产物资的收发结存动态，手续不够严密，由于以存计耗或以存计销，易把存货短缺、毁损、盗窃或浪费等原因造成的损失都隐没在已耗或已销成本中，不利于用账簿记录来加强财产物资管理工作，实地盘存制一般只适用于核算数量大、价值低、收发频繁的商品。

第三节　财产清查的方法

由于财产物资种类繁多，占用形态各异，对货币资金、往来款项、实物等应采取不同的方法进行清查。

一、库存现金清查

库存现金清查是通过实地盘点进行的。具体做法是，出纳人员平时对现金管理应做到“日清月结”，每日业务结束时自行清点库存现金实有额，与现金日记账余额相核对，查明库存现金是否账实相符。由于现金收支业务十分频繁，容易出错，在实际工作中还应由清查小组对库存现金进行定期或不定期清查。清查时，出纳人员必须在场，逐一清点现金实有数，并与现金日记账的余额核对，查明账实是否相符，同时，还要检查是否遵守现金管理制度，库存现金是否超过规定的限额，是否按规定范围使用现金，有无坐支现金等。然后，将清查结果编制库存现金查点报告表，其格式见表 8－1。

表 8－1　　　　库存现金查点报告表

单位名称：　　　　　　　　　　年　月　日

实存金额	账存金额	对比结果		备注
		盘盈	盘亏	

盘点人（签章）：　　　　　　　　　　　　　　　出纳员（签章）：

对库存现金的清查方法，也适用于对各种有价证券的清查。

二、银行存款的清查

银行存款清查是通过存款单位与开户银行核对账目进行的。具体方法是在核对账目前，存款单位检查银行存款日记账记录是否完整正确，逐一核对银行存款收款凭证和付款凭证是否全部入账。收到银行对账单后，应将银行存款账户与银行对账单逐笔核对增减额和同一日期的余额。对于账簿记录错记、漏记，应及时查清更正；对于由双方凭证传递时间上的差异而发生的未达账项，应在查明原因后编制银行存款余额调节表。即，将本单位的银行存款日记账账面余额和银行对账单余额各自补记对方已入账而本单位尚未入账的余额（包括增加金额和减少金额），验证调节后的存款是否相等。如果相等，表明企业与银行的账目没有差错。否则，说明记账有错误，应进一步查明原因，并予以更正。

未达账项，是指由于收、付款的结算凭证在传送、接收时间上不一致而造成的一方已经入账，而另一方没有接到凭证尚未入账的收、付款项。其具体有以下四种情况：

（1）存款单位已经收款入账，银行尚未收款入账；

（2）存款单位已经付款入账，银行尚未付款入账；

（3）银行已经收款入账，存款单位尚未收款入账；

（4）银行已经付款入账，存款单位尚未付款入账。

上述（1）、（4）两种情况会使存款单位银行存款账户账面余额大于开户银行对账单存款余额；（2）、（3）两种情况会使存款单位银行存款账户账面余额小于开户银行对账单存款余额。

【例 8－1】 2023 年 5 月 31 日，富华公司银行存款日记账账面余额 23 000 元，开户银行对账单余额 28 200 元，经逐笔核对，发现未达账项如下：

（1）5 月 28 日，开出现金支票 2 000 元，已作存款减少入账，持票人尚未到银行取款，故银行尚未记账；

（2）5 月 29 日，收到转账支票 1 000 元，已作存款增加入账，但银行尚未记账；

（3）5 月 30 日，银行计算富华公司的应付银行借款利息 600 元，已作存款减少入账，富华公司因未收到付款通知而未记账；

（4）5 月 31 日，银行收到委托代收款 4 800 元，已作存款增加入账，富华公司因未收到收款通知而未记账。

富华公司根据上述未达账项编制的银行存款余额调节表见表 8－2。

表 8－2 **银行存款余额调节表**

2023 年 5 月 31 日 单位：元

项目	金额	项目	金额
银行存款日记账账面余额	23 000	银行对账单存款余额	28 200
加：银行已收企业未收	4 800	加：企业已收银行未收	1 000
减：银行已付企业未付	600	减：企业已付银行未付	2 000
调节后存款余额	27 200	调节后存款余额	27 200

经过调节后的银行存款余额，既不等于本单位银行存款日记账账面余额，也不等于银行对账单存款余额，而是本单位银行存款的实有数。编制银行存款余额调节表不需要更改账簿记录，对于未达账项也不需要立即进行账务处理。银行存款余额调节表只是对账使用，不作为会计核算的原始凭证，通常将其作为清查资料与银行对账单一并附在当月银行存款日记账后保存。

上述银行存款的清查方法，也适用于对银行借款的清查。

三、往来款项的清查

往来款项清查是通过同对方单位核对项目进行的，往来款项主要包括应收款项、应付款项、暂收款项等。具体方法是首先检查本单位各项往来款项账簿记录，确认无误后编制对账单，通过电函、信函寄发或派人送交对方面询等方式，请对方进行核对。对账单应按明细账户逐笔抄列，一式两联，其中一联作为回单，对方单位核对相符，应在回单上盖章后退回本单位。如果发现双方账目不符，应将有关情况在回单上注明，或另抄对账单退回，作为进一步核对的依据。依据往来款项清查结果，编制往来款项清查报告表，见表8－3。

表8－3　　往来款项清查报告表

总分类账户名称：　　　　　　　　年　月　日

明细分类账户		清查结果		核对不符原因分析			备注
名称	账面余额	核对相符金额	核对不符金额	未达账项金额	有争议账项金额	其他	

清查人员（签章）：　　　　　　　　　　　　会计人员（签章）：

四、实物清查

实物清查是通过实地盘点原材料、在产品、库存商品、固定资产等财产进行的。实物清查的方法根据实物的不同特点采用不同的方法，如点数或量尺、过秤。在清点中，对于包装完整的商品、物资，可按包装上标明的数量进行核对，必要时可抽查细点。有些堆垛笨重的商品，点数、过秤确有困难的，也可采用技术测算的方法。

实物盘点后，应填写盘存单。盘存单是记录实物盘点结果的书面文件，也是反映财产物资在盘点日期实存数的原始凭证，参加清查人员和实物保管人员均应在盘存单上签章，见表 8－4。

表 8－4　　　　**盘存单**

单位名称：　　　　编号：

盘点时间：　　　　财产类别：　　　　存放地点：

编号	名称	计量单位	数量	单价	金额	备注

盘点人签章：　　　　实物保管人签章：

为了核对清查结果，应根据盘存单和相关账簿资料编制实存账存对比表。实存账存对比表是调整账簿记录的原始凭证，也是分析账实不符的原因和划清经济责任的书面证明，见表 8－5。

表 8－5　　　　**实存账存对比表**

单位名称：　　　　年　月　日

编号	类别及名称	计量单位	实存		账存		差异				备注
							盘盈		盘亏		
			数量	金额	数量	金额	数量	金额	数量	金额	

【涉税提示】

不同种类的财产清查要运用不同的方法，在清查过程中会记录清查情况，得出清查结论，形成清查结果鉴定审批意见等。这些与清查有关的原始凭证在涉税问题处理时都是重要的依据，比如财产损失问题的处理，包括损失的认定、损失金额的确定等。根据《增值税暂行条例》及其实施细则规定，非正常损失的购进货物及相关的劳务，包括因管理不善造成被盗、丢失、霉烂变质的损失，其进项税额不得从销项税额中抵扣；根据《企业资产损失所得税税前扣除管理办法》（国家税务总局公告2011年第25号）规定，企业发生的资产损失，包括资产盘亏、毁损、报废损失，转让财产损失，坏账损失，自然灾害等不可抗力因素造成的损失以及其他损失，应按规定的程序和要求向主管税务机关申报后方能在税前扣除，未经申报的损失，不得在税前扣除。通过财产清查可以发现损失、确认损失、证明损失。税务人员在面对财产损失问题时，可以充分运用企业财产清查中使用的原始资料，包括盘存单、盘点表等，在确定其真实性的基础上，结合税法的规定，作出正确的税务处理。

第四节　财产清查结果处理

财产清查的结果有两种，一种是账实相符，一种是账实不符。账实相符情况下可以进入下一个工作环节——结账。如果账实不符，应认真分析研究，遵照有关政策制度的规定，按一定程序及时进行处理。

除了总结经验教训、提出改进措施、加强财产管理之外，对财产清查中所发现的各种财产物资的差异以及对差异的处理，都应当在账簿上予以反映，及时进行账簿记录的调整。首先将已查明的盘盈、盘亏和毁损情况，根据清查中的原始凭证编制记账凭证，在账簿上据实登记；然后按照差异发生的原因和报经批准的结果，根据有关批文编制记账凭证，对差异进行结转，即对财产清查结果进行账务处理。

为了反映和监督企业在财产清查中财产物资的盘盈、盘亏和毁损情况，应当设置和运用“待处理财产损溢”账户，该账户设置“待处理流动资产损溢”和“待处理非流动资产损溢”两个明细账户。“待处理财产损溢”账户的结构如表8－6所示。

表8－6　　“待处理财产损溢”账户的结构

借方	贷方
发生额： ①发生的待处理财产盘亏和毁损数额； ②结转已批准处理的财产盘盈数额	发生额： ①发生的待处理财产盘盈数额； ②结转已批准处理的财产盘亏和毁损数额

续表

借方	贷方
余额：尚待批准处理的财产盘亏和毁损数额大于尚待批准处理的财产盘盈数额的差额	余额：尚待批准处理的财产盘盈数额大于尚待批准处理的财产盘亏和毁损数额的差额

企业的财产损溢应当查明原因，在期末结账前处理完毕，处理后“待处理财产损溢”账户应无余额。

一、固定资产盘盈、盘亏的会计处理

根据《企业会计准则第 4 号——固定资产》的规定，盘盈固定资产时，按盘盈固定资产的重置价值借记“固定资产”账户，贷记“以前年度损益调整”账户。不通过“待处理财产损溢——待处理非流动资产损溢”账户核算，直接确认为以前年度重大会计差错问题进行更正①。

固定资产盘亏时，按账面原始价值减去累计折旧的差额借记“待处理财产损溢——待处理非流动资产损溢”账户，按账面已提折旧借记“累计折旧”账户，按固定资产账面原始价值贷记“固定资产”账户。报经批准后，根据处理意见将其实际损失数记入“营业外支出”账户的借方。

二、流动资产盘盈、盘亏的会计处理

当出现原材料、半成品、产成品（库存商品）等流动资产盘盈时，按盘盈流动资产的重置成本借记“原材料”“库存商品”等账户，贷记“待处理财产损溢——待处理流动资产损溢”账户。报经批准后，冲减管理费用，记入“管理费用”账户的贷方②。当出现流动资产盘亏时，借记“待处理财产损溢——待处理流动资产损溢”账户，贷记“原材料”“库存商品”等账户，涉及盘亏的存货对应的增值税进项税额不得抵扣时，还应贷记“应交税费——应交增值税（进项税额转出）”。待有关部门批准后，根据不同的盘亏原因作出不同的处理：能够收回的残料或残料变现收入记入“原材料”“银行

① 根据《小企业会计准则》的规定，盘盈固定资产应记入当期的“营业外收入”账户。
② 根据《小企业会计准则》的规定，盘盈存货应记入当期“营业外收入”账户。

存款”等账户的借方；能够收到的保险公司赔偿款记入“其他应收款”账户的借方；由责任人造成的损失能够收回的赔偿，记入“其他应收款”账户的借方。盘亏总额扣除各种补偿后的净损失，属于自然灾害等非常损失部分，记入“营业外支出——非常损失”账户的借方，属于计量收发差错和管理不善等一般经营损失部分，记入“管理费用”账户的借方[①]，同时记入“待处理财产损溢”账户的贷方。

三、无法收回或偿付的债权债务的账务处理

在财产清查中发现长期不能结清的往来款项，经有关部门批准后予以核销，核销时不通过“待处理财产损溢”账户。对于无法收回的应收款项，可在报经批准后，冲减坏账准备金[②]。在财产清查中对于无法偿还的债务，经批准后，直接转入“营业外收入”账户。

【例 8 – 2】凯悦股份有限公司 2023 年 6 月财产清查的库存现金查点报告表、往来款项清查报告表及实存账存对比表见表 8 – 7 至表 8 – 11。

表 8 – 7　　库存现金查点报告表

单位名称：凯悦股份有限公司　　2023 年 6 月 10 日　　单位：元

实存金额	账存金额	对比结果		备注
		盘盈	盘亏	
12 569	12 669		100	

表 8 – 8　　往来款项清查报告表

总分类账户名称：应收账款　　2023 年 6 月 10 日　　单位：元

明细分类账户		清查结果		核对不符原因分析			备注
名称	账面余额	核对相符金额	核对不符金额	未达账项金额	有争议账项金额	其他	
大明公司	6 000		6 000			坏账损失	该公司已破产

① 根据《小企业会计准则》的规定，盘亏存货损失应记入当期“营业外支出”账户。

② 根据《小企业会计准则》的规定，对于无法收回的应收款项应记入“营业外支出”账户。

表 8－9　　往来款项清查报告表

总分类账户名称：应付账款　　2023 年 6 月 10 日　　单位：元

明细分类账户		清查结果		核对不符原因分析			备注
名称	账面余额	核对相符金额	核对不符金额	未达账项金额	有争议账项金额	其他	
三峰公司	1 000		1 000			无法支付	该公司已解散

表 8－10　　材料实存账存对比表

单位名称：凯悦股份有限公司　　2023 年 6 月 16 日　　材料对比表 1 号

编号	类别	计量单位	账存		实存		差异				备注
							盘盈		盘亏		
			数量	金额/元	数量	金额/元	数量	金额/元	数量	金额/元	
1101	A	千克	335	10 050	375	11 250	40	1 200			
1102	B	千克	465	18 600	415	16 600			50	2 000	
1103	C	吨	38	76 000	38	76 000					

表 8－11　　固定资产实存账存对比表

单位名称：凯悦股份有限公司　　2023 年 6 月 16 日　　固定资产对比表 2 号

编号	类别	计量单位	实存		账存		差异				备注
							盘盈		盘亏		
			数量	原值或重置完全价/元	数量	原值或重置完全价/元	数量	原值或重置完全价/元	数量	原值或重置完全价/元	
2001	检测仪	台	11	275 000	10	250 000	1	25 000			
2002	电工设备	台	5	175 000	6	210 000			1	35 000	

根据清查结果进行账务处理：

（1）库存现金短缺 100 元。

查明原因前，会计部门根据表 8－6 作如下会计分录：

借：待处理财产损溢——待处理流动资产损溢　　100

　　贷：库存现金　　100

经查现金短缺属于出纳员责任，应由出纳员李某赔偿。会计部门根据批准意见作如下会计分录：

借：其他应收款——李某　　100

　　贷：待处理财产损溢——待处理流动资产损溢　　100

（2）确认坏账损失。应收大明公司的货款6 000元，因大明公司已破产无法收回。该公司采取备抵法核算。报经批准后，会计部门根据表8－7冲销已提取的坏账准备金：

借：坏账准备　　6 000

　　贷：应收账款——大明公司　　6 000

（3）确认债务收益。查明前欠三峰公司货款1 000元，因三峰公司解散，确实无法支付，经批准后，会计部门根据表8－8作如下会计分录：

借：应付账款　　1 000

　　贷：营业外收入　　1 000

（4）盘盈A材料40千克。A材料单价30元，计1 200元，经查明属于计量器具误差造成的累计差额。上述情况已报请有关部门批准处理。

审批前，会计部门应根据表8－9作如下会计分录：

借：原材料——A材料　　1 200

　　贷：待处理财产损溢——待处理流动资产损溢　　1 200

经审批，会计部门根据批准处理意见，作如下会计分录：

借：待处理财产损溢——待处理流动资产损溢　　1 200

　　贷：管理费用　　1 200

（5）材料盘亏。库存B材料盘亏50千克，单价40元，计2 000元，经查明，为管理不善被盗，情况已经报请有关部门批准处理。

审批前，会计部门根据表8－9作如下会计分录：

借：待处理财产损溢——待处理流动资产损溢　　2 260

　　贷：原材料——B材料　　2 000

　　　　应交税费——应交增值税（进项税额转出）　　260

经审批，被盗损失由责任人赔偿，根据处理意见，作如下会计分录：

借：其他应收款　　2 260

　　贷：待处理财产损溢——待处理流动资产损溢　　2 260

（6）盘盈账外检测仪1台，经确认的重置完全价值为25 000元，按其新旧程度确认的折旧为8 000元，经查明，属于漏入账固定资产。

会计部门根据表 8－10 资料，作如下会计分录：

借：固定资产　　17 000

　　贷：以前年度损益调整　　17 000

（7）盘亏电子设备 1 台，其原值为 35 000 元，已提折旧为 15 000 元。经查明属于毁损设备未进行处理。已将上述情况报请有关部门批准处理。

审批前，会计部门应根据表 8－11 作如下会计分录：

借：待处理财产损溢——待处理非流动资产损溢　　20 000

　　累计折旧　　15 000

　　贷：固定资产　　35 000

审批后，会计部门根据批复处理意见，作如下会计分录：

借：营业外支出　　20 000

　　贷：待处理财产损溢——待处理非流动资产损溢　　20 000

【涉税提示】

对于财产清查结果中账实不符情况要区别处理。

属于盘盈资产或无法偿付的负债，计算企业所得税时，也要计入当期收入总额。

属于盘亏的资产或者确认的坏账损失，要根据税法的相关规定进行处理。其中会存在会计与税法的差异。例如，根据《企业资产损失所得税税前扣除管理办法》第五条规定，企业发生的资产损失，应按规定的程序和要求向主管税务机关申报后方能在税前扣除。未经申报的损失，不得在税前扣除。例如，【例 8－2】账务处理（2）中大明公司的 6 000 元货款被确认为坏账，会计处理时因以前计提了坏账准备，所以本期直接冲减坏账准备，6 000 元的损失未影响当期损益。但是根据企业所得税法规定，损失要在实际发生时才能确认，这项损失应作为本期损失税前扣除。虽然会计与税法确认损失的金额一致，但是损失的归属期不相同。

税务人员应重视纳税人财产清查这项工作，加强对财产清查原始资料的审核，验证其真实性，判断企业会计处理结果的准确性，结合税法的规定，调整差异，慎重处理这类业务的税务问题，而不能直接依据会计处理结果，简单得出处理意见。

第九章　财务会计报告

【本章提要】 本章主要介绍财务会计报告的构成、财务报表的编制和财务报表分析基础，重点是财务报表的编制。

财务会计报告包括财务报表和其他应当在财务报告中披露的相关信息和资料。财务报表至少应当包括资产负债表、利润表、现金流量表、所有者权益（或股东权益）变动表、附注。

资产负债表应当按照资产、负债和所有者权益三大类别分类列报，并且资产和负债应当按照流动性分别流动资产和非流动资产、流动负债和非流动负债列示。

利润表应当对费用按照功能分类进行列报，利润表至少应当单独列示反映下列信息的项目：营业收入、营业成本、税金及附加、管理费用、销售费用、财务费用、投资收益、公允价值变动收益、资产减值损失、资产处置收益、所得税费用、净利润、其他综合收益各项目分别扣除所得税影响后的净额、综合收益总额等。

现金流量表中，应将现金流量分为经营活动产生的现金流量、投资活动产生的现金流量、筹资活动产生的现金流量。现金流量表的编制方法主要有工作底稿法、T形账户法、分析填列法。

所有者权益变动表应当反映构成所有者权益的各组成部分当期的增减变动情况，综合收益和与所有者（或股东）的资本交易导致的所有者权益变动应当分别列示。在所有者权益变动表中至少应当单独列示反映下列信息的项目：综合收益总额、会计政策变更和前期差错更正的累积影响金额、所有者投入资本和向所有者分配利润等、按照规定提取的盈余公积、所有者权益各组成部分的期初和期末余额及其调节情况。

附注应当披露财务报表的编制基础，相关信息应当与资产负债表、利润表、现金流量表和所有者权益变动表等报表中列示的项目相互参照。

财务报表分析基础主要介绍财务报表分析的基本方法、财务报表与纳税申报表的关联分析和财务报表涉税分析。

第一节　财务会计报告概述

财务会计报告，是指企业对外提供的反映企业某一特定日期的财务状况和某一会计期间的经营成果、现金流量等会计信息的文件。它是企业会计核算的最终成果，是企业对外提供财务会计信息的主要形式。

一、财务会计报告的构成和种类

（一）财务会计报告的构成

财务会计报告包括会计报表及其附注和其他应当在财务会计报告中披露的相关信息和资料。

1. 会计报表

会计报表是财务会计报告的主干部分，它是以企业的会计凭证、会计账簿和其他会计资料为依据，以货币作为计量单位总括地反映企业财务状况、经营成果和现金流量，按照固定的格式、内容和填报要求定期编制并对外报送的书面报告文件。

会计报表至少应当包括资产负债表、利润表、现金流量表和所有者权益（或股东权益，下同）变动表等报表。

2. 会计报表附注

会计报表附注是为了便于会计报表使用者理解会计报表的内容而对会计报表的编制基础、编制依据、编制原则和方法及主要项目等所作的解释。包括对在资产负债表、利润表、现金流量表和所有者权益变动表等报表中列示项目的文字描述或明细资料，以及对未能在这些报表中列示项目的说明等。附注披露的相关信息应当与资产负债表、利润表、现金流量表和所有者权益变动表等报表中列示的项目相互参照。企业编制附注的目的是通过对财务报表本身作补充说明，更加全面、系统地反映企业财务状况、经营成果和现金流量的全貌，有助于向使用者提供更为有用的信息。

会计报表及其附注，通常称为财务报表，是财务会计报告的核心内容。

一套完整的财务报告至少应当包括“四表一注”，即资产负债表、利润表、现金流量表、所有者权益变动表以及附注。

3. 其他相关信息和资料

其他应当在财务会计报告中披露的相关信息和资料，具体可以根据有关法律法规的规定和外部使用者的信息需求而定。如企业可以在财务会计报告中披露其承担的社会责任、对社会的贡献、可持续发展能力等信息，这些信息与使用者的决策也是相关的，尽管属于非财务信息，无法包括在财务报表中，但是如果有规定或者使用者有需求的，企业应当在财务会计报告中予以披露，有时企业也可以自愿在财务会计报告中披露相关信息。

（二）财务会计报告的分类

财务会计报告可以根据需要，按不同的标准进行分类。

1. 按反映经济内容分类

财务会计报告按其反映的经济内容不同，可分为静态报表和动态报表。静态报表，是指综合反映企业某一特定日期资产、负债和所有者权益状况的报表，如资产负债表；动态报表，是指综合反映企业一定时期的经营状况或现金流量的报表，如利润表、现金流量表。

2. 按编报期间分类

财务会计报告按其编报时间或所反映的期间长短的不同，分为年度、半年度、季度和月度财务会计报告。

（1）年度财务会计报告，是指年度终了对外提供的财务会计报告，包括会计报表、会计报表附注。

（2）半年度财务会计报告，是指在每个会计年度的前6个月结束后对外提供的财务会计报告，应当包括会计报表、会计报表附注。

（3）季度、月度财务会计报告，是指季度和月度终了提供的财务会计报告，通常仅指会计报表。

半年度、季度和月度财务会计报告统称为中期财务会计报告。

3. 按服务对象分类

财务会计报告按其服务对象不同，可分为内部报表和外部报表。内部报表，是指为适应企业内部经营管理需要而编制的不对外公布的报表，它一般不需要规定统一的格式，也没有统一的指标体系；外部报表，是指企业向外提供的主要供投资者、债权人、政府部门和社会公众等使用的报表，它通常有规定的格式和统一的指标体系。

4. 按编报会计主体分类

财务会计报告按其编制的会计主体不同，可分为个别财务报表和合并财务报表。

二、财务报表列报的基本要求

企业应当在财务报表的显著位置至少披露下列内容：编报企业的名称；资产负债表日或财务报表涵盖的会计期间；人民币金额单位；财务报表是合并财务报表的，应当予以标明。

企业至少应当按年编制财务报表。年度财务报表涵盖的期间短于1年的，应当披露年度财务报表的涵盖期间、短于1年的原因以及报表数据不具可比性的事实。对外提供中期财务会计报告的，应遵循《企业会计准则第32号——中期财务报告》的规定。

（一）依据各项会计准则确认和计量的结果编制财务报表

企业应当根据实际发生的交易和事项，遵循《企业会计准则——基本准则》（以下简称《基本准则》）、各项具体会计准则及解释的规定进行确认和计量，并在此基础上编制财务报表。

企业应当在附注中对这一情况作出声明，只有遵循了企业会计准则的所有规定时，财务报表才应当被称为“遵循了企业会计准则”。同时，企业不应以附注披露代替对交易和事项的确认和计量；企业对交易和事项不恰当的确认和计量，也不能通过在附注中充分披露相关会计政策予以纠正。企业应当对交易和事项进行确认和计量。

此外，如果按照各项企业会计准则规定披露的信息不足以让报表使用者了解特定交易或事项对企业财务状况和经营成果的影响时，企业还应当披露其他的必要信息。

（二）列报基础

企业应当以持续经营为基础编制财务报表。持续经营是会计的基本前提，也是会计确认、计量及编制财务报表的基础。在编制财务报表的过程中，企业管理层应当全面评价企业的持续经营能力。企业管理层在对企业持续经营能力进行评价时，应当利用其所有可获得的信息，评价涵盖的期间应包括企业自资产负债表日起至少12个月，评价时需要考虑的因素包括宏观政策风险、市场经营风险、企业目前或长期的盈利能力、偿债能力、财务弹性以及企业管理层改变经营政策的意向等。评价结果表明对持续经营能力产生重大怀疑的，企业应当在附注中披露导致对持续经营能力产生重大怀疑的影响因素以及企业拟采取的改善措施。

企业在评价持续经营能力时应当结合考虑企业的具体情况。通常情况下，如果企业过去每年都有可观的净利润，并且易于获取所需的财务资源，则对持续经营能力的评价易于判断，这表明企业以持续经营为基础编制财务报表是合理的，而无须进行详细的分析。反之，如果企业过去多年有亏损的记录等情况，则需要通过考虑更加广泛的相关因素来作出评价，比如，目前和预期未来的获利能力、债务清偿计划、替代融资的潜在来源等。

企业如果存在以下情况之一，则通常表明其处于非持续经营状态：①企业已在当期进行清算或停止营业；②企业已经正式决定在下一个会计期间进行清算或停止营业；③企业已确定在当期或下一个会计期间没有其他可供选择的方案而将被迫进行清算或停止营业。企业处于非持续经营状态时，应当采用清算价值等其他基础编制财务报表，比如，破产企业的资产采用可变现净值计量、负债按照其预计的结算金额计量等。在非持续经营情况下，企业应当在附注中声明财务报表未以持续经营为基础列报、披露未以持续经营为基础的原因以及财务报表的编制基础。

（三）权责发生制

除现金流量表按照收付实现制编制外，企业应当按照权责发生制编制其他财务报表。在采用权责发生制会计的情况下，当项目符合《基本准则》中财务报表要素的定义和确认标准时，企业就应当确认相应的资产、负债、所有者权益、收入和费用，并在财务报表中加以反映。

（四）列报的一致性

财务报表项目的列报应当在各个会计期间保持一致，不得随意变更，但下列情况除外：

1. 企业会计准则要求改变财务报表项目的列报。

2. 企业经营业务的性质发生重大变化或对企业经营影响较大的交易或事项发生后，变更财务报表项目的列报能够提供更可靠、更相关的会计信息。

（五）依据重要性原则单独或汇总列报项目

关于项目在财务报表中是单独列报还是汇总列报，应当依据重要性原则来判断。总的原则是，如果某项目单个看不具有重要性，则可将其与其他项目汇总列报；如具有重要性，则应当单独列报。企业应当遵循如下规定：

1. 性质或功能不同的项目，一般应当在财务报表中单独列报，但不具有重要性的项目可以汇总列报。比如，存货和固定资产在性质上和功能上都有本质差别，必须分别在资产负债表上单独列报。

2. 性质或功能类似的项目，一般可以汇总列报，但是对其具有重要性的类别应该单独列报。比如，产成品、自制半成品等项目在性质上类似，均通过生产过程形成企业的产品存货，因此可以汇总列报，汇总之后的类别统称为“存货”在资产负债表上单独列报。

3. 项目单独列报的原则不仅适用于报表，还适用于附注。某些项目的重要性程度不足以在资产负债表、利润表、现金流量表或所有者权益变动表中单独列示，但对附注却具有重要性，在这种情况下应当在附注中单独披露。比如，对某制造业企业而言，原材料、在产品、库存商品等项目的重要性程度不足以在资产负债表上单独列示，因此，在资产负债表上汇总列示，但是鉴于其对该制造业企业的重要性，应当在附注中单独披露。

4. 根据《企业会计准则第 30 号——财务报表列报》规定，在财务报表中单独列报的项目，企业应当单独列报。其他会计准则规定单独列报的项目，企业应当增加单独列报项目。

重要性是判断财务报表项目是否单独列报的重要标准。重要性，是指在合理预期下，如果财务报表某项目的省略或错报会影响使用者据此作出经济决策的，则该项目就具有重要性。企业在进行重要性判断时，应当根据所处环境，从项目的性质和金额大小两方面予以判断：一方面，应当考虑该项目的性质是否属于企业日常活动，是否显著影响企业的财务状况、经营成果和现金流量等因素；另一方面，判断项目金额大小的重要性，应当通过单项金额占资产总额、负债总额、所有者权益总额、营业收入总额、营业成本总额、净利润、综合收益总额等直接相关或所属报表单列项目金额的比重加以确定。企业对于各个项目的重要性判断标准一经确定，不得随意变更。

（六）财务报表项目金额间的相互抵销

财务报表项目应当以总额列报，资产和负债、收入和费用、直接计入当期利润的利得项目和损失项目的金额不得相互抵销，即不得以净额列报，但其他会计准则另有规定的除外。比如，甲企业欠乙企业的应付账款，不得用其他企业欠本企业的应收账款相抵销，如果相互抵销就掩盖了交易的实质。

下列三种情况不属于抵销，可以以净额列示：

1. 一组类似交易形成的利得和损失应当以净额列示，不属于抵销。例如，汇兑损益应当以净额列报，为交易目的而持有的金融工具形成的利得和损失应当以净额列报。但是，如果相关的利得和损失具有重要性，则应当单独列报。

2. 资产和负债项目按扣除备抵项目后的净额列示，不属于抵销。例如，资产计提的减值准备，实质上意味着资产的价值确实发生了减损，资产项目应当按扣除减值准备后的净额列示，这样才反映了资产当时的真实价值。

3. 非日常活动产生的利得和损失，以同一交易形成的收益扣减相关费用后的净额列示更能反映交易实质的，不属于抵销。例如，非流动资产处置形成的利得或损失，应当按处置收入扣除该资产的账面金额和相关销售费用后的净额列报。

（七）比较信息的列报

企业在列报当期财务报表时，至少应当提供所有列报项目上一个可比会计期间的比较数据，以及与理解当期财务报表相关的说明，目的是向报表使用者提供对比数据，提高信息在会计期间的可比性。列报比较信息的这一要求适用于财务报表的所有组成部分，即既适用于四张报表，也适用于附注。

通常情况下，企业列报所有列报项目上一个可比会计期间的比较数据，至少包括两期各报表及相关附注。当追溯应用会计政策或追溯重述，或者重新分类财务报表项目时，按照《企业会计准则第28号——会计政策、会计估计变更和差错更正》等准则的规定，企业应当在一套完整的财务报表中列报最早可比期间期初的财务报表，即应当至少列报三期资产负债表、两期其他各报表（利润表、现金流量表和所有者权益变动表）及相关附注。其中，列报的三期资产负债表分别指当期期末的资产负债表、上期期末（即当期期初）的资产负债表，以及上期期初的资产负债表。

根据《企业会计准则第30号——财务报表列报》的规定，确需变更财务报表项目列报的，应当至少对可比期间的数据按照当期的列报要求进行调整，并在附注中披露调整的原因和性质，以及调整的各项目金额。对可比数据进行调整不切实可行的，应当在附注中披露不能调整的原因。

不切实可行，是指企业在作出所有合理努力后仍然无法采用某项会计准则规定。

（八）财务报表表首的列报要求

企业在财务报表的显著位置（通常是表首部分）应当至少披露下列基本信息：

1. 编报企业的名称。如企业名称在所属当期发生了变更的，还应明确标明。

2. 对资产负债表而言，应当披露资产负债表日；而对利润表、现金流量表、所有者权益变动表而言，应当披露报表涵盖的会计期间。

3. 货币名称和单位。按照我国企业会计准则的规定，企业应当以人民币作为记账本位币列报，并标明金额单位，如人民币元、人民币万元等。

4. 财务报表是合并财务报表的，应当予以标明。

（九）报告期间

企业至少应当编制年度财务报表。根据《会计法》的规定，会计年度自公历1月1日起至12月31日止。在编制年度财务报表时，如果年度财务报表涵盖的期间短于1年的，比如，企业在年度中间（如5月1日）开始设立等，在这种情况下，企业应当披露年度财务报表的实际涵盖期间及其短于1年的原因，并应当说明由此引起财务报表项目与数据不具可比性这一事实。

第二节 资产负债表

一、资产负债表概述

（一）资产负债表的概念及作用

资产负债表，是指反映企业在某一特定日期财务状况的财务报表。它反映企业在某一特定日期所拥有或控制的经济资源、所承担的现时义务和所有者对净资产的要求权。

资产负债表的作用主要体现在以下四个方面：

1. 通过资产负债表可以提供某一日期的资产总额及其结构，表明企业拥有或控制的资源及其分布情况，可以使报表使用者从资产负债表上了解企业在某一特定日期所拥有的资产总量及其结构；

2. 通过资产负债表可以提供某一日期的负债总额及其结构，表明企业未来需要用多少资产或劳务清偿债务；

3. 通过资产负债表可以反映所有者所拥有的权益，据以判断资本保值、增值的情况以及对负债的保障程度；

4. 资产负债表还可以提供财务分析的基本资料，如将流动资产与流动负债进行比较，可以计算出流动比率等，以表明企业的变现能力、偿债能力和资金周转能力，从而有助于报表使用者作出经济决策。

（二）资产负债表的格式

我国的资产负债表采用账户式结构，报表分为左右两方，左方列示资产各项目，反映企业全部资产的分布及构成情况；右方列示负债和所有者权益各项目，反映企业全部负债和所有者权益的内容及构成情况。由于“资产 = 负债 + 所有者权益”，报表左右两方相等，左方资产总计等于右方负债及所有者权益总计。此外，为了使报表使用者比较不同时点资产负债表的数据，掌握企业财务状况的变动情况及发展趋势，资产负债表提供年初数和期末数的比较资料，各项目分为“上年年末余额”和“期末余额”两栏分别填列。执行企业会计准则的非金融企业中，执行新金融准则、新收入准则和新租赁准则的企业资产负债表的格式如表 9 – 1 所示。

（三）资产负债表的编制要求

资产负债表应当按照资产、负债和所有者权益三大类别分类列报，并且资产和负债应当按照流动性分别流动资产和非流动资产、流动负债和非流动负债列示。流动性，通常按资产的变现或耗用时间长短或者负债的偿还时间长短来确定。

对于一般企业（如工商企业）而言，通常在明显可识别的营业周期内销售产品或提供服务，应当将资产和负债分别分为流动资产和非流动资产、流动负债和非流动负债列示，有助于反映本营业周期内预期能实现的资产和应偿还的负债。但是，对于银行、证券、保险等金融企业，其销售产品或提供服务不具有明显可识别的营业周期，在经营内容上也不同于一般企业，导致其资产和负债的构成项目也与一般企业有所不同，有些资产或负债甚至无法严格区分为流动资产和非流动资产、流动负债和非流动负债。在这种情况下，其各项资产或负债按照流动性列示能够提供可靠且更相关信息的，可以大体按照其流动性顺序列示所有的资产和负债。从事多种经营的企业，其部分资产或负债按照流动和非流动列报、其他部分资产或负债按照流动性列示能够提供可靠且更相关信息的，可以采用混合的列报方式。

对于同时包含资产负债表日后1年内（含1年，下同）和1年之后预期将收回或清偿金额的资产和负债单列项目，企业应当披露超过1年后预期收回或清偿的金额。

1. 流动资产与非流动资产的划分

资产满足下列条件之一的，应当归类为流动资产：

（1）预计在一个正常营业周期中变现、出售或耗用。

正常营业周期，是指企业从购买用于加工的资产起至实现现金或现金等价物的期间。正常营业周期通常短于1年。因生产周期较长等导致正常营业周期长于1年的，尽管相关资产往往超过1年才变现、出售或耗用，仍应当划分为流动资产，如房地产开发企业开发用于出售的房地产开发产品，造船企业制造的用于对外出售的大型船只等。正常营业周期不能确定的，应当以1年（12个月）作为正常营业周期。

（2）主要为交易目的而持有。

（3）预计在资产负债表日起1年内变现。

（4）自资产负债表日起1年内，交换其他资产或清偿负债的能力不受限制的现金或现金等价物。

流动资产以外的资产应当归类为非流动资产，并应按其性质分类列示。被划分为持有待售的非流动资产应当归类为流动资产。

2. 流动负债与非流动负债的划分

负债满足下列条件之一的，应当归类为流动负债：

（1）预计在一个正常营业周期中清偿。

（2）主要为交易目的而持有。

（3）自资产负债表日起1年内到期应予以清偿。

（4）企业无权自主地将清偿推迟至资产负债表日后1年以上。负债在其对手方选择的情况下可通过发行权益进行清偿的条款与负债的流动性划分无关。

企业对资产和负债进行流动性分类时，应当采用相同的正常营业周期。企业正常营业周期中的经营性负债项目即使在资产负债表日后超过1年才予清偿的，仍应当划分为流动负债。经营性负债项目包括应付账款、应付职工薪酬等，这些项目属于企业正常营业周期中使用的营运资金的一部分。

流动负债以外的负债应当归类为非流动负债，并应按其性质分类列示。被划分为持有待售的非流动负债应当归类为流动负债。

对于在资产负债表日起1年内到期的负债，企业有意图且有能力自主地将清偿义务展期至资产负债表日后1年以上的，应当归类为非流动负债；不能自主地将清偿义务展期的，即使在资产负债表日后、财务报告批准报出日前签订了重新安排清偿计划协议，该项负债仍应当归类为流动负债。

企业在资产负债表日或之前违反了长期借款协议，导致贷款人可随时要求清偿的负债，应当归类为流动负债。贷款人在资产负债表日或之前同意提供在资产负债表日后1年以上的宽限期，在此期限内企业能够改正违约行为，且贷款人不能要求随时清偿的，该项负债应当归类为非流动负债。其他长期负债存在类似情况的，比照处理。

3. 持有待售的非流动资产和非流动负债的列报

对于根据企业会计准则划分为持有待售的非流动资产（比如，固定资产、无形资产、长期股权投资等），应当归类为流动资产；类似地，被划分为持有待售的非流动负债应当归类为流动负债。

持有待售的非流动资产既包括单项资产也包括处置组，处置组是指在一项交易中作为整体通过出售或其他方式一并处置的一组资产以及在该交易中转让的与这些资产直接相关的负债。因此，无论是被划分为持有待售的单项非流动资产还是处置组中的资产，都应当在资产负债表的流动资产部分单独列报；类似地，被划分为持有待售的处置组中的与转让资产相关的负债应当在资产负债表的流动负债部分单独列报。

4. 资产负债表中至少应当单独列示的项目

（1）资产负债表中的资产类至少应当单独列示反映下列信息的项目：

①货币资金；

②交易性金融资产；

③应收款项；

④预付款项；

⑤存货；

⑥合同资产；

⑦持有待售资产；

⑧债权投资；

⑨其他债权投资；

⑩长期股权投资；

⑪其他权益工具投资；

⑫投资性房地产；

⑬固定资产；

⑭生物资产；

⑮无形资产；

⑯递延所得税资产。

资产负债表中的资产类至少应当包括流动资产和非流动资产的合计项目，按照企业的经营性质不切实可行的除外。

（2）资产负债表中的负债类至少应当单独列示反映下列信息的项目：

①短期借款；

②交易性金融负债；

③应付款项；

④预收款项；

⑤合同负债；

⑥应付职工薪酬；

⑦应交税费；

⑧其他应付款；

⑨持有待售负债；

⑩长期借款；

⑪应付债券；

⑫租赁负债；

⑬长期应付款；

⑭预计负债；

⑮递延收益；

⑯递延所得税负债。

资产负债表中的负债类至少应当包括流动负债、非流动负债和负债的合计项目，按照企业的经营性质不切实可行的除外。

（3）资产负债表中的所有者权益类至少应当单独列示反映下列信息的项目：

①实收资本（或股本，下同）；

②其他权益工具；

③资本公积；

④其他综合收益；

⑤专项储备；

⑥盈余公积；

⑦未分配利润。

资产负债表中的所有者权益类应当包括所有者权益的合计项目。

（4）资产负债表应当列示资产总计项目，负债和所有者权益总计项目。

二、资产负债表的编制方法

（一）年初余额栏的编制方法

资产负债表各项目的上年年末余额，应根据上年资产负债表各项目的“期末余额”栏内所列数字填列。本年度资产负债表规定的各项目的名称和内容与上年度不一致时，应对上年度资产负债表各项目的名称和数字按照本年度的规定进行调整，填入本表“上年年末余额”栏内。

（二）期末余额栏的编制方法

资产负债表各项目的期末余额，一般应根据资产、负债和所有者权益类科目的期末余额填列，具体填列方法如下：

1. 根据总账科目的余额直接填列。例如，“交易性金融资产”“合同资产”“递延所得税资产”“短期借款”“交易性金融负债”“应付票据”“合同负债”“应付职工薪酬”“应交税费”“递延所得税负债”“实收资本（或股本）”“其他权益工具”“资本公积”“其他综合收益”“盈余公积”等项目，应根据相关总账科目的期末余额直接填列。

2. 根据几个总账科目的余额合计填列。例如，“货币资金”项目，应当根据“库存现金”“银行存款”“其他货币资金”等科目期末余额合计填列。

3. 根据明细科目的余额计算填列。例如，“开发支出”项目，应根据“研发支出”科目中所属的“资本化支出”明细科目期末余额填列；“应付账款”项目，应根据“应付账款”和“预付账款”两个科目所属的各明细科目的期末贷方余额合计数填列；“预收款项”项目，应根据“预收账款”和“应收账款”两个科目所属各明细科目的期末贷方余额合计数填列；“一年内到期的非流动资产”“一年内到期的非流动负债”项目，应根据有关非流动资产或非流动负债科目的明细科目余额分析填列；“未分配利润”项目，应根据“利润分配”科目中所属的“未分配利润”明细科目期末余额填列。

4. 根据总账科目和明细科目的余额分析计算填列。例如，“长期借款”“应付债券”项目，应分别根据“长期借款”“应付债券”总账科目余额扣除“长期借款”“应付债券”科目所属的明细科目中将在资产负债表日起1年内到期且企业不能自主地将清偿义务展期的长期借款、应付债券后的金额计算填列；“长期待摊费用”项目，应根据“长期待摊费用”科目的期末余额减去将于1年内（含1年）摊销的数额后的金额填列；“长期应收款”项目，应根据“长期应收款”总账科目余额减去相应的“未实现融资收益”科目和“坏账准备”科目所属相关明细科目期末余额，再减去所属相关明细科目中将于1年内到期后的金额填列；“长期应付款”项目，应根据“长期应付款”总账科目余额，减去“未确认融资费用”总账科目余额，再减去所属相关明细科目中将于1年内到期后的金额填列；“其他非流动负债”项目，应根据有关科目的期末余额减去将于1年内（含1年）到期后的金额填列。

5. 根据总账科目与其备抵科目余额抵销后的净额填列。例如，“债权投资”“其他债权投资”“长期股权投资”“商誉”项目，应根据相关科目的期末余额，扣减相应的减值准备填列；“固定资产”“无形资产”“投资性房地产”“生产性生物资产”“油气资产”项目，应根据相关科目的期末余额扣减相关的累计折旧（或摊销、折耗），再扣减相应的减值准备填列；采用公允价值计量的上述资产，应根据相关科目的期末余额填列。

6. 综合运用上述填列方法分析填列。例如，“应收票据”项目，应根据该科目的期末余额，减去“坏账准备”科目中与该科目有关的坏账准备期末余额后的金额填列；“应收账款”项目，应根据“应收账款”和“预收账款”科目所属各明细科目的期末借方余额合计数，减去“坏账准备”科目中有关应收账款计提的坏账准备期末余额后的金额填列；“预付款项”项目，应根据“预付账款”和“应付账款”科目所属各明细科目的期末借方余额合计数，减去“坏账准备”科目中有关预付款项计提的坏账准备期末余额后的金额填列；“存货”项目，应根据“材料采购”“原材料”“发出商品”“库存商品”“周转材料”“委托加工物资”“生产成本”“受托代销商品”等科目的期末余额合计，减去“受托代销商品款”，“存货跌价准备”科目期末余额后的金额填列，材料采用计划成本核算，以及库存商品采用计划成本核算或售价核算的企业，还应按加或减材料成本差异、商品进销差价后的金额填列。“持有待售资产”“持有待售负债”项目，应根据相关科目的期末余额分析填列等。

三、资产负债表编制实例

【例9－1】华丰公司是增值税一般纳税人，企业所得税实行查账征收方式，2022年12月31日的资产负债表（上年年末余额略）及2023年12月31日的科目余额表分别如表9－1和表9－2所示。假设2023年度华丰公司仅对应收账款计提了坏账准备，对固定资产计提了减值准备30 000元，除导致应收账款、固定资产账面价值与计税基础存在可抵扣暂时性差异外，其他资产和负债项目的账面价值均等于其计税基础。假定华丰公司未来很可能获得足够的应纳税所得用来抵扣可抵扣暂时性差异，适用的企业所得税税率为 25%。

表 9-1　　**资产负债表**

会企 01 表

编制单位：华丰公司　　2022 年 12 月 31 日　　单位：元

资产	期末余额	上年年末余额	负债和所有者权益（或股东权益）	期末余额	上年年末余额
流动资产：			流动负债：		
货币资金	1 406 300		短期借款	300 000	
交易性金融资产	15 000		交易性金融负债	0	
应收票据	246 000		应付票据	200 000	
应收账款	299 100		应付账款	953 800	
预付款项	100 000		预收款项	0	
其他应收款	5 000		合同负债	0	
存货	2 580 000		应付职工薪酬	110 000	
合同资产	0		应交税费	36 600	
持有待售资产	0		其他应付款	51 000	
一年内到期的非流动资产	0		持有待售负债	0	
其他流动资产	100 000		一年内到期的非流动负债	1 000 000	
流动资产合计	4 751 400		其他流动负债	0	
非流动资产：			流动负债合计	2 651 400	
债权投资	0		非流动负债：		
其他债权投资	0		长期借款	600 000	
长期应收款	0		应付债券	0	
长期股权投资	250 000		租赁负债	0	
其他权益工具投资	0		长期应付款	0	
投资性房地产	0		预计负债	0	
固定资产	1 100 000		递延收益	0	
在建工程	1 500 000		递延所得税负债	0	
生产性生物资产	0		其他非流动负债	0	

续表

资产	期末余额	上年年末余额	负债和所有者权益（或股东权益）	期末余额	上年年末余额
油气资产	0		非流动负债合计	600 000	
无形资产	600 000		负债合计	3 251 400	
开发支出	0		所有者权益（或股东权益）：	5 000 000	
商誉	0		实收资本（或股本）	0	
长期待摊费用	0		其他权益工具	0	
递延所得税资产	225		资本公积	0	
其他非流动资产	199 775		减：库存股	0	
非流动资产合计	3 650 000		其他综合收益	0	
			专项储备	0	
			盈余公积	100 000	
			未分配利润	50 000	
			所有者权益（或股东权益）合计	5 150 000	
资产总计	8 401 400		负债和所有者权益（或股东权益）总计	8 401 400	

表 9－2　　　　华丰公司科目余额表

2023 年 12 月 31 日　　　　单位：元

科目名称	借方余额	科目名称	贷方余额
库存现金	2 000	短期借款	50 000
银行存款	793 234	应付票据	100 000
其他货币资金	7 300	应付账款	953 800
交易性金融资产	0	应付职工薪酬	180 000
应收票据	66 000	应付股利	48 045
应收账款	600 000	应交税费	196 634
坏账准备	－1 800	其他应付款	50 000
其他应收款	5 000	递延所得税负债	0
预付账款	100 000	递延收益	0
库存商品	2 122 400	长期借款	1 160 000
周转材料	38 050	股本	5 000 000

续表

科目名称	借方余额	科目名称	贷方余额
原材料	45 000	资本公积	0
材料采购	275 000	其他综合收益	18 000
材料成本差异	4 250	盈余公积	123 272.5
其他流动资产	90 000	利润分配（未分配利润）	211 407.5
长期股权投资	268 000		
固定资产	2 401 000		
累计折旧	-170 000		
固定资产减值准备	-30 000		
工程物资	150 000		
在建工程	578 000		
无形资产	600 000		
累计摊销	-60 000		
递延所得税资产	7 950		
其他非流动资产	199 775		
合计	8 091 159		8 091 159

根据上述资料，编制华丰公司 2023 年 12 月 31 日的资产负债表，如表 9-3 所示。

表 9-3 **资产负债表**

会企 01 表

编制单位：华丰公司 2023 年 12 月 31 日 单位：元

资产	期末余额	上年年末余额	负债和所有者权益（或股东权益）	期末余额	上年年末余额
流动资产：			流动负债：		
货币资金	802 534	1 406 300	短期借款	50 000	300 000
交易性金融资产	0	15 000	交易性金融负债	0	0
应收票据	66 000	246 000	应付票据	100 000	200 000
应收账款	598 200	299 100	应付账款	953 800	953 800

续表

资产	期末余额	上年年末余额	负债和所有者权益（或股东权益）	期末余额	上年年末余额
预付款项	100 000	100 000	预收款项	0	0
其他应收款	5 000	5 000	合同负债	0	0
合同资产	0	0	应付职工薪酬	180 000	110 000
存货	2 484 700	2 580 000	应交税费	196 634	36 600
持有待售资产	0	0	其他应付款	98 045	51 000
一年内到期的非流动资产	0	0	持有待售负债	0	0
其他流动资产	90 000	100 000	一年内到期的非流动负债	0	1 000 000
流动资产合计	4 146 434	4 751 400	其他流动负债	0	0
非流动资产：			流动负债合计	1 578 479	2 651 400
债权投资	0	0	非流动负债：		
其他债权投资	0	0	长期借款	1 160 000	600 000
长期应收款	0	0	应付债券	0	0
长期股权投资	268 000	250 000	租赁负债	0	0
其他权益工具投资	0	0	长期应付款	0	0
投资性房地产	0	0	预计负债	0	0
固定资产	2 201 000	1 100 000	递延收益	0	0
在建工程	728 000	1 500 000	递延所得税负债	0	0
生产性生物资产	0	0	其他非流动负债	0	0
油气资产	0	0	非流动负债合计	1 160 000	600 000
无形资产	540 000	600 000	负债合计	2 738 479	3 251 400
开发支出	0	0	所有者权益（或股东权益）：		
商誉	0	0	实收资本（或股本）	5 000 000	5 000 000
长期待摊费用	0	0	其他权益工具	0	0
递延所得税资产	7 950	225	资本公积	0	0
其他非流动资产	199 775	199 775	减：库存股	0	0
非流动资产合计	3 944 725	3 650 000	其他综合收益	18 000	0
			专项储备	0	0

续表

资产	期末余额	上年年末余额	负债和所有者权益（或股东权益）	期末余额	上年年末余额
			盈余公积	123 272.5	100 000
			未分配利润	211 407.5	50 000
			所有者权益（或股东权益）合计	5 352 680	5 150 000
资产总计	8 091 159	8 401 400	负债和所有者权益（或股东权益）合计	8 091 159	8 401 400

第三节　利　润　表

一、利润表概述

（一）利润表的概念及作用

利润表，是反映企业在一定会计期间的经营成果的财务报表。利润表的列报必须充分反映企业经营业绩的主要来源和构成，有助于报表使用者判断净利润的质量及其风险，有助于报表使用者预测净利润的持续性，从而作出正确的决策。企业在利润表中应当对费用按照功能分类，分为从事经营业务发生的成本、管理费用、销售费用和财务费用等。

利润表的作用主要体现在以下四个方面：

1. 通过利润表可以反映企业一定会计期间的收入实现情况，如企业实现的营业收入有多少、实现的投资收益有多少等。

2. 通过利润表可以反映企业一定会计期间的耗费情况，如耗费的营业成本有多少，税金及附加有多少，销售费用、管理费用、财务费用各有多少，营业外支出有多少等。

3. 通过利润表可以反映企业生产经营活动的成果，即净利润的实现情况，据以判断资本保值、增值情况，等等。

4. 将利润表中的信息与资产负债表中的信息相结合，还可以为财务分析提供基本资料，如将赊销收入净额与应收账款平均余额进行比较，计算出应收账款周转率；将净利润与资产总额进行比较，计算出资产利润率等，便于报表使用者分析企业的资金周转情况和盈利能力，判断企业未来的发展趋势，作出经济决策。

（二）利润表的格式

利润表结构有单步式和多步式两种，我国采用多步式结构。即通过对当期的收入、费用、支出项目按性质加以归类，按利润形成的主要环节列示一些中间性利润指标，分步计算当期净损益。

利润表主要反映以下几方面的内容：①营业收入，由主营业务收入和其他业务收入组成。②营业利润，营业收入减去营业成本（主营业务成本、其他业务成本）、税金及附加、销售费用、管理费用、财务费用、资产减值损失，加上其他收益、投资收益、公允价值变动收益、资产处置收益，即为营业利润。③利润总额，营业利润加上营业外收入，减去营业外支出，即为利润总额。④净利润，利润总额减去所得税费用，即为净利润。⑤其他综合收益，具体分为“不能重分类进损益的其他综合收益”和“将重分类进损益的其他综合收益”两类，并以扣除所得税影响后的净额列报。⑥综合收益总额，净利润加上其他综合收益扣除所得税影响后的净额，即为综合收益总额。⑦每股收益，包括基本每股收益和稀释每股收益两项指标。

其中，其他综合收益，是指企业根据其他会计准则规定未在当期损益中确认的各项利得和损失。其他综合收益项目分为下列两类。①不能重分类进损益的其他综合收益项目，主要包括：重新计量设定受益计划变动额、权益法下不能转损益的其他综合收益等。②将重分类进损益的其他综合收益项目，主要包括：权益法下可转损益的其他综合收益、可供出售金融资产公允价值变动损益、持有至到期投资重分类为可供出售金融资产损益、现金流量套期损益的有效部分、外币财务报表折算差额等。

为了使报表使用者通过比较不同期间利润的实现情况，判断企业经营成果的未来发展趋势，企业应对利润表各项目分为“本期金额”和“上期金额”两栏分别填列。执行企业会计准则的非金融企业中，执行新金融准则、新收入准则和新租赁准则的企业利润表格式如表 9－5 所示。

（三）利润表的编制要求

利润表至少应当单独列示反映下列信息的项目：营业收入、营业成本、税金及附加、管理费用、销售费用、财务费用、投资收益、公允价值变动收益、资产减值损失、资产处置收益、所得税费用、净利润、其他综合收益税后净额、综合收益总额等。

由于银行、保险、证券等金融企业的日常活动与一般企业不同，具有特殊性，金融企业可以根据其特殊性列示利润表项目。

二、利润表的编制

（一）上期金额栏的编制方法

利润表“上期金额”栏内各项目数字，应根据上年该期利润表的“本期金额”栏内所列各项目数字填列。如果上年该期利润表与本期利润表的项目名称和内容不相一致，应对上年该期利润表项目的名称和数字按本期的规定进行调整，填入本表“上期金额”栏内。

（二）本期金额栏的编制方法

利润表“本期金额”栏各项目主要根据各损益类科目的本期发生额分析填列。但是，“其他综合收益”各项目应根据“其他综合收益”科目及其明细科目的发生额分析填列。

1. “营业收入”项目，反映企业经营主要业务和其他业务所确认的收入总额。本项目应根据“主营业务收入”“其他业务收入”科目的发生额分析填列。

2. “营业成本”项目，反映企业经营主要业务和其他业务发生的实际成本总额。本项目应根据“主营业务成本”“其他业务成本”科目的发生额分析填列。

3. “税金及附加”项目，反映企业经营业务应负担的消费税、城市维护建设税、资源税、教育费附加及房产税、城镇土地使用税、车船税、印花税等相关税费。本项目应根据“税金及附加”科目的发生额分析填列。

4. “销售费用”项目，反映企业在销售商品过程中发生的包装费、广告费等费用和为销售本企业商品而专设的销售机构的职工薪酬、业务费等经营费用。本项目应根据“销售费用”科目的发生额分析填列。

5. “管理费用”项目，反映企业为组织和管理生产经营活动发生的扣除研发费用后的管理费用。本项目应根据“管理费用”科目的发生额，减去“管理费用”科目下的“研究费用”明细科目的发生额，以及“管理费用”科目下的“无形资产摊销”明细科目的发生额分析填列。

6. “研发费用”项目，反映企业进行研究与开发过程中发生的费用化支出，以及计入管理费用的自行开发无形资产的摊销。本项目应根据“管理费用”科目下的“研究费用”明细科目的发生额，以及“管理费用”科目下的“无形资产摊销”明细科目的发生额分析填列。

7. “财务费用”项目，反映企业筹集生产经营所需资金等而发生的筹资费用。本项目应根据“财务费用”科目的发生额分析填列。

企业发生勘探费用的，应在“管理费用”和“财务费用”项目之间，增设“勘探费用”项目反映。

“财务费用”项目下的“利息费用”项目，反映企业为筹集生产经营所需资金等而发生的应予费用化的利息支出。本项目应根据“财务费用”科目的相关明细科目的发生额分析填列。该项目作为“财务费用”项目的其中项，以正数填列。

“财务费用”项目下的“利息收入”项目，反映企业按照相关企业会计准则确认的应冲减财务费用的利息收入。本项目应根据“财务费用”科目的相关明细科目的发生额分析填列。该项目作为“财务费用”项目的其中项，以正数填列。

8. “其他收益”项目，反映计入其他收益的政府补助，以及其他与日常活动相关且计入其他收益的项目。本项目应根据“其他收益”科目的发生额分析填列。企业作为个人所得税的扣缴义务人，根据《中华人民共和国个人所得税法》收到的扣缴税款手续费，应作为其他与日常活动相关的收益在该项目中填列。如为损失，以“-”号填列。

9. “投资收益”项目，反映企业以各种方式对外投资所取得的收益。本项目应根据“投资收益”科目的发生额分析填列。其中，“对联营企业和合营企业的投资收益”项目，反映采用权益法核算的对联营企业和合营企业在被投资单位实现的净损益中应享有的份额（不包括处置投资形成的收益）。如为损失，以“-”号填列。

10. “公允价值变动收益”项目，反映企业交易性金融资产、交易性金融负债，以及采用公允价值模式计量的投资性房地产等因公允价值变动形成的应计入当期损益的利得或损失。本项目应根据“公允价值变动损益”科目的发生额分析填列。如为损失，以“-”号填列。

11.“资产减值损失”项目，反映企业各项资产发生的减值损失。本项目应根据“资产减值损失”科目的发生额分析填列。如为损失，以“-”号填列。

12.“资产处置收益”项目，反映企业出售划分为持有待售的非流动资产（金融工具、长期股权投资和投资性房地产除外）或处置组（子公司和业务除外）时确认的处置利得或损失，以及处置未划分为持有待售的固定资产、在建工程、生产性生物资产及无形资产而产生的处置利得或损失。债务重组中因处置非流动资产（金融工具、长期股权投资和投资性房地产除外）产生的利得或损失和非货币性资产交换中换出非流动资产（金融工具、长期股权投资和投资性房地产除外）产生的利得或损失也包括在本项目内。本项目应根据“资产处置损益”科目的发生额分析填列。如为处置损失，以“-”号填列。

13.“营业外收入”项目，反映企业发生的除营业利润以外的收益，主要包括与企业日常活动无关的政府补助、盘盈利得、捐赠利得（企业接受股东或股东的子公司直接或间接的捐赠，经济实质属于股东对企业的资本性投入的除外）等。本项目应根据“营业外收入”科目的发生额分析填列。

14.“营业外支出”项目，反映企业发生的除营业利润以外的支出，主要包括公益性捐赠支出、非常损失、盘亏损失、非流动资产毁损报废损失等。本项目应根据“营业外支出”科目的发生额分析填列。“非流动资产毁损报废损失”通常包括因自然灾害发生毁损、已丧失使用功能等原因而报废清理产生的损失。企业在不同交易中形成的非流动资产毁损报废利得和损失不得相互抵销，应分别在“营业外收入”项目和“营业外支出”项目进行填列。

15.“所得税费用”项目，反映企业根据《企业会计准则第18号——所得税》确认的应从当期利润总额中扣除的所得税费用。本项目应根据“所得税”科目的发生额分析填列。

16.“（一）持续经营净利润”和“（二）终止经营净利润”项目，分别反映净利润中与持续经营相关的净利润和与终止经营相关的净利润；如为净亏损，以“-”号填列。该两个项目应按照《企业会计准则第42号——持有待售的非流动资产、处置组和终止经营》的相关规定分别列报。

17. “其他综合收益的税后净额”项目，反映企业根据其他企业会计准则规定未在当期损益中确认的各项利得和损失。本项目应根据“其他综合收益”科目及其所属明细科目的发生额分析填列。

18. “营业利润”“利润总额”“净利润”“综合收益总额”项目，应根据本表中相关项目计算填列。

三、利润表编制实例

【例9－2】2023年度华丰公司有关损益类科目本年累计发生净额如表9－4所示。

表9－4　　2023年度华丰公司损益类科目累计发生额　　单位：元

科目名称	借方	贷方
主营业务收入		1 250 000
投资收益		31 500
资产处置损益		50 000
主营业务成本	750 000	
税金及附加	2 000	
销售费用	20 000	
管理费用	157 100	
管理费用——无形资产摊销	60 000	
财务费用	41 500	
财务费用——利息费用	21 500	
营业外支出	19 700	
资产减值损失	30 900	
公允价值变动损益	1 000	1 000
所得税费用	85 300	7 725

根据上述资料，编制2023年度华丰公司利润表，如表9－5所示。

表 9－5　　**利润表**

会企 02 表

编制单位：华丰公司　　2023 年 12 月　　单位：元

项　目	本期金额	上期金额
一、营业收入	1 250 000	
减：营业成本	750 000	
税金及附加	2 000	
销售费用	20 000	
管理费用	97 100	
研发费用	60 000	
财务费用	41 500	
其中：利息费用	21 500	
利息收入	0	
加：其他收益（损失以“－”号填列）	0	
投资收益（损失以“－”号填列）	31 500	
其中：对联营企业和合营企业的投资收益	0	
公允价值变动收益（损失以“－”号填列）	0	
信用减值损失（损失以“－”号填列）	0	
资产减值损失（损失以“－”号填列）	－30 900	
资产处置收益（损失以“－”号填列）	50 000	
二、营业利润（亏损以“－”号填列）	330 000	
加：营业外收入	0	
减：营业外支出	19 700	
三、利润总额（亏损总额以“－”号填列）	310 300	
减：所得税费用	77 575	
四、净利润（净亏损以“－”号填列）	232 725	
（一）持续经营净利润（净亏损以“－”号填列）	232 725	
（二）终止经营净利润（净亏损以“－”号填列）	0	
五、其他综合收益的税后净额	18 000	
（一）不能重分类进损益的其他综合收益	0	
1. 重新计量设定受益计划变动额	0	
2. 权益法下不能转损益的其他综合收益	0	
3. 其他权益工具投资公允价值变动	0	
4. 企业自身风险公允价值变动	0	

续表

项　目	本期金额	上期金额
……		
（二）将重分类进损益的其他综合收益	0	
1. 权益法下可转损益的其他综合收益	18 000	
2. 其他债权投资公允价值变动	0	
3. 金融资产重分类计入其他综合收益的金额	0	
4. 其他债权投资信用减值准备	0	
5. 现金流量套期储备	0	
6. 外币财务报表折算差额	0	
……		
六、综合收益总额	250 725	
七、每股收益	（略）	
（一）基本每股收益		
（二）稀释每股收益		

第四节　现金流量表

一、现金流量表概述

（一）现金流量表的概念及作用

1. 现金流量表的概念

现金流量表，是反映企业在一定会计期间现金和现金等价物流入和流出的报表。它是以现金为基础编制的财务状况变动表。

现金流量表中的“现金”，是指企业库存现金以及可以随时用于支付的存款。不能随时用于支付的存款不属于现金。具体包括库存现金、银行存款和其他货币资金。其中，其他货币资金，是指企业存在金融企业有特定用途的资金，如外埠存款、银行汇票存款、银行本票存款、信用证保证金、信用卡存款等。

现金等价物，是指企业持有的期限短、流动性强、易于转换为已知金额现金、价值变动风险很小的投资。期限短，一般是指从购买日起 3 个月内到期。现金等价物通常包括 3 个月内到期的短期债券投资。权益性投资变现的金额通常不确定，因而不属于现金等价物。企业应当根据具体情况，确定现金等价物的范围，一经确定不得随意变更。

企业从银行提取现金，用现金购买短期到期的国库券等现金和现金等价物之间的转换不属于现金流量。

在现金流量表部分提及现金时，除非同时提及现金等价物，均包括现金和现金等价物。

2. 现金流量表的作用

现金流量表是将权责发生制下的盈利信息调整为收付实现制下的现金流量信息，便于信息使用者了解企业净利润的质量。目的是为财务报表使用者提供企业一定会计期间内现金流入和流出的信息。报表使用者通过现金流量表能够了解影响企业现金流量的因素，评价企业的支付能力、偿债能力和周转能力，预测企业未来现金流量，为其决策提供有力依据。

（二）现金流量表的编制要求

1. 编制现金流量表时应当分别经营活动、投资活动和筹资活动列报现金流量。

2. 现金流量应当分别按照现金流入和现金流出总额列报。但是，下列各项可以按照净额列报：

（1）代客户收取或支付的现金。

（2）周转快、金额大、期限短项目的现金流入和现金流出。

（3）金融企业的有关项目，包括短期贷款发放与收回的贷款本金、活期存款的吸收与支付、同业存款和存放同业款项的存取、向其他金融企业拆借资金，以及证券的买入与卖出等。

3. 自然灾害损失、保险索赔等特殊项目，应当根据其性质，分别归并到经营活动、投资活动和筹资活动现金流量类别中单独列报。

4. 外币现金流量以及境外子公司的现金流量，应当采用现金流量发生日的即期汇率或按照系统合理的方法确定的、与现金流量发生日即期汇率近似的汇率折算。汇率变动对现金的影响额应当作为调节项目，在现金流量表中单独列报。

二、现金流量表的格式和现金流量的分类

（一）现金流量表的格式

现金流量表主要由正表和现金流量表附注（补充资料）组成。执行企业会计准则的非金融企业中，执行新金融准则、新收入准则和新租赁准则的企业现金流量表的格式如表 9 -6 所示。

（二）现金流量的分类

现金流量，是指企业现金和现金等价物的流入和流出。现金流量表中按照企业发生的经济业务性质，将企业一定期间内产生的现金流量分为三类，即经营活动产生的现金流量、投资活动产生的现金流量、筹资活动产生的现金流量。

1. 经营活动产生的现金流量

经营活动，是指企业投资活动和筹资活动以外的所有交易和事项，包括销售商品或提供劳务、购买商品或接受劳务、收到的税费返还、支付职工薪酬、支付各项税费、支付广告费用等。通过经营活动产生的现金流量，可以说明企业的经营活动对现金流入和流出的影响程度，判断企业在不动用对外筹资的情况下，是否足以维持生产经营、偿还债务、支付股利、对外投资等。

2. 投资活动产生的现金流量

投资活动，是指企业长期资产的购建和不包括在现金等价物范围内的投资及其处置活动。编制现金流量表所指的“投资”既包括对外投资，又包括长期资产的购建与处置。投资活动包括取得和收回投资、购建和处置固定资产、购买和处置无形资产等。通过投资活动产生的现金流量，可以判断投资活动对企业现金流量净额的影响程度。

3. 筹资活动产生的现金流量

筹资活动，是指导致企业资本及债务规模和构成发生变化的活动。筹资活动包括发行股票或接受投入资本、分派现金股利、取得和偿还银行借款、发行和偿还公司债券等。通过筹资活动产生的现金流量，可以分析企业通过筹资活动获取现金的能力，判断筹资活动对企业现金流量净额的影响程度。

企业编制现金流量表进行现金流量分类时，对于未特别指明的现金流量，应当按照现金流量的分类方法和重要性原则，判断某项交易或事项所产生的

现金流量应当归属的类别或项目，对于重要的现金流入或流出项目应当单独反映。比如，对于自然灾害损失、保险索赔等特殊项目，如果能够确指属于流动资产损失，应当列入经营活动产生的现金流量；属于固定资产损失，应当列入投资活动产生的现金流量。

三、现金流量表的编制方法

（一）现金流量表主表的编制方法

现金流量表主表分“本期金额”和“上期金额”两栏。其中“上期金额”栏内各项目数字，应根据上年该期现金流量表的“本期金额”栏内各项目所列数字填列。下文主要说明“本期金额”栏的填列方法。

1. 经营活动产生的现金流量

编制现金流量表时，列报经营活动现金流量的方法有两种：一是直接法；二是间接法。

直接法，是指通过现金收入和现金支出的主要类别列示经营活动的现金流量。在直接法下，一般是以利润表中的营业收入为起算点，调节与经营活动有关项目的增减变动，然后计算出经营活动产生的现金流量。现金流量表同时还要求采用直接法揭示企业投资活动和筹资活动的现金流量。

间接法，是将净利润调整为经营活动现金流量的方法。即以本期净利润为起点，调整不涉及现金的收入、费用、资产减值损失、非流动资产处置损益以及有关项目增减变动，剔除投资活动、筹资活动对现金流量的影响，据此计算出经营活动的现金流量。

现金流量一般应按现金流入和流出总额列报，但代客户收取或支付的现金，以及周转快、金额大、期限短的现金流入和现金流出，可以按照净额列报。有关经营活动现金流量信息，可以通过企业的会计记录取得，也可以通过对利润表中的营业收入、营业成本以及其他项目进行调整后取得。

在我国，企业应当按直接法编制现金流量表主表，按间接法编制现金流量表的补充资料。

（1）“销售商品、提供劳务收到的现金”项目，反映企业销售商品、提供劳务实际收到的现金（含销售收入和应向购买者收取的增值税额），包括本期销售商品、提供劳务收到的现金，以及前期销售和前期提供劳务本期收到的现金和本期预收的款项，减去本期销售本期退回的商品和前期销售本期退回的商品支付的现金。企业销售材料和代购代销业务收到的现金，也在本项目反映。本项目可以根据“库存现金”“银行存款”“应收账款”“应收票据”“预收账款”“主营业务收入”“其他业务收入”等科目的记录分析填列。

销售商品、提供劳务收到的现金＝当期销售商品、提供劳务收到的现金＋当期收回前期的应收账款和应收票据＋当期预收的款项－当期销售退回支付的现金＋当期收回前期核销的坏账损失

（2）“收到的税费返还”项目，反映企业收到返还的各种税费，如收到的增值税、消费税、营业税、所得税、教育费附加返还等。本项目可以根据“库存现金”“银行存款”“营业外收入”等科目的记录分析填列。

（3）“收到其他与经营活动有关的现金”项目，反映企业除了上述各项目外，收到的其他与经营活动有关的现金，如罚款收入、经营租赁固定资产收到的现金、投资性房地产收到的租金收入、流动资产损失中由个人赔偿的现金收入、除税费返还外的其他政府补助收入等。

（4）“购买商品、接受劳务支付的现金”项目，反映企业购买材料、商品、接受劳务实际支付的现金，包括本期购入材料、商品、接受劳务支付的现金（包括增值税进项税额），以及本期支付前期购入商品、接受劳务的未付款项和本期预付款项。本期发生的购货退回收到的现金应从本项目内减去。企业代购代销业务支付的现金，也在本项目反映。本项目可以根据“库存现金”“银行存款”“应付账款”“应付票据”“预付账款”“主营业务成本”“其他业务成本”等科目的记录分析填列。

购买商品、接受劳务支付的现金＝当期购买商品、接受劳务支付的现金＋当期支付前期的应付账款和应付票据＋当期预付的账款－当期购货退回收到的现金

（5）“支付给职工以及为职工支付的现金”项目，反映企业本期实际支付给职工的工资、奖金、各种津贴和补贴等职工薪酬（包括代扣代缴的职工个人所得税），但是应由在建工程、无形资产负担的职工薪酬以及支付的离退休人员的职工薪酬除外。企业支付给离退休人员的各项费用（包括支付的统筹退休金以及未参加统筹的退休人员的费用）在“支付其他与经营活动有关的现金”项目反映；支付给在建工程人员的工资及其他费用，在“购建固定

资产、无形资产和其他长期资产支付的现金”项目反映。本项目可以根据“应付职工薪酬”“库存现金”“银行存款”等科目的记录分析填列。

企业为职工支付的养老、失业等社会保险费、补充养老保险、住房公积金、支付给职工的住房困难补助，以及企业支付给职工或为职工支付的其他福利费用，应按职工的工作性质和服务对象，分别在本项目和“购建固定资产、无形资产和其他长期资产支付的现金”项目反映。

（6）“支付的各项税费”项目，反映企业按规定支付的各种税费，包括本期发生并支付的税费，以及本期支付以前各期发生的税费和预缴的税费，如支付的所得税、增值税、消费税、资源税、教育费附加、矿产资源补偿费、印花税、房产税、土地增值税、车船税等。不包括计入固定资产价值、实际支付的耕地占用税等。也不包括本期退回的增值税、所得税，本期退回的增值税、所得税在“收到的税费返还”项目反映。本项目可以根据“应交税费”“库存现金”“银行存款”等科目的记录分析填列。

（7）“支付其他与经营活动有关的现金”项目，反映企业除上述各项目外，支付的其他与经营活动有关的现金，如经营租赁支付的租金、支付的罚款、差旅费、业务招待费、保险费等。此外包括支付的销售费用。其他与经营活动有关的现金流出，如金额较大的，应单列项目反映。本项目可以根据有关科目的记录分析填列。

2. 投资活动产生的现金流量

（1）“收回投资所收到的现金”项目，反映企业出售、转让或到期收回除现金等价物以外的对其他企业的权益工具、债务工具和合营中的权益等投资收到的现金。处置债务工具收回的利息、收回的非现金资产以及处置子公司、其他营业单位收到的现金净额不包括在本项目内。本项目可以根据“交易性金融资产”“可供出售的金融资产”“持有至到期投资”“长期股权投资”“投资性房地产”“库存现金”“银行存款”等科目的记录分析填列。

（2）“取得投资收益所收到的现金”项目，反映企业除现金等价物以外的对其他企业权益工具、债务工具和合营中的权益投资分回的现金股利和利息，不包括股票股利。本项目可以根据“应收股利”“应收利息”“投资收益”“库存现金”“银行存款”等科目的记录分析填列。

（3）“处置固定资产、无形资产和其他长期资产所收回的现金净额”项目，反映企业处置、报废固定资产、无形资产和其他长期资产所取得的现金（包括固定资产毁损而收到的保险赔偿款），减去为处置这些资产而支付的有关费用后的净额。如所收回的现金净额为负数，则应在“支付其他与投资活动有关的现金”项目反映。本项目可以根据“固定资产清理”“库存现金”“银行存款”等科目的记录分析填列。

（4）“处置子公司及其他营业单位收到的现金净额”，反映企业处置子公司及其他营业单位所取得的现金减去相关处置费用，以及子公司或其他营业单位持有的现金和现金等价物后的净额。本项目可以根据“长期股权投资”“银行存款”“库存现金”等科目的记录分析填列。

（5）“收到其他与投资活动有关的现金”项目，反映企业除了上述各项以外，收到的其他与投资活动有关的现金流入。例如，企业收回购买股票和债券时支付的已宣告但尚未领取的现金股利或已到付息期但尚未领取的债券利息。其他与投资活动有关的现金流入，如果金额较大的，应单列项目反映。本项目可以根据有关科目的记录分析填列。

（6）“购建固定资产、无形资产和其他长期资产所支付的现金”项目，反映企业购买、建造固定资产、取得无形资产和其他长期资产（如投资性房地产）所支付的现金及增值税款、支付的应由在建工程和无形资产负担的职工薪酬等现金支出，不包括为购建固定资产而发生的借款利息资本化的部分，以及融资租入固定资产支付的租赁费。借款利息和融资租入固定资产支付的租赁费在筹资活动产生的现金流量中反映。本项目可以根据“固定资产”“在建工程”“工程物资”“无形资产”“库存现金”“银行存款”等科目的记录分析填列。

（7）“投资支付的现金”项目，反映企业取得的除现金等价物以外的对其他企业权益工具、债务工具和合营中的权益所支付的现金以及支付的佣金、手续费等交易费用，但取得子公司及其他营业单位支付的现金净额除外。本项目可以根据“交易性金融资产”“持有至到期投资”“可供出售金融资产”“长期股权投资”“库存现金”“银行存款”等科目的记录分析填列。

（8）“取得子公司及其他营业单位支付的现金净额”项目，反映企业购买子公司及其他营业单位购买出价中用现金支付的部分减去子公司或其他营业单位持有的现金和现金等价物后的净额。本项目可以根据“长期股权投资”“库存现金”“银行存款”等科目的记录分析填列。

（9）“支付其他与投资活动有关的现金”项目，反映企业除了上述各项以外，支付的其他与投资活动有关的现金流出。例如，企业购买股票和债券时，实际支付的价款中包含的已宣告但尚未领取的现金股利或已到付息期但尚未领取的债券利息。其他与投资活动有关的现金流出，如果金额较大的，应单列项目反映。本项目可以根据有关科目的记录分析填列。

3. 筹资活动产生的现金流量

（1）“吸收投资所收到的现金”项目，反映企业收到的投资者投入的现金，包括以发行股票、债券等方式筹集资金实际收到款项净额（发行收入减去支付的佣金、手续费、宣传费、咨询费、印刷费等发行费用后的净额）。本项目可以根据“实收资本（或股本）”“资本公积”“库存现金”“银行存款”等科目的记录分析填列。

（2）“取得借款所收到的现金”项目，反映企业举借各种短期、长期借款所收到的现金。本项目可以根据“短期借款”“长期借款”“应付债券”“库存现金”“银行存款”等科目的记录分析填列。

（3）“收到其他与筹资活动有关的现金”项目，反映企业除上述各项目外，收到的其他与筹资活动有关的现金流入，如接受现金捐赠等。其他与筹资活动有关的现金流入，如果金额较大的，应单列项目反映。本项目可以根据有关科目的记录分析填列。

（4）“偿还债务所支付的现金”项目，反映企业以现金偿还债务的本金，包括偿还金融企业的借款本金、偿还债券本金等。企业偿还的借款利息、债券利息，在“分配股利、利润或偿付利息所支付的现金”项目反映，不包括在本项目内。本项目可以根据“短期借款”“长期借款”“应付债券”“库存现金”“银行存款”等科目的记录分析填列。

（5）“分配股利、利润或偿付利息所支付的现金”项目，反映企业实际支付的现金股利，支付给其他投资单位的利润以及支付的借款利息、债券利息等。本项目可以根据“应付股利”“应付利息”“利润分配”“财务费用”“在建工程”“制造费用”“研发支出”“库存现金”“银行存款”等科目的记录分析填列。

（6）“支付其他与筹资活动有关的现金”项目，反映企业除了上述各项外，支付的其他与筹资活动有关的现金流出，包括以发行股票、债券等方式筹集资金而由企业直接支付的审计和咨询等费用、融资租入固定资产所支付的租赁费、以分期付款方式购建固定资产以后各期支付的现金等。其他与筹资活动有关的现金流出，如果金额较大的，应单列项目反映。本项目可以根据“营业外支出”“长期应付款”“库存现金”“银行存款”等有关科目的记录分析填列。

4. 汇率变动对现金及现金等价物的影响

“汇率变动对现金的影响”项目，反映下列项目的差额：

（1）企业外币现金流量折算为记账本位币时，所采用的现金流量发生日的即期汇率或按照系统合理的方法确定的、与现金流量发生日即期汇率近似的汇率折算的金额（编制合并现金流量表时还包括折算境外子公司的现金流量，应当比照处理）；

（2）“现金及现金等价物净增加额”中外币现金净增加额按资产负债表日的即期汇率折算的金额。

在编制现金流量表时，可逐笔计算外币业务发生的汇率变动对现金的影响，也可不必逐笔而采用简化的计算方法，即通过现金流量表补充资料中“现金及现金等价物净增加额”数额与现金流量表中“经营活动产生的现金流量净额”“投资活动产生的现金流量净额”“筹资活动产生的现金流量净额”三项之和比较，其差额即为“汇率变动对现金及现金等价物的影响”。

（二）现金流量表附注（补充资料）的编制方法

除现金流量表主表反映的信息外，企业还应在附注中披露将净利润调节为经营活动现金流量、不涉及现金收支的重大投资和筹资活动、现金及现金等价物净变动情况等信息。

按照《企业会计准则第31号——现金流量表》应用指南的规定，企业应当采用间接法在现金流量表附注中披露将净利润调节为经营活动现金流量的信息。

1. “将净利润调节为经营活动的现金流量”各项目的填列方法如下：

（1）“资产减值准备”项目，反映企业本期计提的坏账准备、存货跌价准备、长期股权投资减值准备、持有至到期投资减值准备、投资性房地产减值准备、固定资产减值准备、在建工程减值准备、工程物资减值准备、无形资产减值准备、商誉减值准备、生产性生物资产减值准备、油气资产减值准备等资产减值准备。本项目可以根据“资产减值损失”科目的记录分析填列。

（2）“固定资产折旧、油气资产折耗、生产性生物资产折旧”项目，分别反映企业本期计提的固定资产折旧、油气资产折耗、生产性生物资产折旧。本项目可以根据“累计折旧”“累计折耗”“生产性生物资产累计折旧”科目的贷方发生额分析填列。

（3）“无形资产摊销”和“长期待摊费用摊销”两个项目，分别反映企业本期累计摊入成本费用的无形资产的价值及长期待摊费用。这两个项目可以根据“累计摊销”“长期待摊费用”科目的贷方发生额分析填列。

（4）“处置固定资产、无形资产和其他长期资产的损失（减：收益）”，反映企业本期由于处置固定资产、无形资产和其他长期资产而发生的净损失（或净收益）。本项目可以根据“营业外收入”“营业外支出”等所属有关明细科目的记录分析填列；如为净收益，以“－”号填列。

（5）“固定资产报废损失”项目，反映企业本期固定资产报废发生的净损失。本项目可以根据“营业外支出”“营业外收入”科目所属有关明细科目的记录分析填列；如为净收益，以“－”号填列。

（6）“公允价值变动损失”，反映企业持有的金融资产、金融负债以及采用公允价值计量模式的投资性房地产等的公允价值变动形成的净损失。本项目可以根据“公允价值变动损益”科目所属有关明细科目的记录分析填列；如为净收益，以“－”号填列。

（7）“财务费用”项目，反映企业本期发生的应属于投资活动或筹资活动的财务费用。本项目可以根据“财务费用”科目的本期借方发生额分析填列；如为收益，以“－”号填列。

（8）“投资损失（减：收益）”项目，反映企业本期投资所发生的损失减去收益后的净损失。本项目可以根据利润表“投资收益”项目的数字填列；如为投资收益，以“－”号填列。

（9）“递延所得税资产减少（减：增加）”项目，反映企业本期资产负债表“递延所得税资产”项目的期初余额与期末余额的差额。本项目可根据资产负债表“递延所得税资产”项目期初、期末余额分析填列。

（10）“递延所得税负债增加（减：减少）”项目，反映企业资产负债表“递延所得税负债”项目的期初余额与期末余额的差额。本项目可根据资产负债表“递延所得税负债”项目期初、期末余额分析填列。

（11）“存货的减少（减：增加）”项目，反映企业本期存货的减少（减增加）。本项目可以根据资产负债表“存货”项目的期初、期末余额的差额填列；期末数大于期初数的差额，以“－”号填列。如果存货的增减变化过程属于投资活动，如在建工程领用存货，则应当将这一因素剔除。

（12）“经营性应收项目的减少（减：增加）”项目，反映企业本期经营性应收项目（包括应收账款、应收票据、预付账款、长期应收款和其他应收款中与经营活动有关的部分及应收的增值税销项税额等）的减少（减：增加）。本项目应当根据有关科目的期初、期末余额分析填列；如为增加，以“-”号填列。

（13）“经营性应付项目的增加（减：减少）”项目，反映企业本期经营性应付项目（包括应付账款、应付票据、应付职工薪酬、应交税费、预收账款、其他应付款中与经营活动有关的部分以及应付的增值税进项税额等）的增加（减：减少）。本项目应当根据有关科目的期初、期末余额分析填列；如为减少，以“-”号填列。

（14）“其他”项目，反映企业除上述项目以外其他需要调整的项目。

2. 不涉及现金收支的重大投资和筹资活动

不涉及现金收支的投资和筹资活动，反映企业一定期间内影响资产或负债但不形成该期现金收支的所有重大投资和筹资活动的信息。这些投资和筹资活动是企业的重大理财活动，对以后各期的现金流量会产生重大影响，因此，应单列项目在补充资料中反映。目前，我国企业现金流量表补充资料中列示的不涉及现金收支的重大投资和筹资活动项目主要有以下三项：

（1）“债务转为资本”项目，反映企业本期转为资本的债务金额。

（2）“一年内到期的可转换公司债券”项目，反映企业1年内到期的可转换公司债券的本息。

（3）“融资租入固定资产”项目，反映企业本期融资租入固定资产的最低租赁付款额扣除应分期计入利息费用的未确认融资费用的净额。

3. 现金及现金等价物净变动情况

该项目反映企业一定会计期间现金及现金等价物的期末余额减去期初余额后的净增加额（或净减少额），是对现金流量表中“现金及现金等价物净增加额”项目的补充资料。该项目的金额应与现金流量表中的“现金及现金等价物净增加额”项目的金额核对相符。

四、现金流量表的编制程序

在具体编制现金流量表时，可以采用工作底稿法或T形账户法编制，也可以根据有关科目记录分析填列。

（一）工作底稿法

采用工作底稿法编制现金流量表，就是以工作底稿为手段、以利润表和资产负债表数据为基础，对每一项目进行分析并编制调整分录，从而编制出现金流量表。

在直接法下，整个工作底稿纵向分成三段，第一段是资产负债表项目，其中又分为借方项目和贷方项目两部分；第二段是利润表项目；第三段是现金流量表项目。工作底稿横向分为五栏，在资产负债表部分，第一栏是项目栏，填列资产负债表各项目名称；第二栏是期初数，用来填列资产负债表各项目的期初数；第三栏是调整分录的借方；第四栏是调整分录的贷方；第五栏是期末数，用来填列资产负债表各项目的期末数。

在利润表和现金流量表部分，第一栏是项目栏，用来填列利润表和现金流量表项目名称；第二栏空置不填；第三栏、第四栏是调整分录的借方和贷方；第五栏是本期数，利润表部分这一栏的数字应和本期利润表数字核对相符，现金流量表部分这一栏的数字可直接用来编制正式的现金流量表。

采用工作底稿法编制现金流量表的程序如下：

1. 将资产负债表的期初数和期末数过入工作底稿的期初数栏和期末数栏。

2. 对当期业务进行分析并编制调整分录。调整分录大体有以下三类：第一类涉及利润表中的收入、成本和费用项目以及资产负债表中的资产、负债及所有者权益项目，通过调整，将权责发生制下的收入费用转换为现金基础；第二类是涉及资产负债表和现金流量表中的投资、筹资项目，反映投资和筹资活动的现金流量；第三类是涉及利润表和现金流量表中的投资和筹资项目，目的是将利润表中有关投资和筹资方面的收入和费用列入现金流量表投资、筹资现金流量中。此外，还有一些调整分录并不涉及现金收支，只是为了核对资产负债表项目的期末期初变动。

在调整分录中，涉及有关现金和现金等价物的事项，并不直接借记或贷记现金，而是分别记入“经营活动产生的现金流量”“投资活动产生的现金流量”“筹资活动产生的现金流量”有关项目，借记表明现金流入，贷记表明现金流出。

3. 将调整分录过入工作底稿中的相应部分。

4. 核对调整分录，借贷合计应当相等，资产负债表项目期初数加减调整分录中的借贷金额以后，应当等于期末数。

5. 根据工作底稿中的现金流量表项目部分编制正式的现金流量表。

（二）T形账户法

采用T形账户法，就是以T形账户为手段，以利润表和资产负债表数据为基础，对每一项目进行分析并编制调整分录，从而编制出现金流量表。采用T形账户法编制现金流量表的程序如下：

1. 为所有的非现金项目（包括资产负债表项目和利润表项目）分别开设T形账户，并将各自的期末期初变动数过入各该账户。如果项目的期末数大于期初数，将差额过入和项目余额相同的方向；反之，则过入相反的方向。

2. 开设一个大的“现金及现金等价物”T形账户，每边分为经营活动、投资活动和筹资活动三部分，左边记现金流入，右边记现金流出。与其他账户一样，过入期末期初变动数。

3. 以利润表项目为基础，结合资产负债表分析每一个非现金项目的增减变动，并据此编制调整分录。

4. 将调整分录过入各T形账户，并进行核对，该账户借贷相抵后的余额与原先过入的期末期初变动数应当一致。

5. 根据大的“现金及现金等价物”T形账户编制正式的现金流量表。

（三）分析填列法

分析填列法是直接根据资产负债表、利润表和有关会计科目明细账的记录，分析计算出现金流量表各项目的金额，并据以编制现金流量表的一种方法。

五、现金流量表编制实例

【例9-3】沿用【例9-1】和【例9-2】资料，华丰公司其他相关资料如下：

（1）华丰公司2023年度利润表有关资料的明细资料如下：

①管理费用的组成：职工薪酬17 100元，无形资产摊销60 000元，支付印花税10 000元，折旧费20 000元，支付其他费用50 000元。

②财务费用的组成：计提借款利息21 500元，支付应收票据贴现利息20 000元。

③销售费用组成：支付产品展览费 10 000 元，支付广告费 10 000 元。

④资产减值损失的组成：计提坏账准备 900 元，计提固定资产减值准备 30 000 元。上年年末坏账准备余额为 900 元。

⑤投资收益的组成：收到股息收入 30 000 元，与本金一起收回的交易性股票投资收益 500 元，自公允价值变动损益结转投资收益 1 000 元。

⑥资产处置收益的组成：处置固定资产净收益 50 000 元（其所处置固定资产原价为 400 000 元，累计折旧为 150 000 元，收到处置收入 300 000 元）。假定不考虑与固定资产处置有关税费。

⑦营业外支出的组成：报废固定资产净损失 19 700 元（其所报废固定资产原价为 200 000 元，累计折旧 180 000 元，支付清理费用 500 元，收到残值收入 800 元）。

⑧所得税费用的组成：当期所得税费用为 85 300 元 [(310 300 + 30 900) × 25%]，递延所得税收益为 7 725 元。

除上述项目外，利润表中的税金及附加 2 000 元至期末已经支付。

（2）资产负债表有关项目的明细资料如下：

①本期收回交易性股票投资本金 15 000 元，公允价值变动 1 000 元，同时实现投资收益 500 元。

②存货中生产成本、制造费用的组成：职工薪酬 324 900 元，折旧费 80 000元。

③应交税费的组成：本期增值税进项税额 42 466 元，增值税销项税额 212 500 元，已缴增值税 100 000 元；应缴所得税期末、期初余额为 0。应交税费期末数中应由在建工程负担的部分为 90 000 元。

④应付职工薪酬的期初数中无应付在建工程人员的部分，本期支付在建工程人员的金额为 200 000 元，应付职工薪酬的期末数中应付在建工程人员的金额为 28 000 元。

⑤应付利息均为短期借款利息，其中本期计提利息 11 500 元，支付利息 12 500 元。

⑥本期用现金购买固定资产 101 000 元，购买工程物资 150 000 元。

⑦本期用现金偿还短期借款 250 000 元，偿还 1 年内到期的长期借款 1 000 000 元；借入长期借款 400 000 元。

根据以上资料，采用分析填列的方法，编制华丰公司 2023 年度的现金流量表。

（3）2023年度华丰公司现金流量表各项目金额，分析确定如下：

①销售商品、提供劳务收到的现金 = 营业收入 + 当期增值税销项税额 +（应收账款期初余额 - 应收账款期末余额）+（应收票据期初余额 - 应收票据期末余额）+（预收账款期末余额 - 预收账款期初余额）- 当期计提的坏账准备 - 应收票据贴现利息 = 1 250 000 + 212 500 +（299 100 - 598 200）+（246 000 - 66 000）+ 0 - 900 - 20 000 = 1 322 500（元）

②购买商品、接受劳务支付的现金 = 营业成本 + 当期增值税进项税额 -（存货期初余额 - 存货期末余额）+（应付账款期初余额 - 应付账款期末余额）+（应付票据期初余额 - 应付票据期末余额）+（预付账款期末余额 - 预付账款期初余额）- 当期列入生产成本、制造费用的职工薪酬 - 当期列入生产成本、制造费用的折旧费 = 750 000 + 42 466 -（2 580 000 - 2 484 700）+（953 800 - 953 800）+（200 000 - 100 000）+（100 000 - 100 000）- 324 900 - 80 000 = 392 266（元）

③支付给职工以及为职工支付的现金 = 生产成本、制造费用、管理费用中职工薪酬 +（应付职工薪酬期初余额 - 应付职工薪酬期末余额）- [应付职工薪酬（在建工程）期初余额 - 应付职工薪酬（在建工程）期末余额] = 324 900 + 17 100 +（110 000 - 180 000）-（0 - 28 000）= 300 000（元）

④支付的各项税费 = 当期所得税 + 税金及附加 + 当期已交增值税税金 -（应交所得税期末余额 - 应交所得税期初余额）+ 支付的印花税 = 85 300 + 2 000 + 100 000 -（0 - 0）+ 10 000 = 197 300（元）

⑤支付其他与经营活动有关的现金 = 其他管理费用 + 销售费用 = 50 000 + 20 000 = 70 000（元）

⑥收回投资所收到的现金 = 交易性金融资产贷方发生额 + 与交易性金融资产一起收回的投资收益 = 16 000 + 500 = 16 500（元）

⑦取得投资收益所收到的现金 = 收到的股息收入 = 30 000（元）

⑧处置固定资产收回的现金净额 = 300 000 +（800 - 500）= 300 300（元）

⑨购建固定资产所支付的现金 = 用现金购买的固定资产、工程物资 + 支付给在建工程人员的职工薪酬 = 101 000 + 150 000 + 200 000 = 451 000（元）

⑩取得借款所收到的现金 = 400 000（元）

⑪偿还债务所支付的现金 = 250 000 + 1 000 000 = 1 250 000（元）

⑫偿还利息所支付的现金 = 12 500（元）

（4）华丰公司将净利润调节为经营活动现金流量各项目金额，计算分析如下：

①资产减值准备 =900 +30 000 =30 900（元）

②固定资产折旧 =20 000 +80 000 =100 000（元）

③无形资产摊销 =60 000（元）

④处置固定资产、无形资产和其他长期资产的损失（减：收益）= −50 000（元）

⑤固定资产报废损失 =19 700（元）

⑥财务费用 =21 500（元）

⑦投资损失（减：收益）= −31 500（元）

⑧递延所得税资产减少 =225 −7 950 = −7 725（元）

⑨存货减少 =2 580 000 −2 484 700 =95 300（元）

⑩经营性应收项目的减少 =(246 000 −66 000) +(299 100 +900 −598 200 −1 800) = −120 000（元）

⑪经营性应付项目的增加 =(100 000 −200 000) +(100 000 −100 000) +(953 800 −953 800) +[(180 000 −28 000) −110 000] +[(196 634 −90 000) −36 600] =12 034（元）

（5）根据以上资料，编制现金流量表如表9 −6 所示及补充资料如表9 −7 所示。

表9 −6　　现金流量表

会企03 表

编制单位：华丰公司　　2023 年度　　单位：元

项　目	本期金额	上期金额
一、经营活动产生的现金流量：		（略）
销售商品、提供劳务收到的现金	1 322 500	
收到的税费返还	0	
收到其他与经营活动有关的现金	0	
经营活动现金流入小计	1 322 500	
购买商品、接受劳务支付的现金	392 266	
支付给职工以及为职工支付的现金	300 000	
支付的各项税费	197 300	

续表

项　目	本期金额	上期金额
支付其他与经营活动有关的现金	70 000	
经营活动现金流出小计	941 841	
经营活动产生的现金流量净额	362 934	
二、投资活动产生的现金流量：		
收回投资所收到的现金	16 500	
取得投资收益所收到的现金	30 000	
处置固定资产、无形资产和其他长期资产收回的现金净额	300 300	
处置子公司及其他营业单位产生的现金净额	0	
收到其他与投资活动有关的现金	0	
投资活动现金流入小计	346 800	
购建固定资产、无形资产和其他长期资产支付的现金	451 000	
投资所支付的现金	0	
取得子公司及其他营业单位支付的现金净额	0	
支付其他与投资活动有关的现金	0	
投资活动现金流出小计	451 000	
投资活动产生的现金流量净额	-104 200	
三、筹资活动产生的现金流量：		
吸收投资所收到的现金	0	
取得借款所收到的现金	400 000	
收到其他与筹资活动有关的现金	0	
筹资活动现金流入小计	400 000	
偿还债务所支付的现金	1 250 000	
分配股利、利润和偿付利息所支付的现金	12 500	
支付其他与筹资活动有关的现金	0	
筹资活动现金流出小计	1 262 500	
筹资活动产生的现金流量净额	-862 500	
四、汇率变动对现金的影响	0	
五、现金及现金等价物净增加额	-603 766	
加：期初现金及现金等价物余额	1 406 300	
六、期末现金及现金等价物余额	802 534	

表 9－7　　现金流量表补充资料　　单位：元

补充资料	本期金额	上期金额
1. 将净利润调节为经营活动现金流量：		
净利润	232 725	
加：资产减值准备	30 900	
固定资产折旧、油气资产折耗、生产性生物资产折旧	100 000	
无形资产摊销	60 000	
长期待摊费用摊销	0	
处置固定资产、无形资产和其他长期资产的损失（收益以“－”号填列）	－50 000	
固定资产报废损失（收益以“－”号填列）	19 700	
公允价值变动损失（收益以“－”号填列）	0	
财务费用（收益以“－”号填列）	21 500	
投资损失（收益以“－”号填列）	－31 500	
递延所得税资产减少（增加以“－”号填列）	－7 725	
递延所得税负债增加（减少以“－”号填列）	0	
存货的减少（增加以“－”号填列）	95 300	
经营性应收项目的减少（增加以“－”号填列）	－120 000	
经营性应付项目的增加（减少以“－”号填列）	12 034	
其他	0	
经营活动产生的现金流量净额	362 934	
2. 不涉及现金收支的重大投资和筹资活动：		
债务转为资本	0	
一年内到期的可转换公司债券	0	
融资租入固定资产	0	
3. 现金及现金等价物净变动情况：		
现金的期末余额	802 534	
减：现金的期初余额	1 406 300	
加：现金等价物的期末余额	0	
减：现金等价物的期初余额	0	
现金及现金等价物净增加额	－603 766	

第五节　所有者权益变动表

一、所有者权益变动表概述

（一）所有者权益变动表的编制要求

所有者权益变动表，是指反映企业构成所有者权益的各组成部分当期增减变动情况的报表。综合收益和与所有者（或股东，下同）的资本交易导致的所有者权益的变动，在所有者权益变动表中应当分别列示。与所有者的资本交易，是指企业与所有者以其所有者身份进行的、导致企业所有者权益变动的交易。执行企业会计准则的非金融企业中，执行新金融准则、新收入准则和新租赁准则的企业所有者权益变动表格式如表9－8所示。所有者权益变动表至少应当单独列示反映下列信息的项目：

（1）综合收益总额，在合并所有者权益变动表中还应单独列示归属于母公司所有者的综合收益总额和归属于少数股东的综合收益总额；

（2）会计政策变更和前期差错更正的累积影响金额；

（3）所有者投入资本和向所有者分配利润等；

（4）按照规定提取的盈余公积；

（5）所有者权益各组成部分的期初和期末余额及其调节情况。

【涉税提示】

所有者权益变动表，全面揭示了企业净资产变动的各项具体影响因素及其影响金额。所有者权益变动表中一些项目，如会计政策变更、前期差错更正等对企业净资产的影响，对做好企业所得税核算与管理有一定帮助。

（二）所有者权益变动表的编制

所有者权益变动表分为“本年金额”和“上年金额”两栏。“上年金额”栏内各项数字，应根据上年度所有者权益变动表“本年金额”栏内所列数字填列。如果上年度所有者权益变动表规定的各个项目的名称和内容同本年度不相一致，应对上年度所有者权益变动表各项目的名称和数字按本年度的规定进行调整，填入所有者权益变动表“上年金额”栏内。

所有者权益变动表“本年金额”栏内各项数字一般应根据“实收资本（或股本）”“资本公积”“盈余公积”“利润分配”“库存股”“以前年度损益调整”科目的发生额分析填列。

1. “上年年末余额”项目

“上年年末余额”项目反映企业上年所有者权益变动表中实收资本（或股本）、资本或股本溢价、库存股、其他综合收益、盈余公积、未分配利润的上年年末余额。

2. “会计政策变更”和“前期差错更正”项目

“会计政策变更”和“前期差错更正”项目反映企业因“会计政策变更”和“前期差错更正”对所有者权益各项目的影响。

3. “本年增减变动金额”项目

（1）“综合收益总额”项目，反映企业当年实现的其他综合收益和净利润（或净亏损）金额，并对应列在“其他综合收益”和“未分配利润”栏。

（2）“所有者投入资本和减少资本”项目，反映企业当年所有者投入的资本和减少的资本。其中：“所有者投入资本”项目，反映企业接受投资者投入形成的实收资本（或股本）和资本溢价或股本溢价，并对应列在“实收资本”和“资本公积”栏。“股份支付计入所有者权益的金额”项目，反映企业处于等待期中的权益结算的股份支付当年计入资本公积的金额，并对应列在“资本公积”栏。

（3）“利润分配”下各项目，反映当年对所有者（或股东）分配的利润（或股利）金额和按照规定提取的盈余公积金额，并对应列在“未分配利润”和“盈余公积”栏。其中：

①“提取盈余公积”项目，反映企业按照规定提取的盈余公积。

②“对所有者（或股东）的分配”项目，反映对所有者（或股东）分配的利润（或股利）金额。

③其他。

（4）“所有者权益内部结转”下各项目，反映不影响当年所有者权益总额的所有者权益各组成部分之间当年的增减变动，包括资本公积转增资本（或股本）、盈余公积转增资本（或股本）、盈余公积弥补亏损等项金额。其中：

①“资本公积转增资本（或股本）”项目，反映企业以资本公积转增资本或股本的金额。

②“盈余公积转增资本（或股本）”项目，反映企业以盈余公积转增资本或股本的金额。

③“盈余公积弥补亏损”项目，反映企业以盈余公积弥补亏损的金额。

④其他。

二、所有者权益变动表编制实例

【例9－4】沿用【例9－1】、【例9－2】和【例9－3】资料，华丰公司其他相关资料为：提取盈余公积 23 272.5 元，向投资者分配现金股利48 045元。

根据上述资料，华丰公司编制2023年度的所有者权益变动表，如表9－8所示。

第六节　财务报表附注

一、附注披露的整体要求

附注是对在资产负债表、利润表、现金流量表和所有者权益变动表等报表中列示项目的文字描述或明细资料，以及对未能在这些报表中列示项目的说明等。附注是财务报表不可或缺的组成部分，报表使用者了解企业财务状况、经营成果和现金流量，应当全面阅读附注。附注不能代替确认和计量。附注和财务报表具有同等的重要程度。

附注应当按照一定的结构进行系统合理的排列和分类，有顺序地披露信息。附注应当披露财务报表的编制基础，相关信息应当与资产负债表、利润表、现金流量表和所有者权益变动表等报表中列示的项目相互参照，以有助于使用者联系相关联的信息，并由此从整体上更好地理解财务报表。

表 9－8

所有者权益变动表

会企 04 表

编制单位：华丰公司　　2023 年度　　单位：元

项目	本年金额									上年金额								
	实收资本（股本）	其他权益工具	资本公积	减：库存股	其他综合收益	专项储备	盈余公积	未分配利润	所有者权益合计	实收资本（股本）	其他权益工具	资本公积	减：库存股	其他综合收益	专项储备	盈余公积	未分配利润	所有者权益合计
一、上年年末余额	5 000 000	0	0	0	0	0	100 000	50 000	5 150 000									
加：会计政策变更																		
前期差错更正																		
二、本年年初余额	5 000 000	0	0	0	0	0	100 000	50 000	5 150 000									
三、本年增减变动金额（减少以“－”号填列）																		
（一）综合收益总额					18 000			232 725	250 725									
（二）所有者投入资本和减少资本																		
1. 所有者投入的普通股																		
2. 其他权益工具持有者投入资本																		
3. 股份支付计入所有者权益的金额																		
4. 其他																		
（三）利润分配																		
1. 提取盈余公积							23 272.5	－23 272.5	0									
2. 对所有者（或股东）的分配								－48 045	－48 045									
3. 其他																		
（四）所有者权益内部结转																		
1. 资本公积转增资本（或股本）																		
2. 盈余公积转增资本（或股本）																		
3. 盈余公积弥补亏损																		
4. 其他																		
四、本年年末余额	5 000 000	0	0	0	18 000	0	123 272.5	211 407.5	5 352 680									

二、附注的主要内容

企业应当按照具体企业会计准则要求在附注中至少披露下列内容，但是，非重要项目和企业不具有的项目除外。企业金融工具业务具有重要性的，应当比照商业银行附注中相关规定进行披露。

附注一般应当按照顺序至少披露下列内容：

1. 企业的基本情况。

（1）企业注册地、组织形式和总部地址。

（2）企业的业务性质和主要经营活动。

（3）母公司以及集团最终母公司的名称。

（4）财务报告的批准报出者和财务报告批准报出日，或者以签字人及其签字日期为准。

（5）营业期限有限的企业，还应当披露有关其营业期限的信息。

2. 财务报表的编制基础。

3. 遵循企业会计准则的声明。

企业应当声明编制的财务报表符合企业会计准则的要求，真实、完整地反映了企业的财务状况、经营成果和现金流量等有关信息。

4. 重要会计政策和会计估计。

重要会计政策的说明，包括财务报表项目的计量基础和在运用会计政策过程中所做的重要判断等。重要会计估计的说明，包括可能导致下一个会计期间内资产、负债账面价值重大调整的会计估计的确定依据等。

企业应当披露采用的重要会计政策和会计估计，并结合企业的具体实际披露其重要会计政策的确定依据和财务报表项目的计量基础，以及其会计估计所采用的关键假设和不确定因素。

5. 会计政策和会计估计变更以及差错更正的说明。

企业应当按照《企业会计准则第 28 号——会计政策、会计估计变更和差错更正》的规定，披露会计政策和会计估计变更以及差错更正的情况。

6. 报表重要项目的说明。

企业应当按照资产负债表、利润表、现金流量表、所有者权益变动表及其项目列示的顺序，对报表重要项目的说明采用文字和数字描述相结合的方式进行披露。报表重要项目的明细金额合计，应当与报表项目金额相衔接。

企业应当在附注中披露费用按照性质分类的利润表补充资料，可将费用分为耗用的原材料、职工薪酬费用、折旧费用、摊销费用等。

7. 或有事项和承诺事项、资产负债表日后非调整事项、关联方关系及其交易等需要说明的事项。

8. 有助于财务报表使用者评价企业管理资本的目标、政策及程序的信息。

9. 企业应当在附注中披露下列关于其他综合收益各项目的信息：

（1）其他综合收益各项目及其所得税影响；

（2）其他综合收益各项目原计入其他综合收益、当期转出计入当期损益的金额；

（3）其他综合收益各项目的期初和期末余额及其调节情况。

10. 企业应当在附注中披露终止经营的收入、费用、利润总额、所得税费用和净利润，以及归属于母公司所有者的终止经营利润。

11. 企业应当在附注中披露在资产负债表日后、财务报告批准报出日前提议或宣布发放的股利总额和每股股利金额（或向投资者分配的利润总额）。

【涉税提示】

财务报表项目是企业生产经营活动的高度浓缩，附注是报表项目的诠释，对税收管理人员、税务稽查人员深入了解企业详细情况很有帮助。

第七节　中期财务报告

一、中期财务报告及其构成

中期财务报告，是指以中期为基础编制的财务报告。“中期”，是指短于一个完整的会计年度（自公历1月1日起至12月31日止）的报告期间，它可以是一个月、一个季度或者半年，也可以是其他短于一个会计年度的期间，如1月1日至8月31日的期间等。因此，中期财务报告包括月度财务报告、季度财务报告、半年度财务报告，也包括年初至本中期末的财务报告。中期财务报告至少应当包括：资产负债表、利润表、现金流量表和附注。

1. 资产负债表、利润表、现金流量表和附注是中期财务报告至少应当编制的法定内容，对其他财务报表或者相关信息，如所有者权益（或股东权益）

变动表等，企业可以根据需要自行决定。

2. 中期资产负债表、利润表和现金流量表的格式和内容，应当与上年度财务报表相一致。但如果当年新施行的企业会计准则对财务报表格式和内容作了修改的，中期财务报表应当按照修改后的报表格式和内容编制，与此同时，在中期财务报告中提供的上年度比较财务报表的格式和内容也应当作相应的调整。

3. 中期财务报告中的附注相对于年度财务报告中的附注而言，是适当简化的。企业至少应当在中期财务报告附注中披露《企业会计准则第 32 号——中期财务报告》规定的信息。中期财务报告附注的披露应当遵循重要性原则。如果某项信息没有在中期财务报告附注中披露，会影响到投资者等信息使用者对企业财务状况、经营成果和现金流量判断的正确性，那么就认为这一信息是重要的。

二、中期财务报告的编制要求

（一）编制中期财务报告应遵循的原则

1. 应当采用与年度财务报告相一致的会计政策。

企业在编制中期财务报告时，应当将中期视同为一个独立的会计期间，所采用的会计政策应当与年度财务报表所采用的会计政策相一致，包括会计要素确认和计量原则相一致。企业在编制中期财务报告时不得随意变更会计政策。上年度资产负债表日之后发生了会计政策变更，且变更后的会计政策将在年度财务报表中采用的，中期财务报表应当采用变更后的会计政策，按照《企业会计准则第 28 号——会计政策、会计估计变更和差错更正》处理，并在附注中作相应披露。

2. 应当遵循重要性原则。

重要性原则是企业编制中期财务报告的一项十分重要的原则，具体应注意以下三点：

（1）企业在确认、计量和报告各中期财务报表项目时，对项目重要性程度的判断，应当以中期财务数据为基础，不应以年度财务数据为基础。这里所指的“中期财务数据”，既包括本中期的财务数据，也包括年初至本中期末的财务数据。

（2）重要性原则的运用应当保证中期财务报告包括了与理解企业中期末

第八节　财务报表分析基础

财务报表分析，就是将企业某一会计年度终了时所编制的财务报表以及其他有关会计记录和其他与决策有关各项资料作适当排列，剖析其内涵，披露各项资料之间的相互关系，并进一步分析与解释各项关系，评价该企业的财务状况、经营成果、偿债能力、获利能力等。

一、财务分析的基本方法

财务分析是利用财务报表的数据，并结合其他有关的补充信息，对企业的财务状况、经营成果和现金流量进行综合比较与评价的一种工作。

财务分析的基本方法可概括为静态分析和动态分析两类：静态分析又称垂直分析，是指只对企业某个时期的财务报告进行分析；动态分析又称横向分析或水平分析，是指将企业若干年（季度、月份）的财务报告放在一起进行分析。

会计实务中财务分析的基本方法主要有：比率分析法、比较分析法和趋势分析法。

（一）比率分析法

比率分析法，是利用财务比率进行分析、揭示企业财务状况和经营成果的一种分析方法。它是把某些彼此存在关联的项目加以对比，计算出比率，据以确定经济活动的变动程度。比率指标一般有以下三类：

（1）结构比率，是财务报表中某项目的数值与各项目总和的比率。这类比率揭示了部分与整体的关系，通过不同时期结构比率的比较还可以揭示其变化趋势。存货与流动资产的比率、流动资产与全部资产的比率等都属于这类比率。

（2）动态比率，是财务报表及有关财会资料中某项目不同时期的两项数值的比率。这类比率又分为定基比率和环比比率，可分别从不同角度揭示某项财务指标的变化趋势和发展速度。

（3）相关比率，是同一时期财务报表及有关财会资料中两项相关数值的比率。这类比率包括：反映偿债能力的比率、反映营运能力的比率、反映盈利能力的比率和反映贡献能力的比率。

在使用比率分析法时，应注意对比项目的相关性，对比口径的一致性，衡量标准的科学性。

为保证各项财务比率计算的一致性，本节的分析将以华丰公司的有关财务报表为实例，主要从企业的偿债能力、营运能力、盈利能力进行分析。

1. 偿债能力分析

偿债能力，是指企业偿还各种债务的能力，反映偿债能力大小的指标主要有以下两个：

（1）短期偿债能力。

短期偿债能力，是企业以其流动资产偿付流动负债的能力，一般又称为偿付能力。反映短期偿债能力的比率主要有以下三个：

①流动比率

流动比率，指流动资产与流动负债的比值，表示企业用其流动资产偿还流动负债的能力。流动比率的基本功能在于显示短期债权人的安全边际的大小，其计算公式为：

流动比率 = 流动资产 ÷ 流动负债

这一指标主要用以衡量企业的短期偿债能力，流动比率越高，表示短期偿债能力越强，流动负债获得清偿的机会越大，安全性也越大。一般认为，其比率维持在 2∶1 是比较合适的，这是人们的一个经验认识，只能作为参考而非统一标准。因此，不能一概而论，还应考虑其他各种因素的影响。通常情况下，营业周期、流动资产中的应收账款数额与存货的周转速度是影响流动比率的主要因素。

②速动比率

速动比率，指速动资产与流动负债的比值，它是比流动比率更进一步反映变现能力的比率指标。所谓速动资产，是指货币资金、以公允价值计量且其变动计入当期损益的金融资产、应收票据和应收款项等各项可迅速变现，用以偿付流动负债的资产，等于流动资产减去存货、1 年内到期的非流动资产及其他流动资产后的金额。由此可见，速动比率是流动比率的补充，比流动比率更能表明一个企业的短期偿债能力，一般又称为酸性测试比率。其计算公式为：

速动比率 = 速动资产 ÷ 流动负债

一般认为，正常的速动比率应维持在不低于1的水平较好，我国普遍观点认为速动比率在90%左右即可，此时，财务状况良好，短期偿债能力较强，债权人的债权有足够的偿还保证。速动比率小于1，反映了企业必须依赖动用存货资产才能偿还短期债务。由于行业差异，速动比率合理水平值的差异较大，在实际运用中，要结合行业特点进行分析。影响速动比率可信度的重要因素是应收账款的变现能力。

③现金比率

现金比率指现金与流动负债的比率。这里所说的现金，是指现金及现金等价物（如以公允价值计量且其变动计入当期损益的金融资产）。这项比率可显示企业立即偿还到期债务的能力。其计算公式为：

现金比率＝现金及现金等价物÷流动负债

一般来说，现金比率越高，说明企业偿还流动负债的能力越强。通过这一比率可以识别速动比率的质量，在流动比率一定的情况下，现金比率越大，速动比率的质量越高，企业资产的流动性越好。但现金比率不能过高，否则会影响企业的获利能力。

（2）长期偿债能力。

①资产负债率

资产负债率又称举债经营比率，指企业负债总额对资产总额的百分比，反映企业举债经营的能力，可用于衡量企业利用债权人提供的资金进行经营活动的能力，也可反映企业在清算时债权人利益受到保护的程度，该指标是评价企业负债水平和偿债能力的综合指标。其计算公式为：

资产负债率＝负债总额÷资产总额×100%

资产负债率反映债权人权益占企业全部资产的比例，即企业负债经营的比例，它牵涉债权人、股东和经营者三方的利益。一般来说，资产负债率高，反映企业所有者投入资金的比重较小，债权人债权的保障程度较低；反之，则表明企业所有者投入资金的比重较大，债权人债权的保障程度较高。资产负债率是国际公认的衡量企业偿债能力和财务风险的重要指标，比较保守的经验认为不高于50%为宜，而一般则认为在60%比较好。

②产权比率

产权比率指负债总额与所有者权益总额的比率关系，表示所有者权益对债权人权益的保障程度。其计算公式为：

产权比率＝负债总额÷所有者权益总额×100%

产权比率越低，表明企业的长期偿债能力越强，债权人权益的保障程度越高，风险越低；反之，产权比率越高，则风险越高。

③已获利息倍数

已获利息倍数，也叫利息保障倍数，指企业某一会计期间获得的可供支付利息的利润（经营业务收益）与所支付的利息费用之间的比率，充分反映了企业用所获得的利润支付利息费用的能力。其计算公式为：

已获利息倍数=税息前利润÷利息总额

=（利润总额+利息支出）÷

（利息费用+资本化利息）

已获利息倍数指标反映企业经营收益是所需支付利息的多少倍，一般来说该倍数足够大，企业就有充足的能力偿付利息，否则相反。要合理判断企业已获利息倍数的高低，需要将企业的指标进行纵向和横向的比较，并选择最低的数据作为标准，以保证企业最低的偿债能力，对特殊情况还需结合实际情况来确定。因企业所处的行业不同，已获利息倍数有不同的标准界限，国际上公认的已获利息倍数是3。一般情况下，该指标如大于1，则表明企业负债经营能够赚取比资金成本更高的利润；如小于1，则表明企业无力赚取大于资金成本的利润，企业债务风险很大。

2. 营运能力分析

营运能力大小是影响企业偿债能力和盈利能力大小的主要因素之一。营运能力强，资金周转速度就快，企业就会有足够的现金来偿付流动负债，则短期偿债能力就强。营运能力强，企业就会取得更多的收入和利润，用足够的资金偿还本金和利息，则长期偿债能力就强。反映营运能力大小的指标主要有以下四个：

（1）总资产周转率。

总资产周转率，指企业某一会计期间销售收入净额与平均资产总额之间的比值，是综合评价企业全部资产经营质量和使用效率的重要指标。其计算公式为：

总资产周转率=销售收入净额÷平均资产总额

平均资产总额=（期初资产总额+期末资产总额）÷2

一般情况下，该指标数值越高，周转速度越快，说明资产经营效率越好；反之，则说明资产经营效率越差。总资产周转率是考察企业资产营运效率的一项重要指标，体现了企业全部资产从投入到产出的周转速度，反映了企业全部资产的管理质量和使用效率。总资产周转率主要受到流动资产周转率、流动资产占总资产的比重等因素的影响。

（2）固定资产周转率。

固定资产周转率，指企业某一会计期间销售收入净额与固定资产平均净值之间的比值，反映企业固定资产周转情况，是衡量企业固定资产利用效率的一项指标。其计算公式为：

固定资产周转率＝销售收入净额÷固定资产平均净值

固定资产平均净值＝（期初固定资产净值＋期末固定资产净值）÷2

固定资产周转率越高，说明企业充分利用了固定资产，投资得当，固定资产结构合理，能充分发挥效率；反之，则说明固定资产使用效率不高，提供的生产成果不多，企业的营运能力欠佳。在运用固定资产周转率时需要考虑固定资产计提折旧的影响，折旧的方法不同，会影响其可比性。

（3）应收账款周转率。

应收账款周转率是反映应收账款周转速度的比率，有下列两种表示方法：

①应收账款周转次数。反映年度内应收账款平均变现的次数，是用以反映企业在某一会计期间收回赊销账款能力的指标。其计算公式为：

应收账款周转次数＝销售（营业）收入净额÷应收账款平均余额

销售收入净额＝销售收入－销售退回、折让、折扣

应收账款平均余额＝（期初应收账款余额＋期末应收账款余额）÷2

应收账款在流动资产中的地位十分重要，在流动资产中占有较大份额，它的及时收回，不仅可以增强企业的短期偿债能力，而且能够反映企业销售收入的质量。应收账款周转次数说明年度内应收账款转为现金的平均次数，体现应收账款的有效性和周转速度，可以弥补流动比率和速动比率两个指标的不足。所谓应收账款的有效性，表示应收账款转换为现金时，是否会发生账款的损失；至于周转速度，表示应收账款转为现金的速度。一般而言，应收账款周转率越高，平均收账期越短，表明企业收款速度快，坏账损失少，偿债能力强。影响应收账款周转率可信度的其他因素主要是：企业季节性经营导致年末销售大增或锐减、销售使用分期付款或现金结算方式等。

②应收账款周转天数。反映年度内应收账款平均变现一次所需的天数。其计算公式为：

应收账款周转天数＝360÷应收账款周转次数

应收账款周转天数越少，周转次数越多，说明应收账款的变现能力越强，

企业应收账款的管理水平越高；应收账款周转天数越多，周转次数越少，说明应收账款的变现能力越弱，企业应收账款的管理水平越低。

（4）存货周转率。

存货周转率是反映存货周转速度的比率，有下列两种表示方法：

①存货周转次数。反映年度内存货平均周转的次数。是某一会计期间销货成本与存货平均余额的比率，是衡量和评价企业购入存货、投入生产、销售收回等各环节管理状况的综合性指标，反映企业在某一会计期间的存货周转速度。其计算公式为：

存货周转次数 = 销货成本 ÷ 存货平均余额

存货平均余额 =（期初存货余额 + 期末存货余额）÷2

一般而言，存货在流动资产中所占比重较大，存货周转次数在反映存货周转速度、存货占用水平的同时，也从一定程度上反映了企业的销售实现的快慢。所以，存货周转次数越多，说明存货周转速度越快，其占用水平越低，存货量较少，积压的风险就小，资本的使用效率就高，存货转换为现金或应收账款的能力也越强，企业的存货管理水平越高；存货周转次数越少，说明企业占用在存货上的资金越多，存货管理水平越低。在分析运用本指标时，还应综合考虑进货批量、生产销售的季节性变动以及存货结构等因素。

②存货周转天数。反映年度内存货平均周转一次所需的天数。其计算公式为：

存货周转天数 = 360 ÷ 存货周转次数

一般来说，存货周转天数越少，存货周转次数越多，说明存货周转越快，企业实现的利润会相应增加，企业的存货管理水平越高；存货周转天数越多，存货周转次数越少，说明企业占用在存货上的资金越多，存货管理水平越低。

3. 盈利能力分析

盈利能力，是指企业正常经营赚取利润的能力，是企业生存发展的基础。盈利能力越强，偿还债务的能力就强，债权人的风险就小。盈利能力大小从某个侧面反映出了企业资产的保值增值情况。反映企业盈利能力的指标主要有以下几个：

（1）销售净利率。

销售净利率，是指净利润（税后利润）与销售（营业）收入的百分比，其计算公式为：

销售净利率 = 净利润 ÷ 销售（营业）收入 × 100%

销售净利率指标反映销售收入的收益水平，表明每 1 元销售收入可以带来的净利润的多少。为进一步分析，还可将该指标分解为销售毛利率、销售税金率、销售成本率和销售费用率等。

（2）销售毛利率。

销售毛利率是毛利占销售收入的百分比，反映产品或商品的初始获利能力，其中，毛利是销售收入与销售成本的差，其计算公式为：

销售毛利率 =（销售收入 − 销售成本）÷ 销售收入 × 100%

销售毛利率表示每 1 元销售收入扣除销售成本后，还有多少可用于各项期间费用和形成企业的利润，销售毛利率是企业销售净利率的最初基础和保障，没有足够大的毛利率就不可能有盈利。

（3）总资产收益率。

总资产收益率是企业净利润与平均资产总额的比率，其计算公式为：

总资产收益率 = 净利润 ÷ 平均资产总额 × 100%

平均资产总额 =（期初资产总额 + 期末资产总额）÷ 2

总资产收益率越高，说明企业利用全部资产的获利能力越强；总资产收益率越低，说明企业利用全部资产的获利能力越弱。

（4）净资产收益率。

净资产收益率指企业税后利润（净利润）与净资产平均余额之间的比率关系。净资产是资产总额减去负债总额后的净值，也就是企业的所有者权益总额。该指标反映每一元所有者权益的收益率。其计算公式为：

净资产收益率 = 税后利润（净利润）÷ 净资产平均余额 × 100%

净资产平均余额 =（期初净资产总额 + 期末净资产总额）÷ 2

净资产收益率是评价企业自有资本及其积累获取收益水平的最具综合性与代表性的指标，充分反映了企业资本运营的综合效益。一般认为，企业净资产收益率越高，企业自有资本的获利能力越强，运营能力越好，对企业投资人、债权人的利益保证程度越高。

（5）实收资本收益率。

实收资本收益率，是指企业税后利润（净利润）与投资者投入资本之间的比率关系。该指标反映企业动用投资者投入资本获得收益的能力。其计算公式为：

实收资本收益率 = 税后利润（净利润）÷ 实收资本 × 100%

（6）基本获利率（资产息税前利润率）。

基本获利率，是企业息税前利润和平均资产总额的比率。该指标反映企业总体的获利能力。其计算公式为：

基本获利率 = 息税前利润 ÷ 平均资产总额 × 100%

= (利润总额 + 利息支出) ÷ 平均资产总额 × 100%

平均资产总额 = (期初资产总额 + 期末资产总额) ÷ 2

基本获利率是一个综合性的指标，全面反映了企业的获利能力和投入产出状况。通过分析基本获利率能够反映企业在增加收入和节约资金使用等方面取得的效果。息税前利润率越大，说明企业创造新价值的能力越强。一般情况下，如果该指标大于市场利率，则表明企业可以充分利用财务杠杆进行负债经营，获取更多的收益。影响其高低的主要因素有：产品价格和单位成本的高低，产品产量和销量的多少以及资金占用量的大小等。

（7）资本保值增值率。

资本保值增值率，是指企业期末所有者权益总额与期初所有者权益总额之间的比率关系。该指标反映企业保值增值的能力，是衡量企业投资者投入企业资本的完整性和保全性的重要指标，也是评价企业效益的辅助指标。其计算公式为：

资本保值增值率 = 期末所有者权益总额 ÷ 期初所有者权益总额 × 100%

资本保值增值率是根据“资本保全”原则设计的指标，更加谨慎、稳健地反映了企业资本保全和增值状况。一般来说，该指标应大于 100%。如果小于 100%，表明企业资本受到侵蚀，没有实现资本保全，损害了所有者的权益。在运用期末所有者权益总额这一指标时，一定要扣除一些客观性的因素。

（8）基本每股收益。

基本每股收益，是指一定时期归属于普通股股东的当期净利润，除以发行在外普通股的加权平均数。该指标反映企业每股普通股股票的实际盈利额，是衡量上市公司盈利能力最重要的财务指标。其计算公式为：

基本每股收益 = 归属于普通股股东的当期净利润 ÷

发行在外普通股的加权平均数

公式分子上归属于普通股股东的当期净利润，即企业当期实现的可供普通股股东分配的净利润或应由普通股股东分担的净亏损金额。发生亏损的企业，每股收益以负数列示。以合并财务报表为基础计算的每股收益，公式分子上应当是归属于母公司普通股股东的合并净利润，即扣减少数股东损益后的余额。

公式分母上发行在外普通股加权平均数按下列公式计算：

发行在外普通股加权平均数＝期初发行在外普通股股数＋当期新发行普通股股数×已发行时间÷报告期时间－当期回购普通股股数×已回购时间÷报告期时间

已发行时间、报告期时间和已回购时间一般按照天数计算；在不影响计算结果合理性的前提下，也可以采用简化的计算方法。

（9）稀释每股收益。

企业存在稀释性潜在普通股的，应当分别调整归属于普通股股东的当期净利润和发行在外普通股的加权平均数，并据以计算稀释每股收益。

稀释性潜在普通股，是指假设当期转换为普通股会减少每股收益的潜在普通股。

计算稀释每股收益，应当根据下列事项对归属于普通股股东的当期净利润进行调整：当期已确认为费用的稀释性潜在普通股的利息；稀释性潜在普通股转换时将产生的收益或费用。调整时应当考虑相关所得税影响。

计算稀释每股收益时，当期发行在外普通股的加权平均数应当为计算基本每股收益时普通股的加权平均数与假定稀释性潜在普通股转换为已发行普通股而增加的普通股股数的加权平均数之和。

（二）比较分析法

比较分析法，是指对两个或两个以上的可比数据进行对比，找出企业财务状况、经营成果中的差异与问题。根据比较对象的不同，比较分析法分为以下三种：

1. 与本企业的历史数据比较。就是与反映本企业历史水平的指标进行比较。通过比较有利于揭示企业财务状况和经营成果的变化趋势及存在的差距。这种方法是财务分析中最常用的方法。

2. 与同类企业数据比较。就是与反映某行业水平的指标进行比较。通过比较可以分析企业与同行业的差距。

3. 与预算数据比较。就是与企业的预算数据进行比较。通过比较可以发现实际与预算的差异。

采用比较分析法时，应当注意以下问题：①用于对比的各个时期的指标，其计算口径必须保持一致；②应剔除偶发性项目的影响，使分析所利用的数据能反映正常的生产经营状况；③应运用例外原则对某项有显著变动的指标作重点分析，分析其产生的原因，以便采取对策，趋利避害。

（三）趋势分析法

趋势分析又称水平分析，是将两期或连续几期的财务报表中相同的指标进行对比，研究企业各项经营业绩或财务状况的发展变动的方向、数额和幅度，从而说明企业财务状况和经营成果的变动趋势。趋势分析一般有以下三种方式：

1. 重要财务指标的比较。就是将不同时期财务报告中的相同指标或比率进行比较，了解其增减变动情况和变动的幅度，进而预测其发展趋势和前景。在会计实务中对不同时期的财务指标进行比较，常用以下两种方法：

（1）定比：以分析期（报告期）的数额除以固定基期数额。

（2）环比：以分析期（报告期）的数额除以前期数额。

2. 财务报表项目比较。就是将连续数期的财务报表的项目金额并列起来，比较其相同指标的增减变动金额和幅度，据以识别企业财务状况和经营成果的发展变化。

3. 财务报表项目构成的比较。就是以财务报表中的某个总体指标为100%，通过计算其各组成项目占该总体的比重，进而比较各个项目所占比重的增减变动，了解有关财务活动的变化趋势。

为了准确、直观地说明某些问题产生的原因，作为补充，在必要时还可采用因素分析和图表分析。所谓因素分析，就是根据指标与其影响因素之间的关系，按照一定的程序和方法，从数量上确定各因素对分析指标差异的影响程度。所谓图表分析，就是以各种表格或图形来表示企业在一定期间内的有关经营状况、财务状况及其变动情况。

二、财务分析实例

【例9－5】沿用【例9－1】、【例9－2】资料，华丰公司相关财务指标计算如下：

（1）华丰公司偿债能力分析。

①短期偿债能力：

2023 年年末流动比率 = 流动资产 ÷ 流动负债 = 4 164 159 ÷ 1 588 479 = 2.62

2023 年年初流动比率 = 4 751 400 ÷ 2 651 400 = 1.79

2023 年年末速动比率 = 速动资产 ÷ 流动负债 =（流动资产 − 存货）÷ 流动负债 =（4 164 159 − 2 484 700 − 90 000）÷ 1 588 479 = 1

2023 年年初速动比率 =（4 751 400 − 2 580 000 − 100 000）÷ 2 651 400 = 0.78

2023 年年末现金比率 = 现金及现金等价物 ÷ 流动负债 = 820 259 ÷ 1 588 479 = 0.52

2023 年年初现金比率 =（1 406 300 + 15 000）÷ 2 651 400 = 0.54

②长期偿债能力：

2023 年年末资产负债率 = 负债总额 ÷ 资产总额 × 100% = 2 748 479 ÷ 8 090 659 × 100% = 33.97%

2023 年年末产权比率 = 负债总额 ÷ 所有者权益总额 × 100% = 2 748 479 ÷ 5 342 180 × 100% = 51.45%

2023 年已获利息倍数 = 息税前利润 ÷ 利息总额 =（利润总额 + 利息支出）÷ 利息总额 =（310 300 + 41 500）÷ 41 500 = 8.48

华丰公司偿债能力简要评价：

2023 年年末，华丰公司流动比率、速动比率都比年初有所提高，现金比率比年初略微有所下降，主要原因在于该公司年内用现金偿还了 25 万元短期借款，短期偿债能力明显改善。该公司 2023 年又借入了 40 万元的长期借款，长期偿债能力是否改善，需结合上年比较分析，以及同行业负债水平综合判断。

（2）华丰公司营运能力分析。

2023 年总资产周转率 = 销售收入净额 ÷ 平均资产总额 = 1 250 000 ÷ [（8 090 659 + 8 401 400）÷ 2] = 0.15

2023 年固定资产周转率 = 销售收入净额 ÷ 固定资产平均净值 = 1 250 000 ÷ [（2 201 000 + 1 100 000）÷ 2] = 0.76

2023 年应收账款周转次数 = 销售收入净额 ÷ 应收账款的平均余额 = 1 250 000 ÷ [（299 100 + 598 200）÷ 2] = 2.79（次）

2023 年应收账款周转天数 = 360 ÷ 应收账款周转率 = 360 ÷ 2.79 = 129（天）

2023 年存货周转次数 = 销货成本 ÷ 存货平均余额 = 750 000 ÷ [（2 580 000 + 2 484 700）÷ 2] = 0.30（次）

2023 年存货周转天数 = 360 ÷ 存货周转率 = 360 ÷ 0.30 = 1 200（天）

华丰公司营运能力简要评价：

营运能力指标反映了企业运用资产取得的效果。2023 年度华丰公司营运能力各项指标数值并不理想，表现在存货、固定资产以及总资产周转速度缓慢，具体效果如何需结合上年情况以及同行业水平进行对比分析，综合评价。

（3）华丰公司盈利能力分析。

2023 年销售净利率 = 净利润 ÷ 销售收入 × 100% = 240 225 ÷ 1 250 000 × 100% = 19.22%

2023 年销售毛利率 =（销售收入 − 销售成本）÷ 销售收入 × 100% =（1 250 000 − 750 000）÷ 1 250 000 × 100% = 40%

2023 年基本获利率 = 税息前利润 ÷ 平均资产总额 × 100% =（利润总额 + 利息支出）÷ 平均资产总额 × 100% =（310 300 + 41 500）÷ [（8 090 659 + 8 401 400）÷ 2] × 100% = 4.27%

2023 年度净资产收益率 = 税后利润（净利润）÷ 净资产平均余额 × 100% = 240 225 ÷ [（5 150 000 + 5 342 180）÷ 2] × 100% = 4.58%

2023 年实收资本收益率 = 税后利润（净利润）÷ 实收资本 × 100% = 240 225 ÷ 5 000 000 × 100% = 4.80%

2023 年资本保值增值率 = 期末所有者权益总额 ÷ 期初所有者权益总额 × 100% = 5 342 180 ÷ 5 150 000 × 100% = 103.73%

华丰公司盈利能力简要评价：

盈利能力是企业生存发展的根本，从企业投资者的角度看，华丰公司实现了资本的保值并有增值。从企业管理者的角度分析，需结合同行业水平以及以前年度的盈利能力进行综合判断。